여성은 전략적 파트너인가

여성은 전략적 파트너인가

초연결 디지털 시대
성다양성의 내러티브

프롤로그

다양성 이슈의 새로운 지평:
범주적 차이를 소멸시키고 새로운 차이를 생성하다

세상은 임의로 여성과 남성, 잘사는 사람과 못사는 사람, 전문적 직업을 가진 사람과 못 가진 사람, 권세가 높은 사람과 낮은 사람, 좋은 대학 나온 사람과 그렇지 못한 사람, 가방끈이 긴 사람과 짧은 사람, 외모가 준수한 사람과 그렇지 못한 사람, 나이가 많은 사람과 젊은 사람 등등으로 범주를 나누고 질서를 부여한다. 이처럼 세상이 임의로 나눠 놓은 이원론적 범주를 받아들이고 범주의 한쪽에 할당되는 것마저 저항 없이 받아들이면 차별과 편견은 자연스럽게 자리 잡기 시작한다. 우리가 나서서 소멸시켜야 할 차이는 편견과 차별의 원천이 되는 범주에 의해서 만들어진 차이이다.

사회정체성이론(Social Identity Theory)을 만들어 낸 핸리 타이제펠(Henry Tajfel)과 존 터너(John Turner)는 역사에 남을 실험을 통해 아무 의미도 없이 임의로 할당된 범주가 차별과 편견의 시초라는 것을 증명했다.[1]

---

1 Tajfel, H.(1974), 「Social identity and intergroup behavior」, 『Social Science Information』, 13, 2, p65~93; Turner, J. C.(1978), 「Social categorization and social discrimination in the minimal group paradigm」, p235~250; In H. Tajfel (Ed.), 『Differentiation between social groups: Studies in the social psychology of intergroup relations』 (pp. 101-140), London: Academic Press

이들은 실험 대상 학생들이 실험실에 도착하는 순서대로 제비뽑기를 시켰다. 제비뽑기로 빨간 스티커나 파란 스티커를 뽑게 하고 이들이 제비뽑기 결과에 따라 어떻게 행동하는지 관찰했다. 희한하게도, 그렇게 시킨 것도 아닌데 빨간 스티커를 받은 학생들은 빨간 스티커끼리 파란 스티커를 받은 학생들은 파란 스티커끼리 모여 앉았다. 다음으로 연구팀은 같은 색깔을 가진 사람들을 모아서 과제를 시키고 여기서 얻어진 보상을 임의로 상대 집단의 구성원과 자기 집단의 구성원에게 배분하는 일을 시켰다. 학생들은 공정하게 배분해야 할 규칙을 어겨 가며 자기 집단에 속한 사람에게는 유리하게, 상대 집단에 속한 사람에게는 불리하게 보상을 배분했다. 이 실험은 같은 색깔의 스티커를 공유하고 있다는 사실만으로도 차별이 만들어진다는 것을 증명한 역사적 실험이다.

하지만 사회는 이 단순한 실험보다 더 미묘하고 복잡하게 돌아간다. 사람들은 태어나기 전에 신이 대신 뽑은 제비로 빨간 스티커 그룹에 속하기도 하고 파란 스티커 그룹에 속하기도 한다. 어떤 사람은 부유한 부모 밑에서 태어나기도 하고 어떤 사람은 가난한 부모 밑에서 태어난다. 어떤 사람은 준수한 외모를 가지고 태어나는 행운을 거머쥐기도 하고 어떤 사람은 선천적 장애를 갖고 태어나기도 한다. 어떤 사람은 넘치는 재능을 가지고 태어나기도 하고 어떤 사람은 아무 재능 없이 평범하게 태어나기도 한다. 어떤 사람은 여성으로, 어떤 사람은 남성으로 태어난다. 이 모두가 자신이 뽑은 스티커의 색깔이 아니라 신이 자신을 대신해서 뽑아 준 스티커의 색깔이다. 지금 대한민국이라는 곳에서 부유한 부모 밑에서 남다른 재능을 가지고 남성으로 태어났다면, 그 사람은 신이 대신 뽑아 준 유전자 복권에 여러 차례 당첨된 억세게 운이 좋은 사람이다.

이렇게 임의로 신이 뽑아 할당한 범주임에도, 사람들은 일단 어느 범주에 할당되면 이를 운명으로 받아들이고 범주에 성벽을 세워 가면서 상대가 자신의 범주에 못 들어오게 막는다. 이 범주를 기반으로 더 세련된 범주들을 임의로 나눠 놓고 높은 범주에 속한 사람은 자신과 같은 범주에 속한 사람들과 연대를 구성해서 자신의 행운을 지키기 위해 상대의 범주를 집단적으로 열등시하고 차별한다. 낮은 범주에 속한 사람들은 높은 범주에 속한 사람들에 대항하여 생존권을 얻어 내기 위해 끊임없이 상대를 폄하하고 마음속으로 증오한다. 이 범주가 누구 한 사람이 나서서 바꿀 수 없는 사회적 현실이 되면 사회학자들은 이것을 '계층' 혹은 '계급'이라고 못 박아 놓는다. 사회가 임의로 만들어 낸 범주적 차이는 때로는 철길에서 반대 방향으로 내닫는 혹은 충돌하기 위해 같은 방향으로 치닫는 기차의 상태를 연출한다.

다양성 관리의 첫 번째 임무는 사회적 범주로 나눠진 차이가 서로에 대한 파국으로 종결될 것임을 인식하고, 이 둘을 직각으로 다시 엮어 새롭고 평평한 운동장을 만드는 작업이다. 새로운 운동장은 범주에 의해서 만들어진 차이를 새로운 씨줄과 날줄로 직조해 만든 새로운 태피스트리(Tapestry)이다. 이렇게 만들어진 태피스트리는 기존의 사회적 범주에 의해서 갈라진 세상보다 더 높은 곳에 위치하는, 더 평평하고 더 기울어지지 않은 운동장이다. 다양성 관리의 사명은 이원론 범주에 의해서 만들어진 차이를 더 높은 곳에 더 평평한 운동장을 만들어 소멸시키는 일이다. 소멸시켜야 할 차이는 장소의 이전만으로 달성되지는 않는다. 본 저서에서는 새로운 운동장을 만드는 기제로 협업의 메커니즘을 제시한다.

물론 협업의 메커니즘을 통해 더 높은 곳에 평평하고 기울어지지 않은 새 운동장이 만들어졌다고 해서 다양성 관리의 사명이 완수되는 것은 아니다. 만약 이 새로운 운동장을 잘 유지해야 한다는 명분으로 누군가가 잣대를 만들어 내고 이 잣대대로 사람들을 다시 범주화하기 시작한다면 결국 이 새로운 운동에서도 과거의 분열과 반목이 재생산될 것이다. 이 운동장에서 새로운 선수들이 발굴되고 이들을 통해 더 나은 차이가 생성되어 이 차이가 지속적으로 진화될 수 있을 때 다양성 관리의 사명이 완수된다. 새 운동장을 만들어 범주적 차이를 소멸시키는 것이 다양성 관리의 필요조건이라면 이 운동장을 통해 더 나은 차이를 생성시켜 이전의 갈등과 반복이 재현되지 않게 만드는 것이 다양성 관리의 충분조건이다.

새롭게 만들어진 운동장에서 모두가 자신을 존재의 수준에서 차별화하고 이 차별화를 통해 차별적 존재우위를 경험할 때, 다양성 관리는 부담을 넘어 혁신의 자산으로 전환된다. 다양성을 제대로 관리한다는 것은 이 두 가지 사명을 모두 완수함을 의미한다. 반목과 분열로 갈기갈기 찢어지고 기울어진 운동장을 모두가 신나게 뛰어놀 수 있는 평평한 운동장으로 만들어 차이를 없애고 이 운동장에서 혁신을 통해 자신이 차별적 존재임을 증명하여 세상에 더 나은 차이를 선사할 수 있다면, 다양성이 제대로 된 자산으로 관리되고 있는 것이다.

본 저서에서는 다양성의 이슈가 공정성의 이슈로 매몰되는 것을 경계한다. 공정성이 다양성 관리의 중요한 요인이지만 공정성의 문제가 해결된다고 다양성 관리가 완성되는 것은 아니다. 다양성 관리의 핵심은 다양한 배경을 가진 사람들이 서로 다른 차별적 기여를 하여 더 나은 차이를 만드는 것이다. 이 차별적 기여는 동일한 잣대로 판단할 수 있는 것이 아니다. 다양성 관리에서는 다양한 배경의 사람들이 서로의 차이를 인정하고 기득권을 가진 주류 집단의 사람들이 소수 집단이 가진 차별적 기여의 잠재력을 인정한다. 소수 집단을 진정한 구성원으로 포용하고 환대하며 함께 협업하여 더 나은 결과를 낳을 수 있는지가 중요한 이슈이다. 다양성 관리의 의도와는 달리 공정성은 모든 것을 같은 잣대로 잴 수 있다는 동일성을 전제한다.

평등한 기회와 투명한 과정을 최대한 보장했음에도 차별적 기여를 통해 더 나은 결과를 산출하지 못한다면 다양성 관리는 실패한 것이다. 다양성은 공정성 문제를 넘어 소수를 차별적 참여자로 배려하고 환대하는 것에서 출발한다. 다양한 배경을 가진 사람들이 자신의 범주에 규정된 사회적 지위를 넘어서 협업의 파트너십을 가동해 공동체의 번성을 달성하는 것이 다양성 관리의 목적이다. 번성의 상태가 점증해서 더 많은 사람이 기회를 풍성하게 누릴 수 있을 때 공정성은 더 이상 이슈가 되지 않는다. 역설적으로 다양성 관리에 실패했을 때 공정성의 이슈는 더 첨예해진다.

다양한 사람들이 함께 어울려 살 수 있는 공동체의 기반은 긍휼감이다. 긍휼은 존재의 차이를 받아들이고 이 차이를 통해 더 큰 차이를 만들어 내는 힘이다. 긍휼의 눈으로 소수를 바라보고 이들을 차별적 기여를 위한 파트너로 포용할 수 있으면 공정성 문제도 저절로 해결된다. 지혜의 대왕 솔로몬은 한 아이를 두고 각자 자기 아이라 주장하는 두 엄마를 재판하며, 아이를 공평하게 반으로 나누자는 제안을 던져 아이에 대한 가짜 엄마의 공정성이 진짜 엄마의 긍휼을 이기지 못한다는 것을 증명했다. 긍휼이 전제되지 않은 공정성 이슈는 다양성 이슈를 정치적 싸움으로 전락시킨다. 긍휼의 감정으로 상대를 바라보면 상대는 싸워서 이겨야 할 대상이 아니라 같은 욕망과 아픔을 간직한 '사람의 모습'으로 비춰진다. 사람의 모습으로 대할 수 있을 때 상대를 더 성숙한 세상을 위한 협업의 파트너로 받아들이고 배려할 수 있다.

본 저서에서 초연결 디지털 시대에 드러나고 있는 성다양성 문제를 새로운 다양성 관점의 맥락으로 이해하고자 한다. 그래서 여성과 남성을 이원론적 분열의 관점이 아니라 공동체를 공진화하는 협업의 파트너라고 규정한다. 그리고 사회와 조직을 공진화하는 공동의 목적을 위해 여성과 남성이 씨줄과 날줄로 협업할 수 있는 사회적 조건을 연구한다. 구체적으로는 여성과 남성이라는 생물학적 분업이나 젠더의 투쟁적 고정관념을 뛰어넘어 서로가 더 나은 차이를 위해 협업할 수 있는 인재 관리의 조건을 탐구한다.

또한 본 저서는 사기업에서 나타나는 성다양성 문제를 다룬다. 전반적인 사회영역에서의 성다양성도 중요한 이슈이지만, 정부나 가계와는 달리 기업은 제품과 서비스의 산출을 통해 실제 가치를 창출해야 하는 영역이다. 기업 내에서 제대로 된 가치가 창출되지 못한다면 다른 영역에서 성다양성 문제는 기존에 가진 것들을 나누는 제로섬의 정치적 이슈로 전락하고 만다.

초연결 디지털 플랫폼 시대로 급격한 진화를 겪고 있는 요즘에는 한 명의 천재나 기존의 답을 답습해 온 주류가 문제를 해결할 수 있는 개연성이 점점 사라지고 있다. 평범하지만 다양한 인재들이 협업해 비범함을 성취하는 것이 초연결 디지털 시대 경쟁력의 기반이다. 창의적 문제 해결도 더 큰 목적을 염두에 두고 다양한 구성원이 서로를 협업의 파트너로 환대할 수 있을 때 비로소 가능해진다.

가치 창출을 책임지고 있는 기업에서는 다양한 배경을 가진 구성원들이 더 나은 차이를 만들기 위해 협업하는 것이 필수적이다. 여성과 남성의 협업이 원활하지 못하다면 나이, 배경, 학벌, 정규직 여부 등 다른 차원의 사회적 배경을 기반으로 한 협업도 불가능하다. 기업에서 성다양성 문제는 다른 다양성 이슈의 플래그십(Flagship)이다. 성다양성이 실마리를 찾을 수 있을 때 세대 간, 혈연, 지연, 학연, 종사상 지위 등 또 다른 다양성 문제도 해결의 실마리를 찾을 수 있다. 물론 세대 간 다양성도 기업에서 중요한 이슈로 제기될 수 있지만, 이는 밀레니얼이나 Z세대가 지배적 다수가 되면 자연스럽게 해결되는 문제이다. 하지만 기업에서 성다양성 문제는 누군가 지금 당장 해결하려는 개입이 필요한 요소이다. 시간이 흘러갈수록 해결의 실마리는 점점 더 꼬일 수 있다.

2020년 7월부터 시행되는 자본시장법이 발효되면 자산 총액이 2조 원 이상인 상장사에서 이사회를 구성할 때 적어도 한 명 이상의 여성 이사를 두어야 한다. 2019년 기준 자산 총액이 2조 이상인 상장사는 143개인데, 이 중 79.7%인 114개는 이사회를 구성할 수 있는 여성 등기 임원이 없어서 사외이사를 통해 충원해야 한다. 이 저술에서 제안하고 있는 남성과 더불어 여성 인재를 기업의 전략적 파트너로 육성하는 양성협업의 파이프라인을 구축하는 문제는 시대적 과제일 뿐만이 아니라 발등에 떨어진 불이다.

본 연구에 많은 분이 도움을 주셨다. 이화여자대학교의 김혜숙 총장께서는 이 연구의 모태가 된 「이화-매경 양성협업지수」 연구를 지원하시며 '양성협업 문제를 이화여자대학교의 가치인 나눔과 봉사라는 측면에서 시대적으로 재해석해 줄 것'을 주문하고 격려해 주셨다. 여성가족부 전 장관 진선미 의원께서도 이 연구를 통해 이화여자대학교와 정부가 서로 협업할 수 있는 방안을 마련해 보도록 제안해 주셨다. 여성가족부의 이정옥 장관님, 매경미디어그룹의 장대환 회장님과 고용노동부의 지지와 지원도 큰 힘이 되었다. 이화여자대학교 커뮤니케이션미디어학부의 차희원 교수께서 홍보실을 통해 이 연구가 가능하도록 기반을 마련해 주시고 격려해 주셨음을 밝힌다.

본 저서의 연구가 실현될 수 있도록 헌신적으로 도와주신 홍보실 전종설 실장님과 최정인, 김수정 선생님께도 감사드린다. 『매경』의 황인혁 부장님, 조성호, 고민서, 김효혜 기자님, 여성가족부의 이건정 국장님, 양현순 사무관님, 유재경 박사님, 한국양성평등교육진흥원의 연구원님들께도 감사드린다. 또한 양성협업 연구에 헌신적으로 동참해 주신 기업의 인사 및 홍보 담당자분들께도 감사드린다. 이 책이 출간되는 내내 한결같은 마음으로 응원해 준 가족에게도 감사드린다. MZ 세대를 이끌 준엽, 건우, 건호, 은결, 상, 결의 친구들이 성다양성이 새로운 정상, 즉 뉴 노말(New normal)로 정착된 사회에서 마음껏 재능을 펼칠 수 있기를 기도한다.

이화여자대학교 경영대학

성다양성 및 양성협업 연구실에서

목차

목차

PART 1

여성은 전략적 파트너인가?

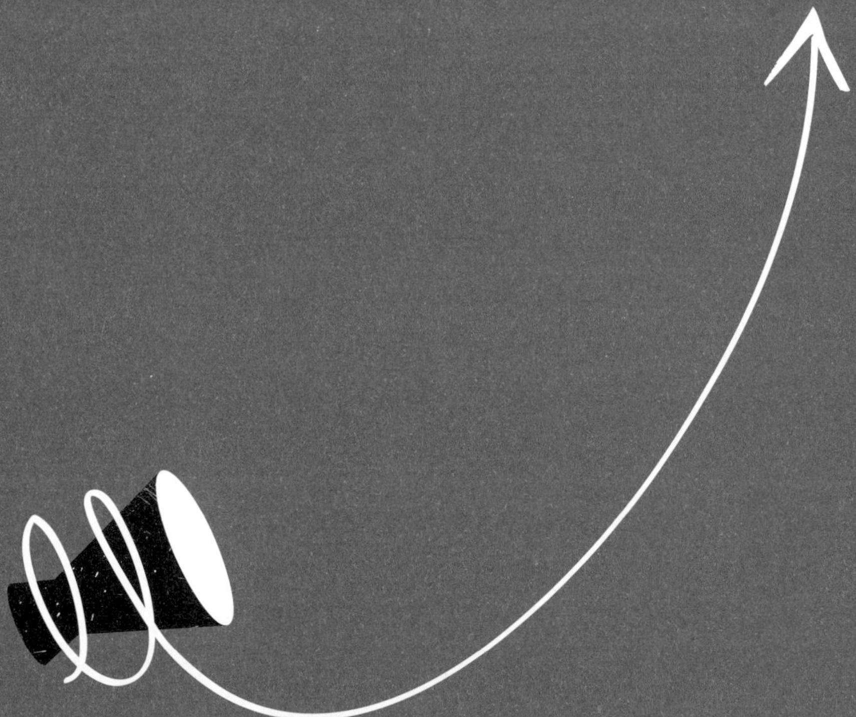

1장

왜 아직도 성다양성 문제는 나아가지 못했나?

여성의 전반적 지위가 내려가느냐 올라가느냐를 따져 보는 것이
한 민족 또는 한 시대의 문명 발전 정도를 가늠하는
가장 정확하고 확실한 방법이다.
- 존 스튜어트 밀(John S. Mill)

영국의 공리주의자이자 여성해방 운동가였던 존 스튜어트 밀은 다양한 기술 발전이 여성을 가정으로부터 해방시키는 데 혁혁한 공헌을 했다고 주장했다. 특히 그 기술에는 세탁기나 타자기도 있지만, 가장 혁신적 공헌을 한 건 자동차 키의 발명이라고 보았다. 자동차 키가 발명되기 전에는 시동을 걸기 위해 크랭크축이라는 쇠막대를 엔진에 끼워 넣어 세차고 빠르게 돌려야 했다. 과거 우리나라 농촌에서 경운기 시동을 걸기 위해 기역(ㄱ) 자 모양의 쇠몽둥이를 엔진에 넣었던 것과 흡사하다.

자동차 시동 걸기는 남성들도 힘에 부치는 일이었다. 때문에 여성들은 집 밖으로 멀리 나가려면 시동을 걸어 주는 남자가 필요했다. 당연히 여성들의 외부 활동은 남성들에게 보고되고 통제되었다. 이런 상황에서 자동차 키의 발명은 여성이

남성의 도움 없이 스스로 자동차를 운전해 가고 싶은 목적지까지 여행할 수 있는 자유를 선사했다. 자동차 키는 1949년, 크라이슬러에 의해 상용화되었다.

바야흐로 자동차 열쇠가 발명된 지 70년이 흘렀다. 더 많은 기술적 진보가 진행되었지만, 여성 해방의 정도는 기술 발전의 속도를 따라잡지 못하고 있다. 지금은 초연결 디지털 혁명의 시대다. 초연결 디지털 사회에서 존재하는 모든 것은 연결되고, 연결된 것들은 상호의존성을 통해 서로의 성공을 돕는 쪽으로 진화한다. 그러나 직장에서 여성과 남성의 관계는 여전히 이원론적 분절에 갇혀 시대적 흐름에서 벗어나 있다.

초연결 디지털 혁명은 인간이 직접 몸으로 해오던 일들을 자동화하거나 로봇으로 대치했다. 뿐만 아니라 우리가 인지적으로 의존해 왔던 지능 역시 AI(인공지능)로 대체되고 있다. 결국 디지털 혁명은 인간이 몸이나 지능의 제약으로부터 해방된 사회로 나아간다. 로봇이 물리적 노동을 대체하며 물리적 힘에서 우위를 점하던 남성에게 의존하는 여성이 줄어들었고, 남성이 강점을 가지고 있다는 수리적·도구적 지능도 AI가 상용화되면서 더 이상 남성만의 점유물이 아니다. 여성이 더 우수하다고 주장되어 오던 언어적 지능의 운명도 마찬가지다.

문제는, 이처럼 여성과 남성 사이에 물리적·기술적·지적으로 특화된 힘의 불균형이 사라지고 있음에도 불구하고 일상적·제도적 삶 속의 규범에서는 성차별 해방이 아주 느리게 반영되고 있다는 점이다.

본 저서는 초연결 디지털 시대로 접어들고 있음에도 왜 성다양성 문제는 이에 맞춰 공진화하지 못하는가에 대한 연구를 담았다. 여성과 남성을 구분해 주던 물리적·기술적·지적 제약이 해체되었음에도, 왜 아직도 남녀의 신체에 대한 제도적·문화적 제약은 사라지지 않는지를 다양한 내러티브를 통해서 이해하는 것이다.

또한 본 저서에서는 성의 문화제도 구속성에서 탈주를 감행하는 노마드적 시각으로, 각 내러티브 영토를 여행하며 프레임 속에 갇혀 있는 성다양성의 숨겨진 편견을 해체하려 시도할 것이다.

그런 다음, 다양한 내러티브의 장단점을 취합하여 전통적 성에 관한 논쟁에서 보였던 해결 방식과는 다른, 초연결 디지털 시대의 맥락에 맞는 새로운 관점을 시도해 보고자 한다. 전통적으로 주창되어 왔던 성에 대한 시각은 여성이 잘할 수 있는 부분과 남성이 잘할 수 있는 부분을 나누자는 성분업과 이 분업의 허구성을 비판하는 모형들이 주도해 왔다. 진화론과 생물학적 관점이 성분업에 대한 이원론적 관점의 기반을 제시해 왔고 젠더의 관점이 다른 편에 서서 이를 격렬하게 비난해 왔다.

본 저서에서는 초연결 디지털 시대를 맞이하여, 성분업을 넘어 성협업에 이르는 관점을 전략적 인재 관리의 이슈로 제시할 것이다. 성분업이 여성이 잘할 수 있는 일과 남성이 잘할 수 있는 일을 나눠서 해야 한다고 주장한다면, 성협업은 남녀의 이원론을 극복하고 서로를 차별적 존재로 인정하여 더 큰 목적을 위해 각자가 지닌 잠재력을 연결해야 한다고 말한다. 그래서 우리 연구진도 여성과 남성을 힘이나 자원의 많고 적음이라는 어떤 잣대로 나누어 앞뒤로 질서를 세우지 않고, 여성과 남성의 일터 속 삶을 씨줄과 날줄로 삼아 새로운 태피스트리를 만드는 협업 과정에 주목한다. 성분업이 성차를 고착화시켜 건널 수 없는 협곡을 만들어 낸다면, 성협업은 차별적 잠재력이 분출되어 나타난 차이의 씨줄과 날줄을 직조해 이 협곡을 건널 수 있는 다리를 만드는 기제이다.

성분업은 개인의 목적을 실현하기 위한 협동(Cooperation)의 기제이지 공동의 번성을 염두에 둔 협업(Collaboration)의 기제가 아니다. 협동은 공동의 목적보다는 개인이나 자신이 속한 사회적 범주의 목적이 선행하기 때문에 누가 상대의 이득을 더 많이 충족시켰는지가 측정되고 이 거래관계에 따라 차별적 가격이 책정된다. 그러다 보니 이 가격의 차이에 따라 관계는 분열적 권력관계로 퇴행한다. 반면 협업은 성다양성의 새로운 맥락을 통해 서로의 차이를 인정하고, 구성원들이 더 큰 목적의 실현을 위해 다르게 기여할 수 있는 가능성을 조명한다. 궁극적으로 협업에서는 차이의 연결을 통한 인재 관리 시스템을 재구성함으로써 남녀의 관계를 전략적 파트너 관계로 진화하는 관점을 제시한다.

협업은 자신의 욕구를 충족시키려는 협동과 달리, 더 큰 목적을 매개로 교환을 만들어 내는 과정이다. 협업이 가능하려면 성다양성의 문제 해결이 지향하는 더 큰 목적에 구성원의 믿음과 헌신이 전제되어야 한다. 본 저서에 등장하는 성다양성이 궁극적으로 지향하는 바도 여성과 남성이 자신이 속한 성 범주가 상대와의 경쟁에서 이기기 위해서, 또는 자신이 속한 범주의 생존을 위해서 상대를 희생시키는 게 아니라 생성과 관계 맺음을 통해 더 나은 차이를 만들어 번성을 달성하는 데 있다.

한마디로, 협업에 있어서 구성원들의 존재 이유는 각자가 발 딛고 서 있는 공동체의 공진화에 차별적으로 기여하는 것이다. 생존을 넘어 번성을 염두에 두고 있는 초연결 디지털 시대에는 남녀가 서로에 대한 제약에서 상대를 해방시키고 협업의 운동장에서 머리를 맞대는 인재 관리가 필수적이다. 본 저서는 차별적 기여에 따라 사회적 지위가 배분되어 차별과 편견이 사라지는 것이 전략적 인재 관리의 핵심이라고 규정한다. 협업을 위한 인재 관리 시스템의 지향점도 여성과 남성의 생물학적 범주에 따라 사회적 지위가 배분되는 구조나 여성을 중심으로 새로운 독립된 영토를 만드는 것이 아니라, 여성과 남성이 제약을 떠나 차별적으로 기여한 바에 따라 지위가 배분되는 방향을 지향한다.

초연결 디지털 사회에서 여성과 남성은 차이의 생성과 관계 맺음을 통해 남녀를 떠나 '성숙한 협업의 동반자 되기(Becoming)'에 도달한다. 이와 같은 협업 동반자에 도달하기 위한 조건으로, 본 저서는 제도가 제약의 기제로 존재하는 상황도 있고 때로는 기회의 확충을 도와줄 수 있다는 '양면성'이라는 개념을 제시할 것이다. 어떤 제도가 성에 제약이 아니라 기회를 확장해 주는 새로운 운동장으로 작용하는지의 여부는, 성다양성이 생물학적 존재 구속성과 정치적 논쟁의 희생물로 전락하는 것을 넘어서서 초연결 디지털 시대에 걸맞은 조건을 만들 수 있는지로 판단되어야 한다.

이러한 성협업이 절실하게 요구되는 영역으로 우리 연구진은 기업경영 영역을 꼽았다. 우리가 기업경영에 관심을 가지는 이유는 두 가지이다. 첫째, 기업 현장은 사회의 다른 장면과 달리 실질적 가치를 주도적으로 혁신하고 창달하는 가장 강력한 엔진이다. 정부가 기업이 창출한 가치를 공정하게 배분해 국민의 복지와 안전망을 책임지고 있다면, 가계는 가치를 소비하는 주체이다. 결국 이 셋 중 기업만이 제대로 된 가치를 창출할 수 있는 역량을 갖추고 실질적 가치를 창출한다. 기업이 주도적으로 가치를 창출하지 못해 성장이 장기간 정체될 경우, 사회 모든 참여자의 관점은 제로섬 관점으로 환원되어 갈등이 야기된다.

둘째, 기업은 가치 창출과 가치 혁신의 주체로서의 중요성에도 불구하고 효율성이라는 명목 때문에 인재 다양성을 매우 경시해 왔다. 특히 여성은 기업의 전략적 인재 관리의 두 바퀴 중 한 축을 차지함에도 그 기여도가 유독 무시되어 왔다. 다양성의 가치가 살아나지 못하면 여성을 비롯하여 불리한 배경을 가진 소수 집단에게 유리천장이 부가된다. 유리천장은 소수 배경을 가진 사람들의 능력에 인위적 제한을 가함으로써 막대한 인적자원 손실을 초래한다. 또한 유리천장은 잠재 능력이 있는 사람들에게 잘못된 편견으로 제약을 가한다는 점에서 비인륜적이다. 이러한 인적자원의 손실은 기업이 사회의 번성이라는 역할을 제대로 수행하지 못하게 만든다. 그리고 해답이 정해져 있지 않은 초연결 디지털 사회에서는 다양성에 근거한 창의적 인재가 최고의 경쟁력이라는 점에서도 큰 손해이다.

초연결 디지털 혁명 시대에 미래 가치 창출의 열쇠를 쥐고 있는 기업경영의 영역에서 성협업을 통한 사회적 공진화의 단서가 마련되지 못한다면, 아무리 다른 영역에서 성협업의 기반이 마련되더라도 사상누각으로 전락한다. 역으로 다른 어떤 영역보다 경영 현장에서 먼저 다양성이 존중되고 유리천장이 제거될 수 있다면, 우리 사회가 더 성숙한 사회로 진화하는 데 무한한 동력을 얻을 수 있다. 특히나 가장 해결이 힘겨운 직장과 경영에서의 유리천장을 해결한 사례를 찾는다면,

이는 사회의 다른 영역에서 발생하는 유리천장 해결을 위한 표준이 되어 줄 것이다. 기업에서 성다양성은 사회 모든 영역의 다양성 문제를 해결하는 킹핀(King pin)이자 전단함(Flagship)[1]이다.

본 저서의 구성은 다음과 같다. 2장에서는 성다양성의 이슈가 내포한 야누스의 이중적 얼굴에 대해 논의한다. 특히 다양성의 어두운 면인 사공이 많아서 산으로 갈 수밖에 없는 배의 운명에 대해 중점적으로 논의한다. 성다양성을 통해 긍정적 효과를 산출하기 위해 어떤 어두운 면을 극복해야 하는지를 알아본다.

3장부터 7장은 성다양성에 대한 다양한 내러티브를 다룬다. 3장 진화론(생물학)의 내러티브는 우리가 오랫동안 받아들인 성분업이 생존을 위해 생물학적 유전자가 내린 명령이라고 규정한다.

4장에서는 젠더 관점 내러티브를 탐구한다. 젠더의 관점에서 성 차이는 사회화되고 학습된 성역할의 고정관념이라고 규정된다. 여성들이 이런 성역할의 고정관념에서 벗어날 수 있다면 남성들과 똑같은 사회적 지위를 획득할 수 있다고 본다.

5장은 지위다양성이론의 관점이다. 지위다양성이론은 성이란 사회제도에 뿌리를 둔 사회적 지위라고 본다. 성은 견고한 사회적·문화적 뿌리를 가지고 있어서 젠더를 주장하는 학자들의 말처럼 성인지 교육이나 제도적 개입만으로 유리천장이 해체된다고 보지 않는다.

6장은 성다양성이 가진 양면성과 양면성 습득을 실현하기 위한 협업과 공진화의 내러티브를 다룬다. 사회를 공진화하기 위해 여성과 남성이 서로의 역할 텍스트를 이해하고 여기에 자신의 역할 텍스트를 씨줄과 날줄로 엮어 협업의 새 운동

---

1 볼링에서 스트라이크를 위해서는 눈에 보이는 1번 핀이 아니라 숨겨져 있는 5번 핀을 노려야 한다. 삼각형으로 배열된 10개의 볼링핀 중에서 정 가운데 위치한 1번 핀을 겨냥해서 공을 굴리면 7번 핀과 10번 핀을 쓰러트릴 수 없다. 5번 핀처럼 숨겨져 있어서 드러나지 않지만 이를 해결하면 모든 문제가 해결되는 핀을 '킹핀'이라고 칭한다. 또한 함대가 전투에 나설 때 제일 앞에서 전단함을 끌고 가는 가장 중요한 역할을 하는 배를 플래그십이라고 부른다. 사기업에서 성다양성 문제는 모든 영역에서 다양성 문제를 해결하는 킹핀이자 플래그십이다.

장을 만들어 나갈 수 있을 때, 성 공진화의 물꼬가 만들어진다는 입장이다. 여성과 남성이 서로의 정체성을 받아들이고 상대 성에 대한 관점을 내재화해서 성의 양면성을 습득할 수 있어야 성다양성을 제대로 발현할 수 있는 운동장이 마련된다는 관점이다.

7장은 성에 대한 포스트모더니즘의 관점이다. 성은 여성과 남성으로 고착되어 있는 것이 아니라 차이의 생성을 통해 N개의 성으로 진화한다는 입장이다.

8장부터 10장까지는 유리천장을 극복한 여성들의 사례를 다룬다. 8장은 한국기업에서 유리천장을 극복한 여성들을 인터뷰하여 이들이 성차별을 극복하고 기업에서 전략적 파트너가 될 수 있었던 조건과 과정을 탐구한다.

9장은 성다양성으로 존경받은 기업의 여성 CEO들이 성다양성 문제를 어떻게 접근하고 있는지를 분석한다. 이들이 성에 대한 이분법적 차이를 해소한 방식과 성차가 해소된 새 운동장을 만들어 기업을 초우량기업으로 만들 수 있었던 비결을 들어 본다. 또한 이들처럼 여성 CEO를 열망하고 있는 여성들을 위한 조언을 듣는다.

10장에서는 여성이 유리천장을 극복한 상태를 전략적 파트너라는 개념으로 분석한다. 그리고 이러한 관점으로 여성이 기업에서 전략적 파트너로 성장하기 위해 어떤 리더십을 행사해야 하는지를 알아본다.

11장부터 13장에 걸쳐서는 성다양성이 기업에서 제대로 받아들여지기까지의 과제를 개인·제도·문화적 측면에서 살펴본다. 11장은 능력 있는 여성들이 자신의 능력을 인정하지 않으려는 가면증후군의 문제를 어떻게 극복할 수 있는지를 다룬다.

12장은 양육과 출산과 관련된 돌봄을 사회가 나서서 어떻게 해결할지의 문제를 다룬다. 그리고 돌봄의 사회화를 정착시키기 위해서 기업이나 정부가 해야 할 정책적 과제를 제안한다.

13장에서는 사회적 평균을 기반으로 한 수월성 개념이 성평등에 대한 정치적 논리와 결합해 개인의 정체성을 억압하는 동질성의 기제로 사용될 수 있는지를 다룬다. 평균에 의해 잘못 규정된 성평등의 기제가 능력이 있는 사람들을 성정체성의 감옥에 가두는 역할을 하는지를 분석하는 것이다. 더불어 평균에 의해 규정된 자신의 성정체성을 탈주해 자신만의 존재적 경쟁우위를 만들어 내고 그 결과 존재로서의 정체성과 자유를 획득한 주체적 개인들의 사례를 들어 본다.

14장과 15장은 한국 사회에서 다양성 위기를 어떻게 극복할 수 있는지를 고민한다. 성차에 대한 이원론적 고정관념을 소멸시켜 여성과 남성의 협업의 운동장을 만들어 내고 더 나아가 협업의 운동장에서 서로를 스파링 파트너로 삼아 더 나은 차이와 번성을 만들어 낼 수 있을 때, 다양성이 부채가 아니라 자산이 될 수 있다는 관점을 제시한다. 14장에서는 성다양성의 대안 이론으로 제안된 성양면성 내러티브가 제시하는 양성협업의 경험적 수준을 기업의 사례로 살펴보고 성협업을 통해 만들어 낼 수 있는 새로운 태피스트리의 가능성을 제안한다.

15장은 성다양성 이슈의 해결은 소수에 대한 배려와 환대에서 시작될 수 있음을 지적한다. 능력 있고 재능 있는 소수를 조직과 사회의 공진화를 위한 파트너로 환대할 수 있을 때 조직과 사회의 번성이 가능해질 수 있음을 제안한다. 그리고 이런 재능 있는 소수에 대한 환대 행위를 통해 성숙과 번성을 체험해야 다양성에서 문제가 되어 온 공정성의 문제를 근원적으로 해결할 수 있음을 제시한다. 또한 소수의 배경을 가진 사람들에 대한 배려와 환대를 통해 실현된 다양성이 뉴 노말(New normal)로 받아들여지는 사회만이 경제 민주화나 정치 민주화를 넘어서 사회 민주화를 실현시킨 성숙한 시민사회로 규정됨을 이야기한다.

사람은 여성과 남성의 몸과 문화이기 전에 자신만의 성장통을 겪고 이 고통을 넘어섬으로써 존재의 실현을 열망하는 존재이다. 성다양성의 완결은 여성과 남성의 역할 문제를 뛰어넘어, 남녀가 한 인간으로서 사람답게 살고 자신의 능력을 사회의 번성과 공진화에 편견 없이 기여하게 할 수 있느냐에 달려 있다. 성 고정관념에 갇혀서 상대를 존재론적으로 보지 못하고 상대가 가진 인간으로서의 장점과 고유성을 놓친다면, 인간답게 사는 것은 물 건너간 일이 된다. 즉, 성다양성은 성 고정관념에 의해 분열된 여성과 남성을 다시 연결하여 간극을 해소하고, 이 차이가 해소된 운동장에서 새롭고 더 나은 차이를 만들어 내는 독립적 인격체가 되게 해주는 일이다. 성 차이가 해소된 공동체에서 자유롭게 더 나은 차이를 만드는 것을 체험할 수 있을 때, 성다양성은 제대로 실현된다.

본 저서에서는 진화 생물학적 내러티브가 제시하는 분업과 젠더 내러티브가 제시하는 정치적·이원론적 관점이 자기 종족과 관련한 생존의 문제를 해결해 줄 수는 있겠지만 새롭고 더 나은 차이를 만들어 내는 번성에 관한 문제를 해결해 주지는 못한다고 규정한다. 그 이유는 두 관점 모두 성 간의 균열과 대립의 문제를 긍정적으로 해체하여 새로운 운동장을 만들어 내지 못하기 때문이다. 번성은 남녀가 서로를 성역할을 넘어서는 목적에 기여할 수 있는 잠재력을 가진 인간으로 이해하고, 이를 기반으로 서로를 공진화를 위한 전략적 파트너로 받아들일 때만 가능하다. 공진화를 위한 전략적 파트너가 되기 위해서는 먼저 상대방의 성을 받아들이고 이해한 뒤, 자신의 성역할 정체성과 결합해 더 높은 곳에 균열이 없는 새 운동장을 만들어 나가는 것이 필수이다. 협업을 통해서만 상대의 텍스트를 이해하고 받아들여 자신의 텍스트와 결합해 공동의 맥락을 만들어 나갈 수 있다.

여성과 남성이 새 운동장에서 공동의 맥락을 만들고 이것을 뉴 노말로 받아들일 수 있을 때, 젠더 내러티브가 염려하는 성 고정관념과 진화 생물학이 가정하는 신체의 제약에서 벗어날 수 있다. 그리고 협업을 통해 만들어 낸 새로운 성 맥락은 다른 다양성의 차원에서도 지렛대로 작용하여, 개인이 공동체의 번성과 공진화를 위해 어떤 기여할 수 있는지를 성찰할 수 있게 만든다. 그리고 차이와 간극이 사라진 새로운 운동장에서 체험하게 될 공동의 맥락은 미래를 위한 다양한 기회의 플랫폼이 될 것이다. 새로운 기회의 운동장에서 성장한 젊은이들에게 아마 유리천장은 오래전 존재했던 신화적 이야기가 될 것이다.

2장

야누스의 두 얼굴

성다양성은 선한 모습과 악한 모습을 동시에 보여 주는 야누스의 얼굴이다. 선한 얼굴은 성다양성이 성과에 긍정적일 때 나타나고, 악한 얼굴은 부정적일 때 나타난다. 본 저서가 초점을 맞추고 있는 기업 영역에서 성다양성의 칼자루를 쥐고 있는 경영자들 입장에서도, 가장 궁금한 게 바로 이 점일 것이다. 성다양성이 선한 얼굴이라는 믿음을 가지면 성다양성에 반대할 이유가 없다. 하지만 지금까지 성다양성에 대한 보고서와 연구는 선한 얼굴만을 보여 주지 않았다. 선한 얼굴을 보여 주는 연구와 추한 모습을 보여 주는 연구가 혼재한 상황이 심화될수록, 성다양성에 대한 경영자들의 믿음 또한 풍전등화가 된다.

정부 기관의 정책 보고서에서는 여성 관리자나 여성 임원의 증가가 기업의 성과에 긍정적이라는 선한 얼굴을 주로 제시하고 있다. 2009년에서 2013년까지

코스피에 상장된 500인 이상 기업 170여 개를 분석한 정부출연 기관의 최근 연구보고서는[1] 여성 관리자 비율이 증가하거나 여성 임원이 있는 기업의 경우 자기자산수익률(ROE), 매출수익률, 매출액증가율의 측면에서 긍정적 상관관계가 있다고 보고한다. 이 보고서에 따르면 여성 관리자가 늘어난 경우, 자기자산수익률이 2배 이상 높았고 여성 임원이 있을 경우, 평균 매출수익률이 2배 높은 것으로 나타났다. 2017년을 기준으로 사업보고서가 공개된 기업을 분석한 결과에서도 여성 임원이 있는 기업들이 그렇지 않은 기업에 비해 매출액, 영업이익, 당기순이익의 평균이 3~4배 높은 것으로 나타났다.[2]

국제 연구보고서에서도 여성 관리자나 임원이 재무 성과에 기여한다는 연구가 보고되고 있다. 대표적으로 크레딧 스위스(Credit Suisse)의 정책연구가 있다. 3천 개가 넘는 기업의 2만 7천 명의 상급관리자들을 대상으로 한 이 연구는[3] 이사회 여성 비율이 50%가 넘을 경우 다른 기업에 비해서 20% 높은 총자산수익률(ROA)을 보인다고 밝혔다. 또한 여성이 CEO로 재임하고 있는 경우 19%의 자기자산수익률 증가를 경험한다는 분석을 제시했다. 그리고 상급관리자의 15% 이상이 여성일 경우 자기자산수익률이 18% 증가하고, 25% 이상을 차지할 경우 4% 정도의 투자수익률(ROI) 개선 효과를, 비율이 50%로 높아지면 10%의 투자수익률(ROI) 개선 효과를 보인다고 보고했다.

2018년 맥킨지(McKinsey) 보고서는 12개국 천 개 이상의 기업을 분석한 결과, 임원의 성별 다양성이 높은 기업들은 그렇지 않은 기업들보다 2017년 기준 세전

---

1 강민정(2014), 「여성 고용 확대가 기업의 경영 성과에 미치는 효과」, 『여성가족부 여성정책전략센터』 2014년 정책 리포트 제3호; '여성 임원 늘리면 기업 성과 좋아진다', 『여성신문』(2018.01.15.); '여성 관리자 비율 높을수록 기업 성과도 높아', 『여가부정책뉴스』(2014.08.22.)

2 김민정, 문지선, 권소영, 김양희, 방세린(2018), 「기업 내 여성 임원 비율 확대를 위한 전략 연구」, 『한국여성정책 연구원 보고서』

3 Dawson, J., Kersley, R., & Natella, S.(2016), 「The CS gender 3000: The reward for change」, 『Credit Suisse Research Institute』

영업이익(EBIT)이 21%, 장기 가치 창출이 27% 더 높다고 보고했다.[4] 또한 여성 임원 비율이 낮은 하위 25%에 해당되는 기업들은 산업 평균 수익률보다 29% 감소된 수익률을 보인다는 분석을 제시했다.

세계 최대의 증권지수 산출 기관인 모건스탠리 캐피털 인터내셔널(Morgan Stanley Capital International, MSCI)도 미국 회사의 이사회에서 여성 비율이 재무성과에 미치는 영향을 분석했다.[5] 이 분석에 따르면 2011에서 2016년까지 MSCI 지수에 포함된 기업 중 이사회에 여성이 적어도 3명 이상인 기업들은 비교 기업들보다 자기자산수익률에서 10%, 주당수익에서 37% 높은 결과를 산출하고 있다. 그리고 여성 구성원이 한 명이라도 증가한 기업과 한 명이라도 감소한 기업의 주가수익률을 비교하자, 증가한 기업의 수익률이 22%로 감소한 기업의 수익률 11%보다 두 배 높았다.

『카탈리스트(Catalyst)』에서는 『포춘』 선정 500대 기업의 2014~2018년 재무성과를 분석한 결과, 여성 임원이 3명 이상인 기업들이 여성 임원이 전무한 기업들보다 매출액수익률이 84% 높고 총자산수익률은 60% 높다는 사실을 발견했다.[6] 2018년 맥킨지는 「평등의 힘(The Power of Parity)」 보고서에서 한국이 지금의 성평등 문제를 개선한다면 2025년 GDP가 9% 정도 성장 가능하다는 긍정적 분석 결과를 내놓았다.[7]

이와 같은 대표적 보고서 이외에도 다양한 국가에서 성별 다양성과 관련된 여러 보고서들이 성과 변수 간 긍정적 관계를 보고했다. 피터슨 국제경제 정책연구

4 Hunt, V., Prince, S., Dixon-Fryle, S., & Yee, L(2018), 「Delivering through diversity」, 『McKinsey & Company』

5 Eastman, M. T., Rallis, D., & Mazzucchelli, G.(2016), 「The tipping point: Women on boards and financial performance」, 『Morgan Stanley Capital International』

6 'Why diversity and inclusion matter: Financial performance', 『Catalyst』(2018.08.01.)

7 McKinsey(2018), 「The power of parity: Advancing women's equality in Asia Pacific」, 『McKinsey Global Institute』

소 (Peterson Institute for International Economics)는 91개 국가 2,980개의 상장기업 분석에서 성별 다양성이 총 이윤(Gross margin)과 순 마진(Net margin)에 긍정적 상관관계가 있음을 밝혔고,[8] IMF는 34개 국가 2백만 개의 기업들을 분석한 결과 성다양성이 총자산수익률에 긍정적 상관을 가지고 있음을 밝혀냈다.[9] 호주의 주식시장인 ASX(Australian Securities Exchange) 500에 편입된 기업 분석보고서에서도 전략 결정에 참여하는 여성 임원이 한 명이라도 있으면 주가 상승에 긍정적이라는 결과를,[10] 룩셈부르크의 264개 은행 내 관리자의 성비를 분석한 연구에서는 성다양성이 자기자산수익률에 긍정적으로 기여한다는 결과가 나타났다.[11]

그러나 정책 기관의 연구보고서나 언론 보도를 통해 인용되는 의도적 샘플을 기반으로 한 분석은 과학적 분석과는 거리가 있다. 여성 관리자의 성과에 대해 과학적 인과 방법론을 적용한 인과적 연구 결과는 항상 긍정적이지만은 않다.[12]

이렇게 상충하는 결과가 산출된 이유는, 여성 경력에 대한 구조적 문제를 가진 기업들의 본질적 속성을 연구에 포함하지 않고 평면적으로 보이는 임원 비율이나 관리자 비율을 분석했기 때문이다. 예를 들어, 똑같은 임원 수와 여성 관리자 수를 가진 두 기업 중 한 기업은 여성 관리자가 육성되는 파이프라인을 가진 경우이고 다른 한 경우는 그렇지 않지만 우연히 임원 수와 여성 관리자 수가 같은 경우라고 하자. 이와 같은 표본으로 분석하면 통계적 노이즈가 발생해 결과는 긍

---

8 Noland, M., Moran, T., & Kotschwar, B.(2016), 「Is gender diversity profitable? Evidence from a global survey」, 『Peterson Institute for International Economics』

9 Christiansen, L., Lin, H., Pereira, J., Topalova, P., & Turk, R.(2016), 「Gender diversity in senior positions and firm performance: Evidence from Europe」, 『IMF Working Paper』

10 Redman, E.(2015), 「Gender balance buys better results」, 『Eureka Report』

11 Reinert, R. M., Weigert, F., & Winnefeld, C. H.(2016), 「Does female management influence firm performance? Evidence from Luxembourg banks」, 『Financial Markets and Portfolio Management』, 30, 2, p113~136

12 McKinsey(2018), 「The power of parity: Advancing women's equality in Asia Pacific」, 『McKinsey Global Institute』

정과 부정이 같이 나타나거나 영향이 없는 것으로 나타난다. 메타 분석 결과에서 성다양성이 기업의 재무 성과에 미치는 영향이 일관되지 않는 이유가 여기에 있다. 또한 연구 표본에 인구학적 성다양성만 높은 수준인 회사가 대다수일 경우 재무 성과는 부정적이다.[13]

성다양성 외에 나이, 학력, 인종 등 다른 다양한 차원들이 성과에 미치는 영향을 과학적으로 연구하여 종합해 보면, 역할의 전문성에 대한 다양성을 제외하고는 대부분이 성과에 부정적이다. 이는 야누스의 얼굴 중 추한 모습이 진짜의 모습이라는 주장에 인용된다. 또한 이들 연구 결과는 "사공이 많으면 배가 산으로 간다."는 속담을 연상시키며 다양성에 회의적인 시각을 지지하는 결과로 인용되기도 한다. 왜 과학적 연구 결과들은 기존 보고서가 주장하는 선한 얼굴과 대치되는 결과를 산출하는 것일까?

보고서에서는 주로 성과라는 결과 변수에 관련된 여성 임원 비율이나 여성 관리자 비율, 이사회 여성 비율 등을 주로 인용한다. 남성 중심 회사에서 여성들이 고위관리자나 임원의 자리까지 올라왔다는 것은 이 여성들이 이미 남성과 같거나 더 월등한 성과를 산출하고 있다는 의미이다. 여성들이 산출한 재무적 성과가 여성 임원 비율이나 관리자 비율 자체에 함축되어 내재해 있다. 성다양성을 이렇게 접근하여 재무 성과와 여성 임원 및 관리자 비율 사이의 상관관계를 분석하면 결국 결과로 원인을 설명하는 순환 반복의 논리를 벗어나지 못한다. 반면, 단순하게 회사에서 차지하는 여성 비율만을 인용한 과학적 연구 결과들은 대개 성다양성이 성과에 부정적인 영향력을 준다고 보고하고 있다.

과학적 분석에서, 성다양성이 미치는 결과가 부정적 결과를 산출하는 이유는 채용한 분석 모형이 현실에서 여성들이 전략적 파트너로 성장하는 성장 경로를

13 김문주, 윤정구(2011), 「팀 다양성 수렴 메커니즘이 팀 성과에 미치는 영향에 관한 이론적 연구」, 『경영학연구』, 40, 1, p97~137; 김문주, 윤정구(2012), 「교육적 배경 다양성이 의사결정의 질과 팀 성과에 미치는 영향에 관한 연구: 지위다양성 이론을 중심으로」, 『인사조직연구』, 20, 1, p129~176

반영하지 못하는 것에서 찾을 수 있다. 과학적 분석의 표준으로 받아들여지는 계량경제학적 분석에서는 어떤 외생 변수들이 주어졌을 때, 이 외생 변수들의 조합이 어떤 결과를 예측할 수 있는지를 제시하는 것에 집중한다. 소위 어떤 조건이 만족되면 어떤 결과를 산출할 수 있다는 '만약 ~라면(If then)'의 추론을 기본적 가정으로 하고 있다. 하지만 생산적 가치 창출이 이뤄지는 방식은 대부분 어떤 외생 변수가 조건으로 주어질 때, 인간들의 주체적 개입을 통해 새로운 가치를 창출하고 이것이 누적되어 어떤 결과를 산출하는 과정 모형이다.

성다양성 보고서의 긍정적 연구 결과나 과학적 연구를 기치로 삼고 제시된 논문들의 부정적 결과가 간과한 것은 바로 이 지점이다. 성다양성이라는 변수가 초기에 어떤 변수로 주어지면 사람들은 이 조건에 개입해 변화를 만들어 내고, 이 변화는 또 기업의 성과로 이어지는 과정이 존재한다. 보고서는 결과에 근접한 변수를 원인 변수로 선정하고 상관관계를 제공하지만, 과학적 분석은 조건에 해당되는 변수를 선정해서 선택적으로 'If then' 모형으로 분석하기 때문에 서로 일관된 결과를 산출하지 못한다.

다양성 관점에 반대하는 사람들은 "사공이 많으면 배가 산으로 간다."는 속담을 자주 인용한다. 하지만 사공이 많은 배가 산으로 가는 진짜 이유는 사공이 많아서가 아니라 이들에게 같은 방향으로 향하는 지도를 제공해 주지 못했기 때문이다. 방향만 제대로 잡아 준다면 사공들이 번갈아 가며 노를 젓게 할 수도 있고 일사불란하게 힘을 합쳐 나아가게 할 수도 있다. 다양하게 영입된 사공들이 공동의 목적을 향해 정렬하는 공동의 지도가 없다면 결국 배는 표류하기 마련이다. 이런 공동의 목적 아래에서 목적지까지 도달해 본 경험이 있는 사공들만 사공이 많은 배가 꼭 산으로 가는 것은 아니라는 주장을 받아들인다. 이들이 선입관을 버리게 된 계기는 공동의 목적 자체가 아니라 공동의 목적을 세우고 이 목적을 실제로 실현했을 때 경험했던 긍정적 체험이다.

이에 우리는 다양성의 효과가 긍정적으로 작용하기 위해 다양한 사공들을 영입하는 확산(Divergence)과 이들을 한 방향으로 정렬하는 수렴(Convergence)이라는 과정이 필요함을 주장한다. 이러한 과정이 파이프라인으로 실현될 때 비로소 부정적 효과들이 소멸되고 긍정적인 결과가 산출될 수 있다는 다양성 관리의 새 이론을 제시하는 것이다.[14]

유입 단계에서 여성이 늘어나 성다양성이 증가되는 것은 확산의 메커니즘이다. 이 확산의 메커니즘을 통해 조직의 인적자산은 늘어난다. 하지만 늘어난 인적자산을 제대로 활용하기 위해서는 확산의 메커니즘을 수렴의 메커니즘으로 전환하는 파이프라인을 가동해야 한다. 다양한 배경을 가진 사람들을 위한 공동 언어도 마련하고 이들의 공헌을 공정하게 평가할 수 있는 제도적 장치도 준비해야 한다. 또한 이들의 욕구 수준이 다르므로 서로 다른 욕구 수준을 조율할 수 있는 유연한 제도적 장치들도 필요하다.

확산의 메커니즘이 다양성을 통해 생산성을 키우기 위한 필요조건이라면 수렴의 메커니즘은 충분조건이다. 수렴의 메커니즘은 파이프라인을 제공해 다양한 자원으로 유입된 사람들을 한 방향으로 정렬한다. 사공들에게 제공되는, 목표점으로 향하게 하는 지도는 대표적 수렴 메커니즘이다.

확산의 메커니즘과 수렴의 메커니즘이라는 이율배반적 두 기제가 씨줄과 날줄로 결합해 구성원들이 공유하는 새로운 성다양성을 담고 있는 태피스트리를 만들어 내고, 구성원들이 이 태피스트리를 기반으로 행해지는 성협업을 뉴 노말로 받아들일 수 있을 때만 성다양성은 생산적 결과를 산출할 수 있다. 성다양성 관리의 핵심은 성다양성이 반영된 인재라는 원석을 받아들여 조직의 목적을 달성하는 데 협업할 수 있는 보석으로 단련시키는 파이프라인 과정이다. 이 파이프라인 과정을 통해서 정련된 보석들은 궁극적으로 조직의 다양성이 지향하는 보석 목

---

14 김문주, 윤정구(2011), 「팀 다양성 수렴 메커니즘이 팀 성과에 미치는 영향에 관한 이론적 연구」, 『경영학연구』, 40, 1, p97~137

걸이가 된다.

본 저서의 연구자들은 확산과 수렴이 결합되는 과정이 다양성 관리에 가지는 의미를 찾아내고자 한국 기업들에 파이프라인 모형을 제안해 검증했다.[15] 파이프라인 관점은 파이프라인이 뿌리내리고 있는 인재의 관정(管井)이라는 관점과 인재가 혁신되고 숙련돼 가는 파이프라인이라는 관점, 육성된 인재에게 원래 기대했던 목적에 인재의 기여 여부를 논하는 수도꼭지 관점이 서로 유기적으로 정렬되어 있는지를 분석하는 것이다.

다양성 이슈에서 관정은 다양한 인재 영입과 관련한 문제라 할 수 있다. 다양성을 지지하는 HR 시스템이나 성다양성을 확장하는 인재 풀에 대한 제도적 장치를 가지고 있는지의 여부다.

파이프라인은 여성과 남성이 서로의 차이를 인정하고 서로를 전략적 파트너로 초대하여 협업할 수 있는 분위기와 일하는 방식에 관한 문제이다. 파이프라인이 제대로 작동될 경우, 이입된 여성 인재들은 남성들과 협업을 통해 성과를 산출하고 이 결과로 회사의 관리자로 승진한다. 회사에서도 전략적 파트너로 인정받아 여성 임원으로 발탁된다. 본 저서의 연구자들은 파이프라인이 직선적이고 선형적이라고 규정하지 않는다. 현실적으로 여성 관리자의 경력 단계마다 학습해야 할 내용과 탈학습 내용들이 비선형적으로 연결되어 있다. 따라서 각 단계마다 고유하게 해결해야 할 문제들로 파이프라인이 막혀 있을 수 있음을 가정한다. 여성과 남성이 전략적 파트너로 협업한다는 것은 파이프라인이 막혀 있는 국면을 뚫는 작업에도 동참한다는 것을 의미한다.

파이프라인 모형의 관정-파이프라인-수도꼭지 중 수도꼭지는 육성된 여성 관

---

15 윤정구, 『황금수도꼭지』, 쌤앤파커스, 2018, 6장과 14장; Charan, R., Drotter, S., & Noel, J, 『The leadership pipeline: How to build the leadership powered company』, John Wiley & Sons Inc, 2011; Conger, J. A, & Fulmer, R. M.(2003), 「Developing your leadership pipeline」, 『Harvard Business Review』, 81, 12, p76~84

리자나 여성 임원들이 여성으로서의 정체성을 잃지 않고 회사 사명에 기여하는지에 초점을 맞춘다. 파이프라인을 통해 육성된 여성 인재들이 실질적으로 재무 성과를 신장시키는지, 자신이 유리천장을 뚫었던 경험으로 후배 여성들을 육성하는 선순환 문화를 만들어 나가는지, 회사가 설정한 사명과 목적을 공진화하고 있는지의 문제다.

관정-파이프라인-수도꼭지가 제대로 가동할 때 여성 인재가 조직에서 가지는 전략적 파트너로서의 지위가 정당화되고 이 정당성은 다시 파이프라인 전 과정에 되먹임되어 파이프라인의 관정을 채워 주고 막힌 곳을 뚫어 준다.

본 저서에서 제안한 파이프라인 모형은 경제학자들이 주장하는 'If then' 모형과는 다른 모형이다. 'If then' 모형은 여성 인재가 많이 채용되면 자연적으로 여성 임원도 많이 육성된다고 가정하지만, 파이프라인 모형은 유입된 여성 인재가 남성과 협업하여 파이프라인을 통과할 경우만 회사의 전략적 파트너로 성장한다고 본다. 여성 인재를 육성하기 위해서는 협업을 통해 성 간 차이를 소멸시켜야 하고 이렇게 성차가 소멸된 협업의 운동장에서 더 나은 차이를 생성해 내는 과정을 중시한다는 점에서 파이프라인 모형은 일종의 과정(Process) 모형이다.

우리는 파이프라인 모형을 대한민국의 인터브랜드 50위권 회사 중 자료가 존재하는 42개 기업을 대상으로 검증해 보았다. 결과 변수로 포함된 두 변수는 총자산수익률(ROA), 자기자본수익률이고 예측 변수로 포함한 변수는 여성 근로자 비율, 여성 임원 비율, 여성 인재의 파이프라인 구축 정도이다. 재무 성과는 2019년 총자산 비율와 자기자본수익률을 사용했고 예측 변수에 사용된 지표는 2019년 데이터를 이용했다. 파이프라인 구축 정도는 이입된 여성 인재가 사원-대리, 대리-과장, 과장-차장, 차장-부장, 부장-임원 직급으로 성공적으로 진급할 확률을 직급별로 계산해 평균을 낸 값이다. 즉, 일반 직원으로 들어와 대리로 승진할 확률, 대리에서 과장으로 승진할 확률, 과장에서 차장으로 승진할 확률, 차장에서 부장으로 승진할 확률, 부장에서 임원으로 승진할 확률을 계산해서 평균을 냈다.

회사에 따라 직급이 단순화된 경우는 직급 수를 계산해서 평균을 조정했다.

연구 결과는 파이프라인 모형을 전적으로 지지했다. 기업의 총자산수익률, 자기자본수익률에 여성 인재 파이프라인 구축 정도만 유의미하게 긍정적 효과를 가져왔다. 보고서에서 많이 인용하는 여성 임원 비율이나 과학적 연구에서 사용하는 여성 비율은 총자산수익률과 자기자본수익률에 유의미하게 부정적인 효과를 보였다.

본 연구 결과는 성다양성을 촉진시키기 위해 임원할당제 등의 제도를 강제적으로 도입한다고 해서 기업의 재무적 성과가 증가하는 것은 아님을 시사한다. 여성 임원의 증가는 오직 조직이 구축한 파이프라인을 통해 자연스럽게 육성될 때에만 구성원들이 가지고 있던 '여성은 소수 지위'라는 문화적 믿음을 해체하여 긍정적 효과를 산출한다. 여성이 이사회에 포함되어 있는 문제도 같은 맥락에서 볼 수 있다. 여성이 이사회에 포함되어 있다는 것이 시그널링 효과가 되어 단기적 성과에 긍정적인 영향을 줄 수도 있지만, 이사회 여성 비율이 조직 내에서 실현된 파이프라인으로 연결되어 자연스럽게 육성된 것이 아니라면 큰 실효성은 없다.[16]

임원할당제는 파이프라인이 제대로 구축된 회사에서 마중물로 사용될 때 가장 효과적이다. 파이프라인이 구축되지 못한 회사에서 제도적으로 압력을 주어 여성 임원 수를 억지로 늘릴 경우, 잘못하면 부메랑이 되어 돌아올 수 있다. 성다양성 이슈가 파이프라인을 통한 여성 인재의 단계적 육성이 아니라 정부의 강제 때문에 비자발적으로 수용한 제도로 남는다면 이는 기업에 양날의 검이 될 수 있는 것이다. 본 저서에서는 성다양성의 문제를 다양성이 사회적으로 옳은 일이라는 명분에만 매달려 파이프라인을 구축하는 노력을 지나쳐 숫자 게임으로만 접근하는 방식에 반대한다.

---

16 Daily, C., & Dalton, D.(2003), 「Women in the boardroom: A business imperative」, 『Journal of Business Strategy』, 24, 5, p8~9

기존의 성다양성 연구가 일관되게 제시하고 있듯이, 여성 인재의 비율도 재무 성과에 부정적이기는 마찬가지다. 이입된 여성 인재가 파이프라인을 통해 회사의 전략적 파트너로 성장하는 경험이 없는 상태라면 여성 인재의 비율은 부메랑이다. 성다양성이란 퍼즐은 이입된 여성 인재들이 회사의 전략적 파트너로 성장하는 파이프라인을 통해 관리자와 임원으로 성장할 때 완성된다. 이렇게 성장한 임원들이 여성 인재에 관한 편견과 유리천장을 부수고 후배 여성을 위해 길을 만들어 의미 있는 비율의 여성 임원들이 채워졌을 때 성 고정관념이 사라진다. 즉, 성다양성을 위한 여성 인재의 이입이라는 관징도 확보해야 하지만 더 중요한 과제는 이 관정을 통해 여성 인재를 육성하는 파이프라인도 마련하는 일이다.

또한 전략적 파트너로 인정받아 임원이 된 여성들이 기업의 성다양성을 설파하는 수도꼭지가 되어야 한다. 이들이 여성 인재가 조직 번성에 기여하는 바를 지속적으로 증명해 보이고 이를 통해 얻은 기회를 다시 지렛대로 사용하여 여성 인재를 계속해서 발굴·육성함으로써 전략적 파트너로서의 여성 인재를 증가시킬 수 있다. 이러한 과정을 통해 전략적 파트너로서의 여성 인재가 유의미하게 증가하게 되면 유리천장의 가정이 잘못되었다는 가장 강력한 증거가 된다. 이들의 이야기는 성다양성을 확보하는 문제가 얼마나 심각한 문제인지, 기업의 성과에 어떤 도움을 주고 있는지를 생생하게 증언한다.

초연결 디지털 혁명 시대에 미래 가치 창출의 열쇠를 쥐고 있는 기업의 경영 영역에서 성다양성을 통해 사회를 공진화시킬 단서를 마련하지 못한다면 다른 영역에서 마련된 다양성 기반은 사상누각으로 전락한다. 역으로 다른 어떤 영역보다 기업 현장에서 다양성이 존중되고 유리천장의 제거될 수 있다면 사회의 많은 영역에서 남녀 간 제로섬 갈등관계도 대부분 해소된다. 가장 풀기 어려운 직장과 경영에서 유리천장을 해결한 성공 체험은 사회의 다양한 장면에서 발생하는 유리천장 해결의 표준으로 채용될 것이다.

성다양성은 야누스의 얼굴처럼 양면성을 가지고 있다. 그저 성다양성이 필요하다는 이유로 사내 여성 직원과 여성 임원을 늘리고 이사회에서 여성의 자리도 마련하라고 명령한다면, 성다양성은 화난 얼굴을 보일 것이다. 그러나 성다양성 문제가 파이프라인으로 관리되어 여성이 조직의 성과를 창출하는 전략적 파트너로 자연스럽게 성장하고 이런 노력이 축적되어 의미 있는 숫자를 달성한다면, 성다양성은 웃는 얼굴을 보일 것이다. 전략적 파트너로 육성된 여성 인재를 목격한다면 기업의 경영자들도 성다양성을 마다할 명분이 없다. 제대로 육성된 전략적 파트너의 숫자가 의미 있는 수준에 이르게 되면 유리천장도 자연스럽게 제거될 것이다. 성다양성은 육성의 관점에서 치밀하게 관리되어야 할 이슈이다.

대한민국에서 기업이나 공공조직의 성다양성은 정치적 프레임에 갇혀 파이프라인을 통한 협업과 육성의 관점을 상실해 왔다. 그동안 기업이나 조직에서는 상처가 곪아 구더기까지 생겼다. 병폐가 보이자 사람들은 더 이상 논의하는 것을 거부하고 여기에 거적을 덮어 놓았다. 그러나 거적만 덮어 놓는다고 문제가 해결되는 것은 아니다. 오히려 구더기는 더욱 기승을 부리며 상처를 갉아먹는다.

지금은 우리 모두가 담대한 마음을 가지고 이 거적을 걷어 구더기의 실체를 확인할 때이다. 숫자와 정치적 진영 논리를 떠나서 구더기가 생긴 이유를 파악하고 이에 맞는 제대로 된 처방을 내려야 한다.

PART 2

성다양성의 내러티브

이 파트에서는 성다양성의 관점을 다양한 각도에서 조망할 수 있는 내러티브를 소개한다. 내러티브 방식이란, 대상을 인과적으로 설명하기보다 기승전결이라는 스토리텔링 방식으로 기술하는 것을 의미한다. 기승전결을 구성하는 스토리의 플롯은 어떤 내러티브가 다양성을 통해 성 간 차이를 해소하고 이를 통해 더 나은 차이를 만들어 가는 데 도움을 주는지가 초점이다.

3장 진화론(생물학) 내러티브에서는 성다양성을 생존과 진화의 관점에서 알아보고, 4장 젠더 내러티브에서는 사회화 과정을 통해서 규정된 성다양성을 확인한다. 5장 지위다양성 내러티브에서는 유리천장이 만들어지고 특정 소수에게 이 프레임이 씌워지는 과정을 제도의 측면에서 설명한다. 6장 성양면성 내러티브에서는 성다양성이 생산적으로 진화하기 위한 협업의 새로운 태피스트리를 확인할 것이며, 7장 N개의 성 내러티브에서는 성 안에서의 차이를 인정하고 이 차이의 생성을 통해 이원론을 넘어서 N개의 성으로 전개되는 과정을 조명한다.

3장

진화론(생물학) 내러티브

인간의 정신은 두뇌 활동의 산물이지만,
두뇌나 유전자와 같은 생물학적인 물질 그 자체로 환원될 수 없다.
- 찰스 다윈(Charles Darwin)

생물학적 성과 사회적 성

성(Sex)이란 무엇일까? 가장 많이 쓰이는 검색 엔진과 백과사전에서 정의를 살펴보았을 때, 성이란 일반적으로 다음과 같은 세 가지 의미로 표현된다. 첫째는 가장 기본적인 의미로 인간의 경우에는 남녀, 동식물의 경우에는 암수의 특성을 가리키는 말이다.[1] 둘째는 남녀의 해부학적 구조나 생리적 기능에서의 차이라는 의미로 사용된다.[2] 셋째는 암수의 구별이 있는 두 생식 세포가 결합하여 대를 이을 수 있는 개체를 만드는 유성 생식법을 지칭한다.[3] 즉, 여성과 남성이 유전자의 명

1 다음 백과

2 네이버 지식백과 영양학 사전

령에 따라 독립된 차세대를 생산해서 대를 잇는 방식을 지칭한다. 이 세 가지의 성은 영어 Sex로 표기되는 성으로, 국제보건기구에 따르면 여자와 남자를 정의하는 생물학적·생리적·유전학적 특징들을 가리킨다.

한편 우리는 생물학적 성의 차이 혹은 이와는 독립적인 어떤 일들을 통해서, 이질적 성 사이에 존재하는 특질, 행동, 태도, 의식의 차이를 경험하기도 한다. 이처럼 출생 이후의 사회적인 환경과 훈련에 의해 후천적 기질이 형성되는 사회적·문화적 속성과 규정을 강조한 개념이 젠더(Gender), 즉 사회적 성이다. 사회적 성이란 특정한 사회가 여성과 남성에게 걸맞다고 규정한 역할, 행동, 활동 및 연관된 속성들을 가리킨다.

우리가 생물학적 성과 사회적 성을 구분하는 것은 사회적 성의 정체성이 생물학적 속성 이외에 사회적 속성에 의해서도 형성된다는 것을 강조하기 위해서다. 젠더에는 남녀가 생물학적으로 다르다는 것을 부정하는 것이 아니라 우리가 흔히 알고 있는 '여성다움, 남성다움'의 규정에 사회적·문화적 영향이 배태되어 있음을 분명히 하고자 하는 뜻이 들어 있다. 본 장에서는 사회적 성이 아닌 생물학적 성의 차이와 그 원인에 집중하며 여기서 파생되는 내러티브를 규명하고자 한다.

전술한 바와 같이 우리가 원하든 원하지 않든, 남녀 간에는 생물학적 차이가 분명히 존재한다. 남녀 사이에 차이가 있다는 것은 과학적으로, 그리고 말 그대로 차이가 있다는 것이지 결코 한쪽이 다른 쪽보다 열등하거나 낫다는 의미가 아니다. 남녀에 대한 선호도는 규범적 문제이지 과학적 사실과 관련이 없다. 그렇다면 남녀의 선천적 성차를 기반으로 한 생물학적 내러티브의 핵심은 무엇일까?

사실이지만 불편한 이야기를 해야 할 것 같다. 여성과 남성의 몸은 다르다. 염색체, 유방, 자궁, 내외부 생식기, 평균적인 키 등에서 남녀의 몸이 다른 것은 '사

3 위키피디아

실'이다.[4] 남녀는 여러 면에서 동일하지만, 또 여러 면에서 다른 점이 존재한다. 문제는, 한국에서 육체적 부분의 성차와 달리 심리적·정서적·행동적 성차는 언급만 해도 논란거리가 된다는 점이다.[5] 과거의 고정관념, 예컨대 남자는 공감 능력이 낮고 여자는 높다거나, 상대적으로 남자는 수학을 잘하고 여자는 국어를 잘한다는 식의 주장을 펼치자는 것이 결코 아니다.

성인 남성은 신장이 여성보다 더 크고 몸무게도 더 많이 나간다는 것, 남성의 뇌가 여성의 뇌보다 평균적으로 6~10% 크다고 밝혀졌다는 것, 혹은 여성의 뇌는 남성의 뇌에 비해 양쪽 반구 사이의 연결성이 높다는 점, 남성은 여성보다 높은 사망률과 짧은 기대수명을 가지고 있다는 점 등은 지금까지 밝혀진 사실이다. 다시 말해, 남녀 사이에 염색체나 유전인자, 호르몬, 내외부 생식 기관 및 신경해부학적 차이가 있다는 것은 논란의 여지가 없는 과학적 사실이며 이러한 차이는 태아 초기부터 존재한다.[6] 태아라는 아주 이른 시기부터 호르몬 수치 차이로 인해 뇌 속 시상하부가 심한 변화를 겪으며 남녀 간에 중요한 차이가 생기는 것이다. 이러한 남녀 차이를 보여 주는 대표적 연구들이 과학의 영역에서 지속적으로 출판되어 왔다.

영국 『BBC』와 리차드 리파(Richard Lippa) 교수가 53개국 20만 명을 대상으로 한 연구에 따르면[7] 남성은 선천적으로 엔지니어나 정비업과 같이 사물을 대하는 직업에 더 큰 흥미를 보인 반면, 여성은 사람을 대하는 직업에 더 큰 흥미를 보였

---

4 Sizonenki, P. C.(2003), 「Human sexual differentiation」, 『Geneva Foundation for Medical Education and Research』

5 누차 강조하겠으나, 본 장에서도 모든 성차가 생물학적·진화적 부분에서 발생한다고 주장하는 것은 결코 아니다. 구한말부터 1990년대 초반까지 여성 관료, 여성 CEO가 한국에서 드물었던 것은 두말할 필요도 없이 여성에 대한 사회적·문화적 차별이 있었기 때문일 것이다. 중요한 점은, 성차의 일부는 생물학적·진화적 부분에서 그 답을 찾을 수 있음을 강조하는 바이다.

6 Schiebinger, L., Klinge, I., Sánchez de Madariaga, I., Schraudner, M., & Stefanick, M. (Eds.) (2011-2013), 『Gendered Innovations in Science, Health & Medicine, Engineering and Environment』, http://genderedinnovations.gister.re.kr

다. 리파 교수는 이 같은 결과가 도출된 이유로 남녀를 다르게 대하는 문화나 사회적 분위기의 영향력도 존재함을 인정한다. 그러나 이 연구의 바탕이 된 53개국 모든 나라의 문화적 다양성에도 남녀의 차이가 일관적으로 나타난 점에서 볼 때 그 원인을 생물학적으로 설명할 수 있다고 강조한다.

남녀 차이가 나타나는 과정에서 문화, 사회화의 영향력에 대한 논란이 일자 사회화가 진행되지 않은 영유아를 대상으로 한 연구에 관심이 높아졌다. 노르웨이 국립병원의 트론드 디세트(Trond Diseth) 교수는 생애 발달 초기의 성별 차이를 알아보는 테스트를 개발했다. 아이들은 태어날 때부터 성정체성과 성행동에 있어서 뚜렷한 생물학적 성향을 타고나기 때문에 생후 9개월 된 아이들도 남녀별로 서로 다른 장난감을 선호한다는 사실을 확인했다.

디세트 교수 역시 생후 주변의 환경, 문화, 가치, 기대 등이 이미 타고난 성향을 강화 또는 약화할 수 있다고 이야기한다. 그럼에도 사회화나 문화적 영향이 선천적으로 타고난 성향을 바꿀 수 없음을 강조한다.[8]

디세트 교수의 주장을 뒷받침하는 메타 연구 결과도 있다. 브렌다 토드(Brenda Todd)와 동료들이 2017년에 발표한 연구에 따르면 1~8세 사이 아이들은 부모의 존재 여부, 아이들 나이, 연구 연도, 지역 등에 상관없이 남아는 남성적인 장난감을, 여아는 여성적인 장난감을 선호했다.[9]

생후 9개월 생마저도 사회화의 영향에서 자유로울 수 없다고 주장하는 이들을 위해 영국의 사이먼 배런-코헨(Simon Baron-Cohen) 교수는 태어난 지 하루 된 신

---

7 Lippa, R. A.(2009), 「Sex differences in sex drive, sociosexuality, and height across 53 nations: Testing evolutionary and social structural theories」, 『Archives of Sexual Behavior』, 38, p631~651

8 Jurij Fedorov, 「Hjernevask(Brainwash) 1/7 - The Gender Equality Paradox - (Eng. sub - HQ)」, 2014

9 Todd, B., Fischer, R., DiCosta, S., Roestorf, A., Harbour, K., & Barry, J. A.(2017), 「Sex differences in children's toy preferences: A systematic review, meta-regression and meta-analysis」, 『Infant and Child Development』, 27, p1~29

생아들을 대상으로 대단히 획기적인 연구를 진행했다. 배런-코헨 교수는 자폐 연구 전문가로서 남녀 간의 중요한 성 차이가 '태어나는 순간'부터 존재함을 밝혀냈다. 그는 생후 하루가 지난 신생아를 대상으로 기계적인 사물과 얼굴, 두 가지를 보여 줬다. 그리고 아이가 각각의 사물을 얼마나 오래 쳐다보는지를 영상으로 기록했다. 실험 결과 남아는 기계적 사물을, 여아는 주로 얼굴을 오래 쳐다보는 것으로 나타났다.[10]

배런-코헨 연구진에 따르면 아이가 문화적 편견에 노출되기 이전부터 성 차이는 나타나며 이는 자궁 속에서부터 발생한다. 자궁 내에서부터 호르몬 생성량이 다르기 때문이다. 특히 테스토스테론이 남아의 경우에는 여아에 비해 두 배 이상 많이 생성되는 것으로 알려져 있다.

처음부터 모든 태아는 여아이다. 수정 후 약 8주에서 14주 사이에 남녀를 구분 짓는 SRY 유전자(Serendipity gene)가 발현됨으로써 테스토스테론이 분비되고 남성의 생식 구조를 만드는 것이다. Y염색체의 SRY 유전자는 육체의 남성화뿐 아니라 뇌의 남성화도 관장한다. 여성의 경우 발생 과정에서 Y염색체가 없고, 따라서 SRY 유전자가 발현되는 과정을 거치지 않으므로 남녀의 선천적 차이는 존재할 수밖에 없다고 본다.

이는 뇌가 발달하는 방향에 영향을 미친다. 인체의 모든 것을 생성하고 신체적 차이를 총괄 지휘하는 기관이 바로 뇌이다. 뇌의 생물학적 차이가 흥미와 특성의 차이를 만들어 낼 수 있고 특히 인생 초기의 호르몬 수치에 의한 차이는 성숙해짐에도 그대로 지속될 개연성이 높다고 본다. 좀 더 단도직입적으로 말하자면, 남녀 간의 성차는 소위 말하는 사회화의 결과를 넘어서 남녀가 다르게 타고났기 때문에 나타나는 것이다. 여성과 남성의 뇌는 생식 기관만큼이나 다르며, 여성과 남

---

10 Connellan, J., Baron-Cohen, S., Wheelwright, S., Batki, A., & Ahluwalia, J.(2000), 「Sex differences in human neonatal social perception」, 『Infant Behavior & Development』, 23, 1, p113~118

성은 다르게 사회화되어서 달라지기도 하지만 애당초 다르기 때문에 다르게 사회화된다는 결론이다. 즉, 생물학적 차이는 부인할 수 없는 사실이고 성 사회화는 성차의 원인과 결과가 혼합되어서 나타난 것이다.[11]

여성 사회생물학자인 헬렌 피셔(Helen Fischer) 역시 에스트로겐이 여성적 기질과 관계가 있을 것이라 보았으며, 생물학적 성은 관계 형성에 있어 핵심적 요소(Sex as essential to a relationship)라고 주장하였다.[12] 그녀에 따르면 사춘기 여성은 난소에서 에스트로겐이 다량으로 분비되기 때문에 친구들과 사귀고, 협동하고, 지지 체제를 유지하려는 욕구가 매우 강하다. 그러나 폐경기 여성은 에스트로겐 분비량이 급속도로 줄어들면서 상대적으로 단정적이고, 노골적이며, 독립적으로 변한다. 피셔는 에스트로겐은 인간을 포함한 포유류에게 양육과 관련된 호르몬으로 이로 인해 여성은 사람들과 관계 맺기, 조화와 일치의 추구, 수평적 구조 속에서 일하고 사귀기를 원하는 기질을 갖는다고 보았다.

이처럼 남녀의 차이를 여성과 남성의 유전자 차이 혹은 호르몬 차이로 환원시키는 작업은 유의미한 연구 결과를 산출하고 있다. 이를 통해 인간의 본성과 남녀의 차이 아니, 남녀 본연의 성질을 일차적으로 결정짓는 유전자 및 호르몬의 특성들이 속속 규명되고 있다.

남녀 간 차별이 아닌 '생물학적 차이'는 무수히 많은 곳에서 실재한다. 남자의 망막이 여성의 망막보다 두껍다는 결과, 청각 및 후각과 같은 감각계와 마찬가지로 남녀 간에는 시각적 차이도 존재한다는 결과 역시 존재한다.[13] 이 연구들은 사회화의 원인 이외에 남아가 장난감 기차나 자동차같이 움직이는 물건을 선호하

---

11 앨런 S. 밀러, 가나자와 사토시 지음, 박완신 옮김, 『처음 읽는 진화심리학』, 웅진지식하우스, 2007

12 Fisher, H. E., Island, H. D., Rich, J., Marchalik, D., & Brown, L. L.(2015), 「Four broad temperament dimensions: Description, convergent validation correlations, and comparison with the Big Five」, 『Frontiers in Psychology』, 6, Article 1098

13 Abramov, I., Gordon, J., Feldman, O., & Chavarga, A.(2012), 「Sex and vision II: Color appearance of monochromatic lights」, 『Biology of Sex Differences』, 3, 1, p21~35

고 여아가 핑크색, 노란색 등 화려하고 생생한 색을 좋아하는 데에 사회화 이전에 세포와 관련된 원인들도 존재한다고 본다. 남성은 시각 피질에 25% 정도 뉴런을 더 많이 가지고 있기 때문에 빠르게 움직이는 이미지를 포착하는 데 더 능하다는 것이다. 망막을 관장하는 것 또한 뇌이다. 대뇌 아래 위치한 신경세포 다발인 시상하부(성행동, 감정 등 우리의 본능에 관여)의 경우 남아가 여아에 비해 크다. 뇌영상 기술(MRI)로 분석한 결과, 동일한 IQ를 지녔음에도 불구하고 남녀에 따라 지능과 관련된 활성 부위가 달랐다. 지능과 관련한 회백질이 남자들은 앞부분 정중앙에 집중되어 있는 데 반해, 여성들은 측면에서 더 활성화되는 것으로 나타났다.

이 연구들은 남녀 간에는 타고난 생물학적·유전적 차이가 존재한다는 사실을 일관되게 검증해 왔다. 여성과 남성은 신체 구조, 분비되는 호르몬이 다르고 사실상 생물학적 차이는 너무나 극명하여 없다고 주장하는 것이 오히려 더 이상하다고 본다.

진화심리학적 내러티브

진화심리학은 지금까지 성 사이의 생물학적 유전적 차이가 발현되어 나타나는 심리학적 차이에 대한 내러티브에 집중해 왔다. 진화심리학이란 유전적 차이에 근거해서 심리적 현상을 설명하려는 실증주의적 접근 방식이다.[14] 정신분석학이 인간의 모든 심리 현상을 리비도(Libido)를 통한 정신분석의 틀로, 행동주의 심리학이 실험실 실험을 통한 행동주의의 틀로 인간 행동을 이해하듯이 진화심리학은 인간의 심리 현상을 '자연선택'에 대응한 진화의 결과로 이해한다.[15]

---

14 전중환(2010), 「진화심리학의 이론적 토대와 쟁점들」, 『한국심리학회지, 일반』, 29, 4, p747~766

15 Buss, D. M.(1995), 「Evolutionary psychology: A new paradigm for psychological science」, 『Psychological inquiry』, 6, p1~30

많은 이들이 찰스 다윈(Charles Darwin)의 자연선택설을 '약육강식'과 동일시하면서 이 개념에 대해 오해하는 것이 사실이다. 그러나 찰스 다윈은 크고, 건강하고, 힘센 개체, 즉 강한 것이 항상 선택된다고 주장하지 않았다. 크고 강한 것이 선택되는 것이 아니라 개체군이 처한 특정 환경하에서 번식 가능성을 높여 주는 형질이 선택된다.

인간을 포함한 유기체의 적응이 자연선택의 결과라는 찰스 다윈의 통찰은 진화심리학에 있어 대단히 중요하다. 다윈의 주장은 '특정 특성이 왜 존재하는가?'에 대한 답을 제공하고 적응·생존·번식에 대해 설명해 주기 때문이다. 일반적으로 진화라는 단어를 떠올릴 때 사람들은 길어진 기린의 목과 같이 생리적·해부적·신체적 적응만을 떠올린다. 그러나 진화에는 인간을 포함한 동물의 행동 양식을 만들어 내는 심리적 기제의 진화도 포함된다.[16]

북잉글랜드 더럼(Durham) 대학의 교수이자 진화심리학자인 앤 캠벨(Anne Campbell)에 따르면, 성차를 이해하기 위해서는 인류의 시작 무렵으로 거슬러 올라가야 한다.[17] 캠벨을 비롯한 진화심리학자들은 인간의 특성이 오랜 자연선택의 결과라고 보기 때문이다. 진화심리학과 자연선택의 핵심은 '후손을 얼마나 많이 남길 수 있는가'이다. 진화심리학에서 자연선택의 단위는 유전자이며 '유전자 선택론'이 최근의 진화심리학 경향을 반영한다. 진화심리학자들에 의하면 후손을 많이 남길 수 있는 유전자일수록 유전자 풀에 남는 경향이 강하며, 남녀가 지닌 유전적 특성도 자연선택 과정을 반영한 결과이다.

진화심리학자들은 결과적으로 성에 대한 남녀 행태의 차이가 유전자 선택과

---

16 Cosmides, L., & Tooby, J.(2005), 「Neurocognitive adaptations designed for social exchange」, In D. M. Buss (Ed.), 『The handbook of evolutionary psychology』, p584~627 Hoboken, NJ, US: John Wiley & Sons Inc.

17 Campbell, A.(2006), 「Sex differences in direct aggression: What are the psychological mediators?」, 『Aggression and Violent Behavior』, 11, 3, p237~264

심리적 기제의 영향력 때문이라 주장한다. 유전자의 존속과 번영을 도모하는 전략은 남녀가 다를 수밖에 없다는 것이다. 이들에 따르면 남성은 성적 다양성을 추구하고 성적 독점욕을 가지며 젊고 건강한 이성을 선택하려는 반면, 여성은 상대를 신중하게 선택하려는 경향이 있다. 또한 다양한 상대와 성관계를 갖는 것이 남자에게는 유전자 전달에 큰 도움이 되지만 여자의 경우는 오히려 불리하다고 본다.[18]

진화론적으로 보았을 때, 남녀는 종족 번식 전략이 너무나 다르며 부모가 되기 위한 노력의 정도에서도 성차가 발현된다. 여성의 경우 수많은 남성을 상대하더라도 한 번에 한 남자의 아이만 낳을 수 있고, 쌍둥이를 낳는 경우를 제외하면 1년에 한 명의 자식만을 낳을 수 있다. 결국 종족 보존에 에너지의 대부분을 투자해야 하는 암컷은 수컷을 매우 조심스럽고, 선택적으로 찾아 나서게 된다. 반면 수컷은 기존의 암컷을 버리고 다른 상대를 찾아 나설 가능성이 높다.

결국 여성이 수정란을 잉태한다는 것은 무엇보다도 여성이 남성보다 적은 후손을 보게 된다는 이야기이다. 여성이 아이를 하나 낳으려면 평균 9개월이 걸리고, 여성이 신생아를 돌보는 동안에는 임신 가능성이 매우 희박해진다. 진화적으로 우리의 조상 여성이 평생 낳을 수 있었던 자식의 수, 즉 번식 성공도는 짝짓기 상대를 많이 확보하는 것보다는 장기간의 임신, 출산, 수유, 양육에 드는 자원과 에너지를 어떻게, 그리고 꾸준히 확보하느냐에 달려 있었다.[19, 20]

로버트 트리버스(Robert Trivers)에 의하면 여성과 남성은 '부모 투자(Parental investment)'의 양이 현격히 다르다.[21] 투자란 생식세포에 든 영양분, 임신, 출산, 수유, 보호, 안아 주기 등 부모가 자식의 생존율을 높이기 위해 실행하는 모든 형

---

18 도널드 시먼스 지음, 김성한 옮김, 『섹슈얼리티의 진화』, 한길사, 2007, 6장과 7장

19 전중환, 『진화한 마음』, 휴머니스트, 2019, p97~107

20 Metz, J. A., Nisbet, R. M., & Geritz, S. A.(1992), 「How should we define fitness for general ecological scenarios?」, 『Trends in Ecology & Evolution』, 7, 6, p198~202

태의 노력이다. 생식세포 하나당 투입하는 영양분만 놓고 보아도 암컷(인간 여성 역시)이 수컷보다 자식에게 더 많은 투자를 하며, 수정 이후의 다른 투자를 놓고 봐도 암컷이 훨씬 더 많은 투자를 한다. 트리버스는 이러한 양적 투자의 차이가 성적 경쟁 및 선택을 고심하는 정도를 결정한다고 본다. 거의 대부분의 인간 여성이 사실상 임신, 수유, 양육의 부담을 지게 되고 남성은 상대적으로 적게 투자하므로 결국 남녀의 투자 성차는 번식률의 성 차이, 남녀의 성행동 차이, 여타 행동 차이로까지 이어지게 된다는 것이다.

남녀의 진화 양상이 다른 이유는 무엇일까? 진화심리학에 따르면 여성은 수렵채집 활동 시기부터 출산, 수유, 양육을 담당하는 존재였으며 그에 걸맞은 육체적·정신적·심리적 기제를 갖도록 진화했다. 여성이 출산과 양육이라는 업무를 성취하도록 돕고 즐기도록 해주는 심리적 기제, 즉 높은 공감 능력이나 부상 위험이 있는 상황을 회피하려는 성향, 그룹에서 쫓겨나 사회적으로 고립되는 상황을 회피하려는 성향, 아이를 혼자 키우는 상황을 피하려는 성향 등이 여성은 물론 궁극적으로는 모두의 생존과 번식의 가능성을 높여 주고 그 후손까지도 번식할 수 있게 해주었다고 주장하는 것이다.

남녀 간의 가장 큰 차이 중 하나는, 스트레스가 극심한 상황에 놓였을 때 여성은 타인과 함께 있길 원하는 반면 남성은 혼자 있길 더 선호한다는 사실이다.[22] 진화심리학에 따르면 여성이 간호, 의료, 사회복지, 교육과 같은 직업을 더 선호하는 이유도 여기에 있다. 혼자가 아닌 서로 도움을 주고받는 형태로 이루어지는 직업이고 여성이 편안하게 느끼는 직업이기 때문이다. 앤 캠벨 역시 남녀의 특성은

---

21 Trivers, R. L. (1972), 「Parental investment and sexual selection」, In B. Campbell (Ed.), 『Sexual selection & the descent of man』, Chicago: Aldine de Gruyter, p136~179

22 Tomova, L., von Dawans, B., Heinrichs, M., Silani, G., & Lamm, C.(2014), 「Is stress affecting our ability to tune into others? Evidence for gender differences in the effects of stress on self-other distinction」, 『Psychoneuroendocrinology』, 43, p95~104

서로 겹치는 부분이 매우 많다는 부분을 인정한다.[23] 공학, 물리학, 화학에 특출한 여성도 있지만 이것은 '일반적'이지는 않다. 아마 진화생물학을 추종하는 사회과학자들은 남녀 차이가 어디서 오느냐는 질문에 '유전자 선택에 의한 진화'라고 답할 것이다.

뇌에 반영된 성차

그렇다면 남녀의 신체적 차이를 총괄 지휘하는 건 뭘까? 신체의 모든 것을 생성하고 유지하는 호르몬, 펩타이드 등을 만들어 내는 건 뭘까?

진화가 생식 기관의 차이에만 영향을 주었다고 생각하고 뇌에는 전혀 영향을 주지 않았다고 생각한다면, 그 자체로 이례적이고 이상한 생각이다. 사람들이 보이는 흥미, 행동, 선호의 차이에는 어느 정도 유전자와 호르몬의 차이로 인한 부분이 있음을 인정하지만 이것이 행동에 영향을 미치기 위해서는 뇌에 미치는 영향도 규명할 필요가 있다.

진화심리학의 새로운 명제인 사바나 원칙(Savanna principle)에 의하면, 인류의 뇌는 인류 초창기 환경에 존재하지 않았던 개체와 상황을 파악하고 대처하는 데 여전히 어려움을 겪는다고 한다.[24] 행동, 인지, 가치관, 선호도에 나타나는 성차는 대부분 타고난 것이며 더 나아가 여러 문화에 걸쳐 공통되며, 대다수 경우에는 여러 종에 걸쳐서도 변함없이 나타난다는 것이 사바나 원칙에서 주장하는 바이다.

초기 현생 인류는 놀랍게도 진화사 중 99.9%에 해당하는 시간을 사바나 등지에서 수렵과 채집을 하며 지내 왔다. 500만 년이라는 인류 진화 기간을 1년으로 굳이

23 Campbell, A.(1999), 「Staying alive: Evolution, culture, and women's intrasexual aggression」, 『Behavioral and Brain Sciences』, 22, 2, p203~214

24 Kanazawa, S.(2004), 「The Savanna principle」, 『Managerial and Decision Economics』, 25, 1, p41~54

압축한다면 농업은 12월 31일 오전 6시에 시작되었으며, 그 유명한 산업혁명은 12월 31일 저녁 11시 40분에 발생했다. 인류 역사를 1년을 보았을 때 우리는 364일 동안 수렵 채집 생활만을 해왔으며 남은 하루 동안 오늘날 우리가 보는 거의 모든 것들이 발견되고 발명되고 있는 것이다.[25, 26] 결국 우리는 지난 364일에 해당하는 과거의 심리적 기제를 아직까지 지니고 있으며 따라서 인간의 두뇌는 초창기 환경에 존재하지 않았던 개체와 상황을 파악하는 데 여전히 어려움을 겪는다.

결과적으로 진화심리학자들이 주장하는 것은 유전자의 측면에서 여성과 남성은 '다르다'는 점이다. 현대사회는 그 어느 때보다 환경이 급격히 변화하고, 더 이상 많은 자손을 남기는 것이 목표가 아닐 수 있는 사회다. 그럼에도 불구하고 '현대인의 두개골 안에는 석기시대의 마음이 들어 있다'[27]는 것이 진화심리학자들 주장의 요지이다.

성평등의 역설

유전적 형질의 차이가 궁극적으로 직업이나 업무 선택에도 반영되어 왔다고 주장하며 진화론자들이 인용하는 대표적 사례는 스웨덴, 노르웨이, 덴마크이다. 진화심리학자들은 성차별이 낮아 스스로의 선택권이 보장된 이들 나라에서 오히려 남녀의 직업 구분이 더 심화되는 현상인 '성평등의 역설(Gender-equality paradox)'이 나타나는 점에 주목한다.[28] 남녀에게 자유로운 선택을 하도록 놔두면 여성은

---

25 전중환, 『진화한 마음』, 휴머니스트, 2019, p13~48

26 앨런 S. 밀러, 가나자와 사토시 지음, 박완신 옮김, 『처음 읽는 진화심리학』, 웅진지식하우스, 2007, p23~46

27 전중환, 『진화한 마음』, 휴머니스트, 2019

28 Stoet, G., & Geary, D. C.(2018), 「The gender-equality paradox in science, technology, engineering, and mathematics education」, 『Psychological Science』, 29, 4, p581~593

여성의 유전자나 호르몬 혹은 뇌가 요구하는 직업을 선택할 개연성이 높아지는데, 이러한 분업은 생물학이나 진화론적 관점에서 보면 오히려 자연스러운 현상이다.

데이비드 기어리(David Geary)와 기스버트 스토엣(Gijsbert Stoet) 교수 팀은 2012년부터 2015년까지 경제협력개발기구(OECD) 국제학업성취도평가(PISA) 등에 나타난 67개국 청소년(15~16세) 472,242명의 과학, 수학, 독해 학업 자료를 분석하였다.[29] 연구 결과에 따르면 노르웨이나 핀란드 등 성평등지수가 가장 높은 나라들의 이공계 졸업생 중 여성 비율은 20%로 가장 낮았다. 반면 아랍에미리트나 알제리 등 성평등지수가 최하위인 국가의 경우, 이공계 졸업생 중 여성 비율은 40%로 세계 최고였으며 이는 인도네시아, 루마니아, 터키 등에서도 비슷했다.

이 연구는 STEM(과학-Science, 기술-Technology, 공학-Engineering, 수학-Mathematics의 줄임말) 분야에서 왜 여성 비율이 낮은지도 분석했다. 그 결과 거의 모든 나라에서 여학생들은 남학생만큼이나 과학 분야에서 강점을 나타냈지만, STEM 분야로 직업을 선택하는 경우는 나라별로 차이가 나타났다. 사회보장제도가 부실한 아프리카 여학생들은 STEM 분야의 직업을 선택하는 경우가 많았고, 사회적 안전망과 보호제도가 탄탄해 성평등지수가 비교적 높은 북유럽 국가 여성들은 오히려 STEM 분야의 직업을 선택하는 경우가 적었다. 이에 대해 연구자들은 진정한 선택의 자유가 주어졌을 때, 여성들은 STEM 쪽을 선택하지 않았으며 이는 STEM 분야의 남녀 비율 격차가 발견된 것이 사회적 성차별의 결과라고만 볼 수 없다는 것을 반증한다고 해석했다.[30, 31] 즉, 생물학적으로 다른 남녀가 각각이 선호하는 대로 자유롭게 선택한 결과라는 것이다.

29 앞 번호와 같음

30 앞 번호와 같음

31 '성평등 역설 "성평등성이 높은 국가의 여성, 이공계 진출 낮아"', 『더사이언스플러스』(2020.01.30.)

이 밖에 여성과 남성의 성향 차이가 성과나 리더십에 있어서도 다르게 나타난다고 주장하는 연구들도 많다. 여성은 남성보다 협상에 약하고 위험 회피 성향을 보이기 때문에 남성 대비 낮은 성과를 내고 그래서 고위직 여성이 적다는 것이다.[32]

또 다른 연구에서도 유사한 결과가 도출되었다. 2018년 아민 포크(Armin Falk)와 요하네스 허밀(Johannes Hermle)이 76개국 80만 명을 대상으로 한 연구 결과, 경제가 성장하고 성평등지수가 높을수록 오히려 성적 고정관념이 심화되고 남녀 선호도 격차가 커지는 것으로 나타났다.[33] 남녀 모두 경제적으로 풍요로운 상태에서 자유로운 선택을 하도록 놔두면 여성은 소위 전통적인 여성성(이타성, 신뢰성, 보답과 감사함 등)을, 남성은 남성성(위험감수성, 보복성 등)을 지지하는 직업에 선호를 보인다는 것이다.[34]

이러한 연구 결과는 종의 기원에서 찰스 다윈이 언급한 '형질, 생리적 기능, 행동 양식은 개체마다 다르다'라는 그의 주장과 일면 일맥상통한다. 여성과 남성은 생존을 위해 다른 생리적 기능과 행태를 나타내며 이러한 다른 형질들이 계속해서 대물림된다는 것이다.

진화론, 생물학, 진화심리학 설명이 직관적으로는 이해될 수 있겠으나 진화에

---

32 Mac Giolla, E., & Kajonius, P. J.(2018), 「Sex differences in personality are larger in gender equal countries: Replicating and extending a surprising finding」, 『International Journal of Psychology』, 54, 6, p705~711

33 Falk, A., & Hermle, J.(2018), 「Relationship of gender differences in preferences to economic development and gender equality」, 『Science』, 362, 6412, eaas9889

34 의료계에서 치료를 담당하는 의사는 남성, 돌봄을 담당하는 간호사는 여성으로 분업화된 경향뿐 아니라 교육 서비스에 종사하는 여성 비율의 증가도 이 논쟁에서 자주 이용된다. 한 국가 내에서도 비교적 성평등이 보장된 학교의 경우, 여성의 유입이 늘어나는 현상에 대해 경쟁력이 있는 여성들이 성평등을 누리기 위해 유입되는 것으로 해석하는 경향도 있지만 돌봄과 가르침이라는 영역이 여성의 영역이기 때문에 성평등이 제거되자 더 많은 여성이 진입한 것이라는 진화생물학 내러티브의 근거로도 인용된다. 2018년 교육통계서비스(kess.kedi.re.kr)의 남녀 교사 통계를 보면 한국에서도 43만 817명 전체 교사 중 여교사는 29만 1,017명으로 67.55%를 차지했다(특수학교, 유치원 제외). 이중 여교사 비율이 특히 많은 곳은 초등학교로 18만 6684명 중 여교사는 14만 4055명으로 77.17%를 차지한다. 중학교는 69.71%, 고등학교는 52.40%가 여성이다. 10년 전에 비해 여성의 비율은 꾸준히 증가하는 추세다.

대한 목적론적 해석을 낳을 위험성도 충분히 가지고 있음을 유의해야 한다. 신이 생물을 창조한다는 과거의 견해에서 신이 자연 혹은 유전자로 바뀌었을 뿐, 미리 계획된 목적을 가지고 종이 진화했다고 보게 되는 위험성이 내재되어 있다.[35, 36]

성평등이 달성된 국가에서 여성과 남성 간 직업상 성분업이 강화되는 성향이 있다는 연구 결과는, 여성들의 주체적 선택이 작용한 것이라기보다 풍족한 제도적 지원으로 여성들이 전통적으로 남성이 점유한 직업을 선택할 필요성을 못 느껴 나타난 것일 수도 있다. 고도로 발달한 가정 친화적 정책이 남성보다는 여성들을 더 선택적으로 제도의 감옥에 가두어 놓은 것으로 보인다.[37] 제도화의 감옥이란, 제도적으로 모든 것을 풍족하게 해주면 원래 취지와는 달리 제도가 주는 혜택에 길들여져 오히려 여기에 갇히고 결국 제도의 목적이 사라지는 현상을 말한다.

또한 성평등이 달성된 나라에서는 전통적으로 남성이 주도하는 직업의 사회적 매력도가 여성들을 제도의 감옥에서 탈출시킬 정도로 강력한 유인으로 작용하지 못하는 것으로 보인다. 제도의 감옥에 갇힌 여성들의 선택을 주체적이라고 명명하기 전에 여성들을 제도의 감옥에서 벗어나게 하는 강력한 유인책이 필요할 듯하다. 제도화의 감옥에 길들여진다면 설사 감옥의 문을 열어도 탈주를 꿈꾸는 여성은 드물 것이다.

진화론은 특정 개체가 생존율과 번식률을 최대한 높이기 위해 어떠한 진화의 과정을 통해 현재의 모습을 띠게 되었는가에 대해서는 충분한 설명을 해주고 있으나, 앞으로의 변화 방향성과 미래의 모습에 관해서는 제시해 줄 수 있는 바가 없다. 진화론은 과거의 생존을 위한 경쟁과 적응 기록이 미래에 그대로 전개될 것이라는 가정을 지키고 있다. 하지만 인간은 유전적 영향력 이외에도 사회적·문

---

35 박창증, 강웅구(2018), 「진화정신의학: 진화심리학의 개념 및 진화적 정신병리학」, 『Journal of Korean Neuropsychiatric Association』, 57, 2, p157~172

36 제리 포더 지음, 김한영 옮김, 『마음은 그렇게 작동하지 않는다』, 알마, 2013

37 어떻게 제도가 사람들을 가두게 되는지에 대한 제도화의 감옥에 대한 설명은 12장 참조

화적·경제적·기술적 현상의 영향을 받으며, 현대의 인간은 그 어느 때보다도 이 영향에 많이 노출되어 있는 것이 사실이다. 소위 '본성 대 양육'을 둘러싼 논쟁도 40년간 이어져 왔는데 이제는 그 어느 쪽도 인간 행동에 미치는 요인이 '유전자만 100%' 혹은 '문화적 요인만 100%'라고 하는 극단적인 방식을 주장하지 않는다. 진화생물학적 요인과 다른 요인들 간 상호작용을 통해 선천성과 후천성이 새롭게 진화하는 국면에 대한 열린 안목이 필요해 보인다.

진화론(생물학) 내러티브에 대한 재성찰

우리는 본 장의 많은 곳에서 남녀 간의 생물학적 차이가 존재함을 인정하고 있다. 하지만 생물학적 진화론의 가장 큰 문제는 적응을 결정짓는 생물학적 요소와 급격히 바뀌는 환경 간의 불일치이다. 인간은 오랜 세월 진화에 성공함으로써 진화에 유리한 사회적·문화적 환경을 구성해 왔다. 인간은 더 이상 생존을 위해 자연 상태에서 동물과 경쟁하지 않는다. 자연 상태에서 생존을 위해 경쟁하는 인간은 역사적인 메타포일 뿐이다. 특히 지금처럼 초연결 디지털 시대로 급격하게 진화하며 신과 경쟁하는 호모데우스(Homo Deus)의 인간이 논의되고 있는 시점에서 진화론(생물학)의 이야기를 통해 성다양성을 설명할 경우, 이 주장은 고리타분하고 기괴하게 들릴 수도 있다.

이제 인간에게 중요한 것은 자연환경 속에서의 생존 경쟁이 아니라 상호의존성으로 특정된 사회적·문화적 환경 속에서 성다양성을 어떻게 공진화하는가 하는 것이다. 이런 사회적·문화적 환경에 공진화한 결과는 생존보다는 번성의 문제를 결정한다. 결국 번성을 위한 공진화에 성공하기 위해 인간은 진화론 내러티브가 제시하는 생물학적 차이를 기반으로 한 분업을 넘어, 새롭게 구성된 사회적·문화적 환경에 최적화하도록 서로 차이에 접속해야 하며 이를 통해 새로운 협업의 맥락을 만들어 내는 기제를 찾아야 한다. 생물학적 분업의 논리는 여성과 남성이 생존을 위한 생물학적 성을 넘어 더 높은 차원에서 사회의 번성을 위해 협업의 운동장을 만들어 낼 수 있는 개연성을 차단하고 있다.

현대 조직들은 여성과 남성을 공동체의 파트너로 공진화시키기 위해 다양한 제도적 장치를 시행하고 있다. 남녀에게 동등한 기회를 제공하고 있으며 성의 구조적 장벽을 줄이거나 보완하기 위해 차별철폐 정책(Affirmative action)과 일-가정 균형(Work-life balance, 워라밸)제도를 도입하는 등 다양한 정책을 펼치고 있다. 이 같은 노력들은 진화론에서 제시하는 생물학적 적응력의 차이가 오히려 인간의 공진화를 위한 노력에 장애가 된다고 생각하기 때문에 여기에 구속되지 않도록 고안된 제도적 장치들이다. 또한 발달하는 기술과 과학은 여성과 남성 간 생물학적 경계를 급속히 무너뜨리고 있다.

이토록 빠른 진화의 속도를 따라오지 못하는 것은 과거 생물학적 진화론에 근거해 습득한 성 고정관념 때문이다. 근원이 생물학적이든 아니면 젠더 관점에 따라 사회화의 주도권 싸움을 통해 형성되었든, 이유를 불문하고 다른 성에 대한 편견과 고정관념은 번성과 공진화에 가장 큰 장애가 된다.

출산은 여성이 한다. 아이를 출산한 여성 직원들은 남성 직원들에 비해 조직을 그만두는 경우가 확연히 많다. 적어도 임신기에 여성이 남성에 비해 훨씬 더 많은 투자를 해야 한다는 점은 부정할 수 없는 사실이기 때문이다. 생물학적 진화론의 관점에서는 임신과 출산을 이유로 조직을 그만두는 것을 당연한 일이라고 주장할 수 있다. 하지만 사회적·문화적 환경을 기반으로 한 인간의 공진화와 번성을 주장하는 관점들은 생존의 문제를 넘어 더 큰 기회를 개척하기 위해서 만 년 전에 자연 속에서 살아남기 위해 만든 진화론이 폐기되어야 한다고 주장할 것이다. 대신 공진화와 번성을 가능케 하는 제도적 장치와 성 간 이원론적 차이를 이어 주는 관계와 협업의 운동장을 고안할 것을 주장할 것이다.

여성과 남성 간에 생물학적 차이가 존재하는 것은 사실이다. 또한 이 생물학적 차이를 인정한 성분업이 존재해 왔던 것도 사실이다. 하지만 기술, 과학, 문화의 발전으로 이러한 생물학적 차이가 구속할 수 있는 영향력이 점차 감소되고 있음에도 불구하고, 생물학적 차이를 근거로 사회의 모든 영역에 이 차이를 강요하는 것은 여성과 남성 간의 차이와 대립을 고착시키는 음모로 이용될 수 있다. 지금까지 인류는 차이가 존재할 경우 대립과 반복으로 치닫는 것을 막고 둘을 씨줄과 날줄로 연결해 더 나은 차이를 만드는 협업을 하여 생존을 넘어 번성을 달성해 왔다. 성다양성에서도 이런 번성을 향한 공진화의 관점만이 새로운 협업의 운동장에서 여성과 남성이 성적 제약에서 벗어나 자유롭게 자신을 실현할 수 있는 기회를 체험하게 할 수 있다.

생물학적 진화론은 사회가 아무리 진화해도 남녀 사이에는 생물학적 차이가 존재한다는 사실을 알려 주기도 했지만, 여성이 남성들과 인간 대 인간으로서 사회의 숭고한 목적을 위해 파트너가 되는 사회적·문화적 환경을 만들 수 있다는 가능성을 차단하는 내러티브로 사용되기도 했다.

성평등의 역설이 주장하듯이 여성 친화적 제도가 성숙된 북유럽 사회에서 여성이 성 고정관념을 지지하는 직업을 더 많이 선택한다는 통계가 생물학적 진화론의 주장이 옳다는 근거가 될 수 없다. 성 고정관념으로 제약을 많이 경험했던 여성들이 이러한 제도 덕에 차별적인 제약에서 벗어나고 혜택의 상대적 수혜자가 되었던 것은 사실이다. 하지만 생물학(진화론)이 북유럽 국가 여성들이 경험하고 있는 역사적·제도적 맥락을 무시하고 여성들의 모든 선택을 그들의 주체적 자유 선택이라고 규정해 가며 분업의 논리와 이원론의 논리를 정당화하는 것은 과도한 주장이다.

4장

젠더 내러티브

"여자는 여자로 태어나는 것이 아니라 만들어지는 것이다."
-시몬 드 보부아르(Simone de Beauvoir), 『제2의 성』에서

젠더의 관점에서 성차란 사회화·학습화된 성역할에 대한 고정관념의 결과다. 젠더 관점을 주장하는 학자들은 사람들이 태어난 후 차별적으로 사회화하는 과정이 없다면 성차는 없을 것이라고 가정한다. 또한 성차를 결정하는 요인을 본성(Nature)과 양육(Nurture)의 측면에서 고려해 봤을 때, 젠더 관점은 성차를 결정하는 주요 요인이 양육 과정에 있다고 가정한다.

젠더 관점은 성분업 이론을 제시하는 생물학(진화론)의 관점인 본성의 요인과 정면으로 충돌한다. 젠더 관점에서는 성역할 분업이 오히려 성차를 정당화하고 여성들을 편견의 유리감옥에 영구적으로 가두게 하는 음모라고 경고한다. 젠더 내러티브가 추구하는 것은 성분업이 아니라 완전한 평등이다.

이러한 이유로 젠더의 관점은 사회문화적 성차를 만들어 내는 요인들을 제

거하는 양성평등 프로젝트에 집중해 왔다. OECD는 2010년부터 지속가능하고 포용할 수 있는 경제·사회를 만들기 위한 핵심 전략으로서 '젠더 이니셔티브(Gender initiative)'를 추진했다.[1] 젠더 이니셔티브는 교육, 고용, 기업 활동 분야에 존재하는 양성평등 저해 요인을 분석하고, 이를 개선하기 위한 다양한 양성평등 정책을 제안하는 과정이다.

이에 발맞춰 직장 내 양성평등을 이루기 위한 여러 정책이 도입되고 있다. 한국에서도 정부 주도로 직장 내 양성평등문화를 확산하려 노력해 왔다. 그러나 직장 내 양성평등을 실현하려면 갈 길이 멀어 보인다. 영국의 『이코노미스트(Economist)』가 2019년에 발표한 자료에 의하면, 한국의 경우 여성 대 남성 임원의 비율이 OECD 회원국 중 최하위였다. 유리천장지수는 100점 만점에 약 20점 정도로, OECD 회원국들 평균인 60점보다 매우 낮았다.[2]

양성평등을 위한 여러 정책이 사회 전반에서 제대로 작동하려면 여성과 남성이 가지고 있는 다양한 가치들의 우열을 가릴 것이 아니라 이들의 차별적 기여를 인정하는 방향으로 설정되어야 한다. 하지만 젠더 관점에 기반을 둔 정부의 양성평등 정책들은 남녀가 다르게 기여할 수 있는 가치를 존중하기보다는 평등이라는 동질성의 잣대를 통해 여성과 남성을 정치적 이원론으로 대립시켜 성 차이를 고착시키는 결과를 초래했다. 이렇게 양성평등에 대한 이원론적 정치적 논쟁이 펼쳐지면서 기존에 우호적이었던 남성들도 성차는 극복하기 힘든 과제라는 믿음을 더욱 견고히 가지게 되었다.

앞 장에서 살펴본 생물학(진화론) 관점은 직장 내에서 남녀차별로 생긴 남녀 간 역할 분업이 선천적인 남녀의 다름을 기반으로 발생할 수밖에 없는 것이라고 보

---

1 OECD의 젠더 이니셔티브는 교육, 고용 및 기업가정신의 차원에서 양성평등을 강화하고자 시작된 것으로, 양성 불평등의 결과와 그 원인을 규명하기 위한 사회제도와 성평등지수(SIGI)를 개발하고 보고서를 펴는 활동을 한다.

2 'The Economist's glass-ceiling index', 『Economist』(2019.03.08.)

았다. 즉, 차별이 아니라 현재 직장에서 요구하는 능력과 역량들을 남성이 여성보다 생물학적으로 더 많이 가지고 있기 때문에 남성이 직장에서 더 권력을 가질 수밖에 없다는 것이다. 이러한 생물학적 관점은 언뜻 남녀의 다름을 인정하는 것 같이 보이지만, 오히려 남녀를 과도하게 생물학적 이분법으로 나누는 사고방식일 수 있다. 또한 생물학(진화론) 관점은 성분업을 미끼로 성차별을 정당화하는 기재로 이용된다는 비판을 피할 수 없다.

젠더 내러티브는 이에 대항해 '다름'은 모두 사회화 과정을 통해 후천적으로 구성된 것이고 선천적 성차는 없다고 주장한다.

젠더

젠더 관점은 양성 차이가 사회적으로 구성된다고 주장한다. 이때 젠더는 '사회적 성'과 '제도화된 성' 두 가지 의미를 내포한다.

우선 사회적 성은 눈에 보이는 생물학적 성(sex)의 특성에 따라 한 인간이 특정한 성 범주 속으로 분류되고 분류된 각 범주는 사회적·문화적으로 다른 이름이 붙여진 것을 말한다. 사회적 성은 성에 대한 형식이라고 할 수 있다.

반면, 젠더는 각각의 성에 서로 다른 역할과 책임이 부여되어 사회적 성 범주에 내용이 채워지고 이것이 제도화된 것을 의미한다. 이 제도화는 성과 관련한 암묵적 규칙과 규범을 통해 젠더를 구성해 낸다. 사회적 범주로서 성은 '남성성'과 '여성성'의 차이를 규정하는 문화적 가치와 규범들을 통하여 그 의미를 갖게 되고 결과적으로 생물학적 성을 넘어 사회적·문화적인 젠더로 재구성된다.[3]

그리고 이렇게 사회적·문화적으로 재구성된 성은 학창 시절부터 직장 생활까지 한 개인의 삶에 무의식적으로 영향을 준다. 한 개인의 생애 전반에 걸쳐 사회

---

3 '젠더 렌즈 너머의 진정한 종교', 『교수신문』(2018.12.24.)

구성원으로서 필요한 성역할을 학습하게 되는 과정이 젠더 사회화다. 젠더 사회화의 핵심은 사회화의 결과가 반영되는 성역할이다. 성역할은 특정 문화 안에서 남녀를 구분하는 특성에 대해 구성원 간 합의가 이루어진 뒤, 이 합의된 관점에 따라 그 사회에 속한 개인이 특정한 성격, 특성, 태도, 선호하는 경향, 행동 등을 습득하는 것을 말한다. 성역할은 보통 생활하면서 무의식적으로 습득된다.

성역할과 관련하여 주목할 만한 연구는 캘리포니아(California) 대학교의 캠벨 리퍼(Campbell Leaper)와 멜라니 아이레스(Melanie Ayres) 교수의 연구다. 이들은 1960년부터 2005년까지 기존에 젠더 사회화 과정을 연구한 논문들을 메타분석으로 살펴보았다.[4] 연구진들은 리뷰를 통해 젠더 사회화가 개인의 성격에 어떻게 영향을 주었는지 분석했다.

분석 결과, 남자는 새로운 사람과 관계를 맺기 위한 대화를 많이 하고, 여자는 자기 자신이나 육아, 가정에 관련된 말을 많이 한 것으로 나타났다. 전통적으로 남성에게 주어진 사회적 책임에 대한 기대가 남성들이 새로운 사람과 더 많이 대화하고 관계를 맺으려는 행동을 하게끔 한 것이다. 남성들은 자신에게 주어진 기대를 충족하기 위해 권력욕과 성취욕을 기를 수밖에 없었다. 즉, 젠더 사회화는 남성이든 여성이든 개인의 무의식을 지배하며 대화 방식까지도 영향을 주고 있는 것이다.

젠더 사회화는 아주 어렸을 때부터 시작되며 남아, 여아 모두에게 영향을 주고 한 개인의 성격, 선호 등을 포함하는 정체성에도 영향을 준다. 태어나서부터 취학 전까지 아이들은 부모와 주변 환경으로부터 성역할 고정관념을 획득하게 된다. 만 3세경이 되면 정확한 성 명칭을 사용할 수 있게 되는데, 이와 함께 성에 따라 선호하는 장난감이 달라지며, 자신의 성에 적합한 활동이 있다는 것을 학습하게

---

4 Leaper, C., & Ayres, M. M.(2007), 「A meta-analytic review of gender variations in adults' language use: Talkativeness, affiliative speech, and assertive speech」, 『Personality and Social Psychology Review』, 11, 4, p328~363

된다.[5] 부모들은 아이가 성별에 따라 서로 다른 놀이를 하기를 기대하며, 여자아이에게 더 많은 신체적·언어적 접촉을 하는 반면, 남자아이에게는 성취와 경쟁, 자율성과 같은 가치를 강조한다.[6]

취학 이전 부모에 의해 습득된 젠더 사회화는 학교 입학 후에는 교과과정, 선생님의 기대수준, 그 밖의 교육평가제도의 차등적 실시 등에 영향을 받게 된다.[7] 교사들은 남녀 학생에게 서로 다른 기대를 가지고 있으며 평가하는 기준 역시 다르다. 여학생은 얌전하고 인사성이 밝으며 꼼꼼할 때 우수하다고 평가하지만 남학생은 활동적이고 모험성이 많을 때 우수하다고 평가한다.[8] 여학생과 남학생은 각각 교사의 다른 기대에 부응하기 위해서 성역할에 맞는 특성을 개발하게 된다.

젠더 사회화는 직업을 선택할 때도 영향을 준다. 간호사와 같이 전통적으로 여성의 영역이라고 여기는 분야에 남성이 적은 것도 같은 맥락이다. 동일한 직업을 가져도 젠더 사회화에 영향을 받아 여성과 남성은 서로 다른 요구를 받게 되고, 직장 내 직원 평가도 서로 다른 기준을 가지고 이루어진다.[9]

이렇듯, 여성과 남성의 젠더 사회화는 한 개인의 삶 전반에 걸쳐 집, 사회, 문화 환경에서 이루어지며 이것은 성을 넘어 개인의 성격, 선호, 궁극적으로는 선택의 방향까지 결정한다.

---

5 이재옥(1999), 「유아교사의 성역할 인식과 양성평등교육 요구에 관한 연구」, 『한국교원교육연구』, 16, 2, p217~237

6 임정빈, 정혜정, 『성역할과 여성』, 학지사, 1997, p74~77

7 마가렛L, 앤더슨, 『성의 사회학』, 이화여자대학교출판문화원, 1987, p106

8 임정빈, 정혜정, 『성역할과 여성』, 학지사, 1997, p83

9 Lester, J.(2008), 「Performing gender in the workplace gender socialization, power, and identity among women faculty members」, 『Community College Review』, 35, 4, p277~305

부모 양육의 영향력

여성과 남성의 정체성 발달 과정을 연구한 낸시 초도로우(Nancy Chodorow)는 현대 사회의 양육 관행과 성정체성 형성은 밀접한 관계가 있다고 주장한다.[10] 그녀는 특히 대부분의 가정에서 일차 양육자가 '어머니'라는 점에 주목하였다. 어머니는 무의식적으로 딸과 자신을 동일시하고, 또 여자아이는 어머니와 자신을 동일시하면서 자신의 정체성을 어머니를 통해 습득하게 된다. 하지만 아들의 경우, 어머니는 무의식적으로 자신으로부터 아들을 분리하고 독립적이고 그만의 정체성을 세우도록 양육한다. 그래서 초도로우는 어머니와 아이들의 성정체성 형성은 밀접한 관계가 있다고 주장한다.[11]

보통 초등학교 입학 전까지에 해당되는 유아기에는 언어, 인지, 정서, 신체 등 모든 측면의 발달이 활발히 이루어진다. 이 시기는 인간의 발달 과정에서 매우 중요하다. 유아기에 성정체성은 보통 2~3세 때 확립되기 시작하는데 이때부터 자아 정체감을 형성하고 남녀를 구별할 수 있게 되며, 남성의 일과 여성의 일을 구분할 수 있게 된다.[12] 성정체성이 형성되는 이 시기에 유아들은 자신이 속해 있는 집단의 성역할문화 속에서 자기 성에 적합하다고 규정되는 성별 가치관이나 특성을 습득한다.[13]

취학 전 아이들이 가장 영향을 많이 받는 집단은 가정과 또래 집단이다. 예를 들면, 아이의 성역할 고정관념 수준은 어머니가 직장 생활을 하는지 안 하는지, 혹은 어머니의 학력에 따라 다르게 나타난다. 한 연구에서 어머니가 직장 생활을 하는 아이의 성역할 고정관념보다 어머니가 직장 생활을 하지 않는 아이의 성역

---

10 Chodrow, N., 『The reproduction of mothering』, Berkeley: University of California Press, 1978, p92~108

11 앞 번호와 같음

12 곽삼근, 조혜선, 윤혜경(2005), 「생애주기별 성역할 발달 및 갈등」, 『한국여성학』, 21, 2, p147~179

13 우은복(2002), 「성역할 고정관념과 양성평등사회 실현의 과제」, 『한국교육연구』, 8, 1, p83~106

할 고정관념이 더 보수적으로 나타났으며,[14] 어머니의 학력이 낮을수록 성역할 고정관념이 강한 것으로 나타났다.[15] 이렇듯 유아들의 성정체성 형성에 있어 부모의 영향력은 매우 크다.

가정에서는 자녀의 성에 따라 양육법이 달라지며 유아들에게도 직접적 영향을 준다. 부모는 남자아이가 성취 경험과 경쟁 상황에 놓였을 때 보다 더 많은 격려를 주며,[16] 독립성을 키울 수 있도록 교육한다.[17]

교육활동그룹 '남자들에게 고함(A call to men)'의 공동 창설자 토니 포터(Tony Porter)는 테드(TED) 강연에서 영유아 시기의 남자아이는 여자아이와 우는 양과 빈도가 비슷하지만, 5세 정도가 되면 화를 제외한 나머지 감정들을 표출하지 못하게 하는 사회적 압력에 반응한다고 주장한다. 그러면서 맨 박스(Man Box)라고 하는 '남자다움'을 정의하는 편견들을 소개하며, 남성의 관점에서 젠더 사회화를 통해 한 남성이 어떻게 사회적으로 길들여지는지를 새롭게 조명하기도 했다.[18] 부모로부터 오는 젠더 사회화가 여성뿐 아니라 남성도 한 인간으로서의 자기다움을 성장하지 못하게 방해하고 있는 것이다.

부모의 양육 방식 차이가 현 사회에 나타나는 남성 우세 직업 집단 형성에도 영향을 준다는 것은 이미 여러 연구를 통해 밝혀졌다. 해리엇 테넨바움(Harriet Tenenbaum)과 캠벨 리퍼(Campbell Leaper)는 부모의 양육 방식 때문에 과학계와

---

14 이선미(1995), 「부모 자녀의 성역할 태도에 관한 연구-주부의 취업여부를 중심으로」, 전남대학교 대학원 석사학위논문

15 이순희(2003), 「반편견 역할극 활동이 유아의 성역할 고정관념에 미치는 영향」, 충남대학교 교육대학원 석사학위논문

16 Block, J. H.(1976), 「Issues, problems, and pitfalls in assessing sex differences: A critical review of the psychology of sex differences」, 『Merrill-Palmer Quarterly of Behavior and Development』, 22, 4, p283~308

17 Hoffman, L. W.(1977), 「Changes in family roles, socialization, and sex differences」, 『American Psychologist』, 32, 8, p644~657

18 Tony Porter, 「A call to men」, TEDWomen 2010

공학 분야에 여성 인력이 적다는 것을 밝혀냈다.[19] 과학 성적과 자기효능감(Self-efficacy)에 있어 여자아이와 남자아이가 차이를 보이지 않았음에도 불구하고 부모들은 딸이 과학에서 겪고 있는 어려움을 아들 것보다 더 민감하게 반응한다는 것이다. 이러한 민감한 반응들은 결국 딸이 과학에 별로 흥미가 없을 것이며 남자아이들보다 과학을 더 어렵게 느낀다고 하는 부모 스스로의 선입견을 확증해 나가는 과정이다. 또한 양육 과정에서 딸에게 이러한 선입견을 주입시키기 때문에 결과적으로 여자아이들이 과학 쪽을 스스로 선택하지 않게 한다는 것이 이 연구의 논지다.

뿐만 아니라 영국 배스(Bath) 대학교 연구팀은 영국의 10대 초반 아이들의 과학 학습 활동에 영향을 주는 요인을 분석하였는데, 부모의 태도가 아이들의 방과 후 과학 학습 활동 참여 여부에 영향을 주는 것으로 나타났다.[20] 연구에 따르면 남자아이들이 과학 관련 방과 후 학습에 여자아이들보다 더 많이 참여했고, 과학 자체를 여자아이들보다 더 좋아했다. 이러한 현상이 나타난 이유는 부모가 여자아이보다 남자아이에게 과학을 더 좋아하도록 강요하는 태도가 있었기 때문이었다. 이 연구에서는 부모의 지지뿐만 아니라 친구나 다른 그룹들의 지지도 영향을 준다는 것을 밝혔다.

학교 교육의 영향력

아이들은 학교에 입학하는 순간부터 생활의 중심이 가정에서 학교로 옮겨 가고, 부모보다는 또래와 학교 선생님에 의해 더 많이 사회화된다. 특히 청소년기라고

19 Tenenbaum, H. R., & Leaper, C.(2003), 「Parent-child conversations about science: The socialization of gender inequities?」, 『Developmental Psychology』, 39, 1, p34~47

20 Breakwell, G. M., & Beardsell, S.(1992), 「Gender, parental and peer influences upon science attitudes and activities」, 『Public Understanding of Science』, 1, 2, p183~197

불리는 중·고등학교 시기에는 신체적 발달은 물론 정서적 측면에서 급격한 발달이 이루어지는데 이때 성과 관련된 영역에서도 큰 변화가 일어난다. 이 시기에 성 가치관과 윤리관이 형성되고 성역할에 대한 자신만의 정의가 내려지며 사회적으로 규범화된 성역할에 순응할 것인지 혹은 도전할 것인지 선택하게 된다. 이런 과정을 거쳐 청소년기 아이들은 성정체성을 스스로 확정한다.[21]

청소년기 학교에서의 생활은 그들에게 많은 영향을 준다. 따라서 학교 현장에서의 남녀차별은 남자 청소년과 여자 청소년, 한 개인으로서의 선택에도 큰 영향을 주는 것이다. 영국 워릭(Warwick) 대학의 빅터 래비(Victor Lavy)와 이스라엘 텔아비브(Tel Aviv) 대학의 에디스 샌드(Edith Sand) 연구팀은 실험을 통해 학교 현장에서 나타나고 있는 성차별 사례를 여실히 보여 주었다.

연구진은 선생님들이 수학 시험지를 채점할 때, 학생의 성별에 어떤 영향을 받는지 실험했다. 먼저 선생님에게 여학생과 남학생 이름을 가린 시험지를 채점하게 했다. 그 결과 여학생의 점수가 더 높게 나타났다. 그러나 동일한 시험지를 학생의 이름을 가리지 않고 채점하게 하자, 선생들은 남학생의 점수를 좀 더 높게 부여하는 경향을 보였다. 이 결과에 대해 연구진은 학교 선생님의 성역할 고정관념이 여학생과 남학생에게 상이한 교육 태도를 보이게 하고, 궁극적으로 여학생과 남학생의 수학 능력과 수학을 잘하고 싶어 하는 야망에도 영향을 미친다고 해석했다. 그리고 이러한 학교 선생님의 영향력이 장기적으로 이어져 사회경제적으로 남성이 여성보다 수학·과학 분야에서 더 많은 비율을 차지하게 만든다고 보았다.[22]

위스콘신(Wisconsin) 대학의 자넷 하이드(Janet Hyde)와 사라 재피(Sara Jaffee) 교

21 곽삼근, 조혜선, 윤혜경(2005), 「생애주기별 성역할 발달 및 갈등」, 『한국여성학』, 21, 2, p147~179

22 Lavy, V., & Sand, E.(2018), 「On the origins of gender gaps in human capital: Short-and long-term consequences of teachers' biases」, 『Journal of Public Economics』, 167, p263~279

수도 이와 비슷한 연구를 진행했다. 이 연구에 따르면 수학 선생님들이 남학생들에게는 기존에 있는 수학 공식을 사용하지 않고 독창적으로 문제를 풀어 볼 것을 더 권유하는 것으로 나타났다. 하이드와 재피 교수는 이러한 교육 방식이 훗날 남학생들이 수학자라는 직업을 갖도록 일조했다고 주장했다.[23]

지금까지 살펴본 바와 같이 아이들의 젠더 사회화는 미취학 시기 부모의 양육으로부터 시작하여, 취학 후 교육을 통해 선생님들의 성역할 고정관념이 한 개인의 학업적 능력, 자기효능감, 직업적 꿈 등에 영향을 주는 방식으로 이어진다. 빅터 래비와 에디스 센드가 그들의 연구를 통해 주장했듯, 학교에서의 젠더 사회화는 이들이 학교를 졸업해 회사 조직으로 나아가고 직업을 선택하는 데 영향을 준다. 뿐만 아니라 젠더 사회화는 그들이 졸업 이후에 속하게 되는 직업적 집단(회사, 학계, 전문가 집단 등) 내에서 지속되고 고착화된다.

직장의 영향력

가정과 학교에서 젠더 사회화를 거친 결과는 개인의 선호도에 영향을 줌으로써 한 개인의 선택 과정에도 영향을 준다. 성인이 되기까지 서로 다른 젠더 사회화를 거친 여성과 남성은 직장 내에서도 성역할 고정관념으로 만들어진 여러 제도적 규범들에 갇히게 된다. 그리고 이 제도적 규범의 감옥은 남녀 모두의 직무 역량과 능력을 펼칠 수 있는 자유를 제한한다.

젠더 조직론의 주창자인 하버드(Harvard) 경영대학원 로사베스 캔터(Rosabeth Kanter) 교수는 미국 내 대기업에서 여성과 남성이 직업적으로 어떻게 다르게 생활하고 있는지 인터뷰하고 관찰하여 그 결과를 저서 『직장에서의 남성과 여성』

23 Hyde, J. S., & Jaffee, S.(1998), 「Perspective from social and feminist psychology」, 『Educational Research』, 27, 5, p14~16

에 담았다.[24] 이 책을 통해 캔터 교수는 기업 조직이 얼마나 젠더화되었는지 제시한다. 1970년대 미국 내 기업들은 고위 관리직까지 갈 가능성이 높은 직무에 남성을, 승진의 사다리가 짧은 직무에 여성을 배치하는 것이 불문율이었다. 캔터 교수는 이러한 여성과 남성의 직무 분리가 여성이 경력에 대해 가지는 열망에 영향을 미쳤다고 보았다. 같은 노력을 해도 승진할 가능성이 낮고 승진을 하더라도 올라갈 수 있는 승진 사다리가 짧다는 것을 여성들 스스로 알고 있기 때문에 이러한 상황에 맞춰 자신의 경력을 설계한다는 것이다.

이와 관련하여 오레곤(Oregon) 대학교의 조안 애커(Joan Acker) 교수는 '젠더화된 조직(Gendered organization)'이라는 개념을 처음 제시했다. 애커 교수의 연구는 조직 연구에 있어 새로운 패러다임을 이끌었다. '조직이 젠더화되었다'는 것은 '집단 내의 이점이나 불리한 점, 착취와 지배, 행동과 감정, 의미와 정체성이 남성다움과 여성다움의 의미로 구별되었다'는 것을 의미한다는 것이다.[25] 조직에 개입된 젠더 이데올로기는 남녀 직원에게 서로 다른 능력을 기대하고 평가하게 하면서 조직 내 분리 현상을 만들어 낸다. 조직은 여성 직원에게 전통적인 성역할 고정관념에 따라 '세심'하고 '돌보는' 능력을 기대하고 이를 기준으로 평가한다. 그리고 이러한 능력이 요구되는 직무에 여성들을 배치한다. 남성 직원들 역시 여기서 자유롭지 못한데, 조직은 그들에게 무언가를 '성취'하고, '사람들을 이끄는 리더십'을 기대한다. 그리고 이를 기준으로 그들을 평가하고 직무를 배치한다.[26] 이렇게 젠더화된 조직은 성 간 구조적 불평등을 정당화하며 남녀가 자신의 능력을 기반으로 관계를 맺고 협업할 수 없게 만든다.

럿거스(Rutgers) 대학의 데이나 브리튼(Dana Britton) 교수는 젠더화된 조직의

24 Kanter, R. M., 『Men and women of the corporation』, Publishers of New York, 1978, p245~266

25 Acker, J.(1990), 「Hierarchies, jobs, bodies: A theory of gendered organizations」, 『Gender & Society』, 4, 2, p139~158

26 Williams, J. C., 『Reshaping the work-family debate』, Harvard University Press, 2010, p77~108

<도표1> 미국 내 지속되는 직장 내 남녀 분리 현상[28, 29]

2015년 기준, 임금이 높은 업종과 낮은 업종별 남녀 비율

| 높은 임금 업종 내 남녀 비율

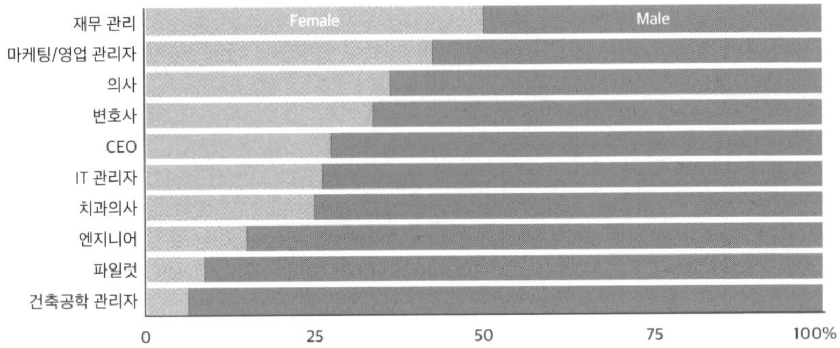

| 낮은 임금 업종 내 남녀 비율

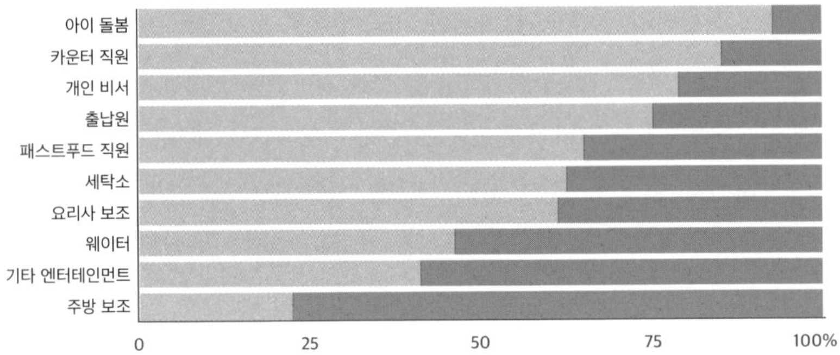

관점에서 조직 내 불평등의 원인을 실증적으로 분석했다. 그녀는 저서 『직장 내 철장: 젠더화된 조직이라는 감옥』에서 특정 젠더 그룹의 특혜를 허용하는 어떠한 맥락이나 조건이 직장 내에 존재하는지를 분석했다.[27] 브리튼 교수는 직원들을 인터뷰하여 어떻게 젠더가 남녀 직원들의 하루 업무 경험에 영향을 주는지 보여 주

27 Britton, D. M., 『At work in the iron cage: The prison as gendered organization』, NYU Press, 2003, p78~226

며, 왜 여성은 직장 내에서 계속해서 남성보다 낮은 연봉과 권한이 적은 직무에 머물게 되는지, 눈에 보이지 않는 젠더라는 교도소가 어떻게 불평등을 양산하고 정당화하며 남녀를 분리시키고 있는지를 찾아냈다. 브리튼 교수는 젠더화된 조직에서 남성들은 여성들을 분업이라는 성역할의 감옥에 가두고 이 감옥에 길들여진 여성들이 스스로에게 유리천장을 씌우도록 조종한다고 보았다.

이런 구조적인 문제가 고착되어 21세기인 지금도 기업 내 여성 고위관리자 비율은 40년 전과 달라진 바가 없다. 캔터 교수가 제시한 조직의 젠더화는 여전히 진행 중이다.

워싱턴 공정성장센터(Washington center for equitable growth)에서는 매년 남녀의 직업 분리 현상에 대해 조사해 왔다. 2015년도에 조사된 결과를 보면 사회적으로 높은 연봉을 받고 있는 이공계 직업군에서 남성의 비율이 여성 대비 훨씬 높은 것을 알 수 있다. 센터 연구팀은 이러한 현상이 '여성의 일'은 시장가치가 낮다는 사회적 편견에서 비롯되었다고 해석한다. 뿐만 아니라 높은 연봉 직군에 남성이 많은 것은 장시간 근무문화가 기여했다고 보았다. 장시간 근무는 양육과 양립하기 어렵기 때문에 전통적으로 주된 양육 책임자인 여성의 연봉이 남성보다 낮을 수밖에 없다는 것이다.[30]

조직 내 남녀 차이는 직무와 연봉뿐 아니라 고위관리자급 비율에도 존재한다. 우리나라 여성가족부가 CEO스토어에 의뢰해 조사한 결과를 보면, 2018년 매출액 500대 기업 내 여성 임원의 비율은 3.6%이다.[31] 미국의 경우, 한국보다 높기

---

28 데이터는 미국 노동통계국에서 발표한 2015년 5월 '직업별 고용 및 임금 추정치'와 '업종별, 성별, 인종별 고용된 사람 수와 평균 임금'에서 추출하여 편집함

29 Washington center for equitable growth(2017), 「Occupational segregation in the United States」, 『Equitable Growth』

30 앞 번호와 같음

31 '2018년 매출액 500대 기업 여성 임원 비율 공표', 『여성가족부』(2019.07.25.)

는 하지만 2018년 『포춘』 500대 기업의 여성 CEO는 6.6%에 불과했다.[32]

이와 관련하여 하버드 경영대학원 프란체스카 지노(Francesca Gino) 교수가 이끄는 연구팀이 직장 내 고위 임원직에서 남녀 비율 차이가 발생하는 이유를 조사했다.[33] 연구팀은 승진하는 것 자체에 대해 남녀가 다른 선호를 보인다고 결론 내렸다. 회사에 다니는 남녀 500명을 대상으로 승진했을 경우에 대해 질문했을 때, 여성은 승진 자체보다는 승진 이후 자신의 삶에 찾아올 여러 갈등(예를 들어, 많아진 업무량으로 인한 가사와 양육 부담)을 더 우려하는 부정적 응답이 많았다. 그러나 남성 응답자의 경우, 승진 이후 갖게 될 권력을 열망하는 경우가 많았다.

설문조사 결과를 숫자적으로만 보면, 승진 가능성이 있는 길을 여성이 스스로 선택하지 않는다고 해석할 수도 있다. 하지만 연구팀은 여성이 스스로 승진의 길을 가지 않고 자신의 역량을 제한하는 선택은 젠더 사회화의 결과물이라고 보았다. 어릴 때부터 개인이 또 다른 개인을 통해 직간접적으로 겪은 젠더 사회화가 조직 내 성역할 고정관념을 제도화했고, 보이지 않는 차별은 한 개인의 선택으로 포장되어 정당화됐다고 보았다.

결과적으로 남녀가 직장에서 함께 일하게 되기까지 젠더 사회화 과정으로 갖게 된 서로 다른 성역할 고정관념은 직장에서 서로의 다름을 인정하고 존중하며 협업하는 데 방해 요인이 되었으며 나아가 남녀를 분리시켰다. 뿐만 아니라 직장 내에서 젠더 불평등을 지속적으로 생산하고 있다.

이처럼 젠더 관점은 그동안 노동시장에 나타나는 직무별, 직업별, 직급별 남녀 비율 차이의 원인이 젠더화된 조직 때문이라는 관점을 제시했다.

---

32 Zillman, C.(2019), 「The Fortune 500 has more female CEOs than ever before」, 『Fortune』

33 Gino, F., & Brooks, A. W.(2015), 「Explaining gender differences at the top」, 『Harvard Business Review』

젠더의 정치학

젠더 내러티브는 그동안 보이지 않았던 가정, 학교, 직장 내 만연한 젠더 규범을 가시화하거나 남녀차별을 지속하는 원인을 규명하려는 노력을 지속하고 있다. 이들은 여성과 남성이 생물학적으로 다르기 때문에 사회가 제대로 기능하기 위해서는 필연적으로 역할의 분업이 존재한다고 주장하는 생물학(진화론)의 논리가 성 역할에 대한 차등적 평가와 보상을 정당화하고 결국 성차별과 불평등을 지속시켜 왔다고 비판한다. 그리고 생물학(진화론)과 남성주의자의 암묵적인 정치적 연대를 의심하며 성차별과 남녀 불평등을 없애기 위해 전력 질주해 왔다.

생물학(진화론) 내러티브는 자신들의 과학적 연구에 정치적 올가미를 씌우는 것은 정치적 음모라고 반박한다. 자신들은 과학적 입장에서 사실을 연구한 것이지 남녀차별을 나서서 선동한 적이 없다는 것이다. 오히려 젠더 내러티브를 주장하는 사람들이 과학적 연구 결과를 정치적 가치판단으로 왜곡하기 때문에 젠더의 갭을 극복하는 현실적 정책이 나오지 않는다고 비판한다. 이 주장은 어느 정도 설득력을 얻고 있다.

아이러니하게도, 젠더 단체들의 노력에도 불구하고 이들이 남녀차별을 해소하기보다 오히려 갈등만 심화시켜 문제를 더 힘들게 하고 있다는 주장이 심심찮게 등장하고 있다. 지난 4월 국가미래연구원은 조사 업체에 의뢰해 2017년 7월부터 2018년 말까지 한국 사회에서 어떤 이슈가 화제가 되었는지 그리고 그 이유는 무엇인지 조사했다. 그 결과,[34] 전체 사회 갈등 주제 가운데 남녀 갈등이 차지하는 비율이 70%에 달했다. 이념 갈등(14.8%)과 세대 갈등(5.1%), 노사 갈등(4.5%)이 뒤를 이었다. 이것은 2015년 1월부터 2016년 6월까지 남녀 갈등 비율이 31.2%였던 것과 비교했을 때 2배 이상 늘어난 수치이다.

한국 사회에서 페미니즘 운동은 2016년 5월 일명 '강남역 묻지 마 살인사건'을

34 '이념 갈등 위에 젠더 갈등, 현 정부서 6배로', 『중앙일보』(2019.04.17.)

기점으로 조직화를 경험했다. 여성이면 누구나 피해자가 될 수 있다는 위협을 느끼게 했던 사건으로 그동안 온라인상에서만 활동하던 페미니스트들이 커뮤니티를 만들어 모이는 계기가 되었다. 새로운 용어도 등장했는데 바로 '영페미(Young과 Feminist의 합성어)'이다. 이들은 온라인을 기반으로 페미니즘을 학습하고 공유하며, 주로 포털사이트 다음(Daum)에 개설된 카페인 '워마드'와 '메갈리아' 등에서 활동했다.[35]

2017년 미국 할리우드에서 한 여배우가 제작사의 성 추문을 SNS에 알리면서 시작된 미투 운동(Me too)은 그동안 여성들의 일상에 만연했던 성폭력과 성차별 문제를 여성의 입으로 직접 세상에 알리는 신호였다. 우리나라의 미투 운동은 온라인상에서 소극적으로 확산되어 오다가 2018년 1월 현직 여 검사가 뉴스에 나와 직접 검찰청 내부의 성 추문을 폭로하는 인터뷰를 하며 대한민국 정치, 경제, 문화, 예술계 전반으로 급속도로 확산되었다.

이후 5월에 발생한 일명 '홍대 몰카 사건'을 계기로 오프라인 페미니즘 운동이 본격화되었다. 2016년부터 온라인상에서 조용히 모이고 있던 페미니스트 모임이 거대한 집단이 되어 오프라인에 나타난 것이다. '홍대 몰카 사건'은 한 여성이 남성 모델의 나체 사진을 워마드에 올리며 시작되었다. 이 사건에서 논란이 된 건 그간 남성들이 온라인 게시판에 올린 불법 촬영물에 대한 수사에는 관심이 없었던 경찰이 홍대 누드모델 몰카 사건의 여성 피의자는 매우 신속하게 구속해 포토라인에까지 세웠다는 점이었다. 페미니즘 단체들은 2018년 5월부터 10월까지 5번에 걸쳐 시위하며 경찰의 편파 수사를 비판했다. 여성이 피해자였던 몰카 범죄 수사에는 경찰이 상대적으로 엄중하지 않았고 빠르게 수사하지 않았다는 것이다.

이러한 일련의 사건을 통해 온라인상에서 조직화된 페미니즘 단체들이 여자이기 때문에 받는 성차별과 불평등으로 보이는 문제에 대해 목소리를 내자 '새로운

---

35 '페미니즘이 변질됐다? 미러링 유효기간 끝나', 『시사저널』(2018.07.19.)

세대의 여성운동을 촉발시켰다'는 긍정적 평가가 나왔다. 하지만 일부에서는 '혐오를 혐오로 맞서면서 성별 대립을 심화시켰다'는 우려의 목소리도 들렸다. 페미니즘 운동 초기에 일부 페미니즘 단체들이 여성으로서 자신이 당한 차별을 남성에게 그대로 돌려주는 일명 '미러링 전략(Mirroring strategy)'을 사용했다. 그리고 이러한 방식이 마치 남녀평등을 이루는 방법인 듯 주장하며 오히려 남녀 갈등을 심화시켰다. 물론 현재는 여러 페미니즘 단체에서도 미러링 전략을 반대하고 있지만, 초기 페미니즘 단체의 미러링 전략이 사회에 남성 혐오, 여성 혐오 감정이 만연하고 젠더 갈등이 악화되도록 일조한 것은 부정할 수 없는 사실이다.

앞 장에서 살펴보았듯 젠더 사회화는 한 개인의 일생에 직간접적으로 영향을 주며 남녀를 직업, 직무, 직급에서 차별적으로 분리해 왔다. 다행히도 제도화되어 볼 수 없었던 남녀의 분리선을 젠더 관점을 가진 단체들의 노력으로 가시화할 수 있었다. 하지만 지금까지의 운동 경과를 평가해 보면 이들은 가시화한 분리선을 없애지는 못한 것 같다. 오히려 또 다른 차원의 넘을 수 없는 차이를 만들었고 이것은 여성과 남성이 함께 공진화할 수 있는 가능성을 막았으며 오히려 사회적 차원에서 문제가 될 만큼의 갈등도 초래했다. 이들의 주장은 남성은 원래 화성에서 왔고 여성은 금성에서 왔기 때문에 지구를 탈출해 각자가 화성과 금성으로 돌아가자는 말과 다르지 않다.

관계 맺음

젠더 내러티브를 주장하는 단체들은 좀 더 미래의 번성을 위한 건설적인 대안, 즉 여성과 남성 모두 함께 상대방 성의 텍스트를 존중하며 협업의 운동장에서 함께 성장할 수 있는 대안을 위해 노력할 필요가 있다.

진정한 남녀평등은 여성이 남성을 제압해서 여성이 지금까지 갇혀 있었던 보이지 않는 차별의 감옥에 남성들을 가두는 것으로 성취되지 않는다. 생물학적 차이든 젠더 사회화로 봉인된 차이든 남녀의 '다름'은 인정되어야 한다. 하지만 이 '다름'이 누가 우월한가를 판가름하는 이원론적 정치적 도구로 전용되기 시작하면 차이는 좁혀지는 것이 아니라 더 멀어질 뿐이다.

이제 우리에겐 생물학적 이원론이나 젠더를 통해 다시 고착화된 사회·범주적 이원론을 넘어, 남녀가 공동체의 일원으로 존중받으며 서로 다른 인간으로 공진화에 기여할 수 있는 포용의 내러티브가 필요해 보인다. 남녀 간 제로섬의 정치적 싸움은 상대의 성을 자신의 성정체성을 고양시키는 수단으로 전락시켜 버릴 수 있다. 상대를 인간으로 보지 않고 자신의 목적을 구현하기 위해 굴복시켜야 할 대상으로 생각할 때, 성 간의 갈등은 커져만 가고 성 범주가 다시는 건널 수 없는 계곡으로 굳어지게 만든다. 이처럼 성이 범주로 이원화된 사회에서는 여성뿐 아니라 남성도 젠더의 감옥에 갇혀 살고 있기는 마찬가지다.

이제 여성이든 남성이든, 각자 젠더의 감옥에서 탈출해 서로의 차이를 인정하고 이 차이가 생산적으로 연결되는 새로운 관계 맺음의 운동장을 생각해 볼 시점이다. 자신의 성역할 스크립트를 상대의 성역할 스크립트와 씨줄과 날줄로 엮어서 태피스트리를 만들어 내고, 이를 새로운 협업의 지평으로 제도화해 남녀가 공진화할 수 있는 운동장으로 만드는 안목이 요구된다.

상대를 도구로 취급해 가며 자신의 정치적 욕구 실현을 위해 상대를 감옥에 가두는 패러다임에서 벗어나지 못한다면 성다양성은 여성과 남성의 정치적 투쟁장으로 전락할 것이다. 그러면 모두가 피투성이가 되는 국면을 막을 수 없다. 성평등은 정치적 투쟁보다는 서로가 서로의 차이를 인정하고 이를 통해 더 큰 기회를 창출하는 일에 똑같이 기여할 수 있는 관계 맺음과 협업을 통해 제대로 성취된다. 관계 맺음과 협업을 통해 서로의 차이가 이어질 때 성다양성은 공감과 환대와 기회의 플랫폼이 될 것이다.

5장

지위다양성 내러티브

유리천장은 절대로 불평만 늘어놓는 사람들에 의해서 깨진 적이 없다.
- 멜라니 호프(Melanie Hope)

생물학적 성이나 사회화된 성을 넘어 성을 사회제도로 이해하고 제도화된 성에 근거해 파생되는 성차별에 대해 가장 심도 있게 연구해 온 이론이 '지위특성 및 기대수준 이론(Status Characteristics and Expectation States Theory: SC&EST)'이다.[1] 이를 줄여서 편의상 지위특성이론(Status Characteristic Theory: SCT)이라고 부르기로 한다. 지위특성이론은 여성이나 소수자들에게 유리천장이 만들어지는 과정과 이 유리천장이 무너지는 원리를 가장 체계적이고 심도 있게 설명하는 이론이다. 본 장에서는 지위특성이론을 성다양성 이슈에 적용한 지위다양성 내러티브에 대

1 Status characteristic theory and expectation states theory는 스탠포드 대학의 조셉 버거(Joseph Berger)와 그 동료들에 의해서 개발되었다. Berger, J., Fisek, H., & Zelditch, M., 『Status characteristics and social interaction』, New York: Elsevier, 1977

해 탐구할 것이다.

젠더 중심의 사회역할이론이나 성정체성 중심의 성정체성이론이 차별적 사회화를 통한 성역할 고정관념이 어떻게 만들어지고 유지되며 전파되는지를 다룬다면, 지위특성이론은 성역할을 통한 차별적 공헌이 평가되고 이에 따른 지위가 분배되는 사회제도에 집중한다. 지위특성이론에서는 성이 사회적 지위나 계층과 관련된 관행들이 총체적으로 결합해 형성된 굳건한 사회제도 내지는 문화적 믿음에 뿌리를 내리고 있다고 보기 때문이다.

지위특성이론에서 성이란 나이, 학벌, 인종, 직업에서 임의로 나뉘진 사회적 범주와 마찬가지로 여성과 남성의 범주로 나뉘며, 이 범주 중 어떤 범주에 속해 있는지에 따라 성과와 보상이 차별적으로 평가되고, 평가 결과에 따른 사회적 위세나 영향력이 차별적으로 배분되는 사회 지위 체계라고 규정된다. 여성과 남성이라는 사회적 범주를 토대로 이들에게 기대하는 사회적 공헌이 차별적으로 배분되고 여기서 얻어지는 사회적 성과와 자원의 분배에 관한 권한, 위세, 영향력이 달라진다고 보는 것이다.

또한, 사회적 지위의 관점에서 본 남녀 간의 리더십과 영향력 차이에 관해서도 젠더 중심의 사회적 역할이론[2]이나 성정체성이론[3]에서 제시할 수 없는 통찰을 제공한다.

---

2 사회적 성역할 이론에 관해서는 앨리스 이글리(Alice Eagly)를 참조할 것. Eagly, A. H., & Karau, S. J.(1991), 「Gender and the emergence of leaders: A meta-analysis」, 『Journal of Personality and Social Psychology』, 60, p685~710; Eagly, A. H., Karau, S. J., & Makhijani, M. G.(1995), 「Gender and the effectiveness of leaders: A meta-analysis」, 『Psychological Bulletin』, 117, p125~145; Eagly, A. H., Makhijani, M. G., & Klonsky, B. G.(1992), 「Gender and the evaluation of leaders: A meta-analysis」, 『Psychological Bulletin』, 111, p543~588; Eagly, A. H., & Mladinic, A.(1994), 「Are people prejudiced against women? Some answers from research on attitudes, gender stereotypes, and judgments of competence」, In W. Stroebe & M. Hewstone(Eds.), 『European review of social psychology』(Vol. 5, p1~35). New York: Wiley; Eagly, A. H., Wood, W., & Diekman, A. B.(2000), 「Social role theory of sex differences and similarities(Eds.), 『The developmental psychology of gender』(p123~173). Mahwah, NJ: Erlbaum

지위특성

지위특성이론은 두 개의 연구 프로그램으로 구성되어 있다. 하나는 기대수준이론(Expectation states theory)에 대한 프로그램으로, 대학생들의 팀 작업 집단을 연구하는 과정에서 성과 기대(Expectation states)라는 개념을 찾아냈다. 또 다른 연구 프로그램은 지위특성이론에 관한 것으로 작업 집단의 성과와 상관없는 사회적 지위가 작업 집단에 이입되어 팀 구성원들의 성과 기대수준에 미치는 영향을 규명했다.

기대수준이론은 1950년대 하버드대 학생들을 대상으로 한 작업 집단 연구를 통해서 수행되었다. 하버드대 학생들 대부분은 백인 남성이고 부모의 경제적 능력도 비슷하여 사회적·경제적 배경이 유사했다. 이처럼 배경이 같은 학생들을 팀으로 만들어 과제를 해결하는 실험을 진행하다가 이론의 골격이 되는 성과 수준에 대한 기대(Performance expectation state)라는 개념이 정립됐다.

배경이 비슷한 친구들이 서로 협업하고 또는 경쟁해 가며 문제를 푸는 과정에서 이들 중 문제를 해결하는 데 있어 다른 학생들보다 월등한 능력을 발휘하는 학생들이 나타났다. 그들의 집단 내 공헌이 반복적으로 유지되자 다른 학생들은 기존의 공헌도가 높은 학생이 미래에 만들게 될 또 다른 성과에도 더 많이 공헌할 것이라는 차별적 기대감을 가졌다. 이 팀이 다시 모여서 다른 비슷한 문제 해결을 시도할 때, 학생들은 이미 거둔 성과에 의해 암묵적으로 형성된 차별적 기대 순위를 적용했다. 기대 점수가 높은 구성원에게 발언 기회도 많이 주고 이야기도 더 많이 들어주며 그들이 제안한 의견에 더 많이 공감했다. 결국 성과 기대 점수가 피그말리온 효과(Pygmalion effect)를 만들어 냈고 이에 따라 집단 안에서 영향력, 위세, 권한, 리더십이 배분되었다.

---

3 성정체성 이론에 관해서는 주디스 버틀러(Judith Butler)를 참조할 것. Butler J.(1988), 「Performative acts and gender constitution: An essay in phenomenology and feminist theory」, 『Theatre Journal』, 40, p519~531

이렇듯 기대수준이론은 집단적으로 과제를 해결하면서 문제를 해결하기 위한 구성원 간 교류가 발생하면, 이 교류를 통해 구성원 중 특정인이 '문제를 가장 잘 해결할 것'이라는 성과 기대를 만들어 내고 이 암묵적 성과 기대의 순위에 따라 집단 내에서의 권력, 리더십, 영향력, 위세가 결정된다고 설명한다. 이 이론에서 집단 내 문제를 해결하는 데 누가 더 많이 기여할 것인가에 대한 암묵적 기대를 '성과 기대'라고 부른다. 성과 기대에서 도출된 암묵적 서열은 구성원끼리의 상호작용 결과를 토대로 자발적 합의를 통해 도출해 낸 서열이다. 이 암묵적 서열이 바로 사람들의 지위와 위세를 배분하는 기준으로 작용하여 사회의 공식적 위계 서열을 만들어 낸다.

성과에 대한 기대수준이 실제 성과에 미치는 영향은 다양한 경로를 통해 입증되었다. 대표적 케이스는 교육 현장이다. 하버드대 심리학과 교수였던 로버트 로젠탈(Robert Rosenthal)과 오랫동안 초등학교에서 학생을 가르쳤던 레노어 제이콥슨(Lenore Jacobson)이 초등학교 학생들을 대상으로 실험을 진행했다.[4] 처음 아이디어는 쥐 실험을 통해서 얻었다. 한 부류의 학생들에게는 쥐를 정성 들여 키우라고 하고 다른 부류의 학생들에게는 이와 같은 지시를 주지 않았다. 그러고 나서 각 부류의 학생들이 키운 쥐들에게 미로 찾기 경주를 시켰다. 그 결과 학생들이 정성 들여 키운 쥐가 우수한 성적을 거두었다.

두 사람은 이와 같은 원리가 학생들에게도 적용될 것이라고 믿고 1964년 처음으로 초등학생들을 대상으로 한 가지 실험을 시도했다. 실험에서는 모든 학생에게 하버드식 지능 테스트라는 것을 보게 하였다. 그 후 실험 진행자는 선생님들에게 테스트를 기반으로 지능이 높은 학생과 낮은 학생으로 반을 나누었다고 거짓으로 보고하고, 실제로 반은 성적에 관계없이 무작위로 섞었다. 실험 결과, 지능

---

4 Rosenthal, R. & Jacobson, L., 『Pygmalion in the classroom: Teacher expectation and pupils' intellectual development』, Irvington Publishers, 1992

이 높다고 명시한 반의 학생들의 학업 성적이 훨씬 높게 나타났다. 선생님들의 기대와 학생들의 기대가 실제 학업 성적의 차이를 만든 것이다. 이 효과를 연구자의 이름을 붙여 로젠탈 효과(Rosenthal effect)라고 부른다. 피그말리온 효과나 자기완성적 예언도 비슷한 연구 결과를 산출했다.

기대수준이론은 성과 기대에 영향을 미치는 요인들이 무엇인지를 규명했다. 그중 성과 기대수준에 직접적으로 영향을 주는 역량과 재능이 작업 집단의 성격과 맞아떨어져 구성원들이 자신들의 성과 기대수준을 결정하는 데 사용될 경우, 이 역량과 재능을 특정 지위(Specific status)이라고 칭했다. 특정 지위는 집단의 과업을 달성하는 데 수단적으로 이용될 수 있는 구성원의 재능과 역량에 관한 구성원 간 순위를 집계한 것이다. 특정 지위 요소는 집단 과제를 해결할 때 반드시 필요한 역량인 능력, 기술, 지식, 경험, 자격 등을 들 수 있다. 집단의 과제가 수학 문제를 해결하는 것과 관련된다면 수학을 잘할 수 있는 역량들이 특정 지위를 구성한다. 이 경우 미분과 적분을 배운 경험이 있거나 대학에서 수학을 전공한 졸업장도 특정 지위를 증명하는 요소가 된다. 언어능력은 아무리 뛰어나도 이 상황에서는 필요 역량이 될 수 없어서 특정 지위 요소로 작용할 수 없다.

특정 지위는 과제를 해결할 수 있는 능력과 역량을 기반으로 지위를 배분하는 성과 시스템(Merit based system)의 토대이다. 이 성과 시스템은 팀이나 작업 집단 내에서 우리가 기대하는 성과를 내기 위한 가장 공정한 시스템이다.

이 이론의 또 다른 연구 프로그램인 지위특성이론은 문제 해결과 직접적 상관이 없는 사회적 지위가 문제 해결을 위해 구성된 작업 집단에 이입되어 성과 기대수준과 위계 서열을 결정하는 과정을 규명했다. 여기서 성과 달성과 직접적 관련이 없는 사회적 지위가 작업 집단 내부로 확산되었다는 의미로, 이입된 사회적 지위를 확산 지위(Diffusive status)라고 명명한다.

확산 지위는 학벌, 직업, 나이, 성별, 출신 지역, 집안 배경, 다문화, 기업 규모 등 주어진 성과와는 직접적 관련이 없지만 사회적·문화적으로 인정되는 지위가 작업 집단에 적용되어 참여자들 지위에 프리미엄을 형성한 것을 지칭한다. 어떤 사회적 지위에 차별적 가치가 있다는 믿음이 구성원들 사이에 광범위하게 공유되어 자신들이 관여하고 있는 작업 집단에도 확산적으로 적용될 수 있을 때, 그 사회적 지위는 확산 지위가 된다. 확산 지위가 작업 집단에 이입되면 특정인에게는 성과 기대를 결정하는 자기효능감을 키우는 효과를, 반대로 특정인에게는 자기효능감을 감소시키는 효과를 불러온다. 성과 기대에 불리하게 작용된 자기효능감에 대한 믿음을 구성원이 당연한 것으로 받아들이는 것이 바로 유리천장이다.

지위특성이론에서 거론되는 외적 확산 지위가 과제의 성격과는 별개로 위계서열을 결정하는 과정을 뒤집어 보면, 지위특성이론은 일상에서 기대수준을 차별적으로 분배함을 통해 다양성이 어떻게 침해당하는지 그 단면을 정확하게 설명해 주는 이론이 된다.

대부분의 사람들은 능력상 명백한 차이가 없다면, 일반 공립학교를 나온 사람보다 명문 사립학교를 졸업한 사람을 더 가치 있게 생각하고 이들을 선호한다. 직업도 '사' 자가 붙은 전문가 직업이 다른 직업보다 더 가치 있는 것으로 받아들여진다. 전문가로 불리는 직업을 가진 사람들만 이런 사실에 동의하는 것이 아니라 그 외의 직업을 가진 사람들도 이런 가치 차이를 받아들인다. 흙수저냐 금수저냐를 결정하는 집안 배경도 대표적인 확산 지위이다.

사회적 지위는 일반적으로 집단 과제를 해결하는 데 직접 기여하는 수단으로서의 지위 요소는 아니다. 하지만 확산 지위는 사회적 지위의 영향이 작업 집단 내로 확산되어 이입된 것이기에 성공적으로 이입되면 작업 집단의 구성원들에게 받아들여지고 이를 통해 과업 달성에 영향을 준다.

사회적 지위가 확산 지위로 작업 집단에 이입되는 이유는 증거 입증 책임(Burden of proof) 때문이다. 구성원들은 작업 집단의 성과에 직접적 영향을 미치는 수단적 지위인 특정 지위에 대한 별다른 정보가 없을 때 사회적 지위라는 정보라도 이용하여 누가 더 성과를 낼지 성과 불확실성의 문제를 해결하고자 한다.

누군가 사회적 지위 중 유리한 범주가 성과를 내는 데 더 기여할 것이라고 주장할 경우, 그에 대해 충분한 반론과 증거가 제시되지 못한다면 사람들은 사회적 지위가 작업 집단에서 성과의 수준을 결정해 주는 확산 지위로 채용되는 것을 막을 수 없다. 즉, 입증 책임의 문제에 별다른 이슈가 제기되지 않는 한, 사회적 지위에 대한 정보가 작업 집단에 이입되어 확산 지위로 사용되게 된다. 사람들이 확산 지위 정보를 통해 누가 더 성과를 낼 것이라는 성과 기대 순위를 정하면 이에 따른 위계 질서가 굳어진다. 소수의 배경을 가진 구성원들이 자신에게 할당된 낮은 기대 순위에 맞춰 낮은 효능감을 받아들이면 이 효능감은 곧 유리천장이 된다.

예를 들어 미국의 아이비리그와 주립대학에서 박사학위를 받은 두 사람이 같은 학교 교수직에 응모했다고 치자. 주립대학교 박사 출신은 박사학위 이외에 좋은 학술지에 논문을 게재한 실적이 있고 아이비리그 출신은 박사학위만 가지고 있다면, 채용 결정권자는 이 둘 중 주립대학을 졸업한 지원자가 연구에 더 기여할 것이라고 결론 내리고 그를 채용할 것이다. 하지만 둘 다 출간된 논문이 없고 박사학위논문만 가지고 있을 경우, 아이비리그 출신인지 주립대학 출신인지가 확산 지위가 되어 이들의 미래 연구 성과에 대한 기대수준을 결정하는 변수로 작용할 수 있다. 평균적으로 주립대학 출신이 아이비리그 출신보다 연구력이 더 낫다는 것을 입증하는 데이터가 없을 때 사람들은 두 대학의 사회적 가치에 대한 통념을 반영하여 두 사람의 미래 성과에 대한 의사결정을 내린다.

또 다른 예는 미국 배심원단의 사례이다. 사실 배심원은 지위특성이론의 주 연구 대상이었다. 배심원의 구성은 판결의 공정성을 기하기 위해 다양한 배경을 가진 사람들로 무작위 충원되기 때문에 이들의 사회적 배경이 판결에 어떤 영향을 미치는지 체계적으로 분석한 것이다. 실제로 배심원이 구성된 결과를 보면 백인, 흑인, 여성, 남성, 다양한 나이대, 전문 직종, 비전문 직종, 다양한 학력 등으로 구성되어 있다. 사회적 지위의 다양성이 극대화되도록 구성하는 것이다. 하지만 이런 다양성에도 불구하고 이들이 배심원으로서 판결을 내리기 위해 토의에 들어 가면 각 배심원의 직업이나 사회적 지위가 은연중 노출되기 시작하고, 이것은 판결의 질과는 무관함에도 불구하고 높은 사회적 지위를 가진 사람들의 입김이 강하게 작용하게 된다. 판결도 이들의 의견이 더 반영되어 다양성을 위해 구성된 배심원들의 공정한 역할을 침해한다. 즉, 배심원이라는 집단 토의 과정에 판결과 상관없는 사회적 지위가 노출되어 이입되고 이 지위에 따라서 발언권이나 영향력이 결정된다.

배심원들의 사회적 지위에 해당된 요소들이 배심원 집단 속으로 이입되면 확산 지위가 된다. 이 확산 지위는 배심원 판결을 내리는 기여가 불분명한 상황일수록 더 심각하게 작용한다. 어느 누구도 입증 책임을 넘어서는 반론을 제시할 만한 구체적 증거를 가지고 있지 못하기 때문이다.

기대수준이론은 능력이나 역량에 따라 결정된 수단적 특정 지위가 동일한 집단에서 성과에 대한 기대수준을 형성하고 이 기대수준을 만족하는 방향으로 성과, 리더십, 영향력, 위세가 결정되는 것을 설명한다. 반면 지위특성이론은 사회적 지위가 작업 집단에 이입되어 이 서열대로 성과에 대한 기대수준이 할당되고 이 기대수준에 맞춰 성과나 위세, 영향력, 권력이 결정되는 것을 설명한다.

사회적으로 문제가 되고 있는 유리천장은 확산 지위에서 높고 낮음에 따라 성과에 대한 기대수준이 결정되고 이 기대수준을 확증하는 방향으로 배분된 자기효능감을 수용하여 결과적으로 최종 성과와 영향력에 있어서도 최초 확산 지위의 차이가 반영된 결과를 보이는 현상이다. 백인과 흑인이 똑같은 역량을 가지고 있다고 전제할 때 백인문화의 가치가 흑인문화의 가치보다 높다는 암묵적 믿음이 작용하여 흑인이 백인에 비해 낮은 자기효능감을 받아들이면 자연스럽게 유리천장이 만들어진다. 유리천장은 확산 지위에 따라 배분된 차별적 성과 기대와 자기효능감의 결과이다. 차별적 성과 기대는 특정 사회적 범주에 대한 차별로 작용한다. 유리천장 문제는 여성을 포함하여 모든 사회적 범주에서 소수의 지위에 처한 사람들이 겪고 있는 보편적 문제이다.

지위다양성

실제 직장에서 행해지는 평가 과정을 보면 역량과 능력에 의해 차별화되는 특정 지위와 사회적 지위에 따라 결정되는 확산 지위의 영향을 완벽하게 분리해 내는 것이 불가능하다. 역량과 능력에 관한 지위 차이가 확연할 경우 논쟁의 여지가 없겠지만 역량과 능력 차이가 불분명하거나 차이가 있어도 논쟁의 여지가 있을 경우에는 확산 지위가 개입하여 유리천장을 만들기 시작한다. 결국 직장에서 성과에 대한 기대나 실제 성과를 산출하는 것은 확산 지위와 특정 지위 간의 복잡한 상호작용이다.

지위특성이론을 토대로 지위의 다양성 속성들이 미치는 다양성 효과를 설명할 수 있는 기제가 지위다양성이론(Status Diversity Theory)이다.[5] 지위다양성이론에 따르면 지위다양성으로 설명하려는 성과가 창의성이나 혁신을 요구하는 혁신 성과인지, 일반적인 운영 성과인지에 따라 설명 기제가 다르다. 성과가 일반적 운영 성과인 경우 확산 지위의 다양성은 성과에 부정적인 영향을 미치는 반면, 역량과 능력 등 특정 지위의 다양성은 성과에 긍정적인 것으로 나타난다. 즉, 여성과 남성, 학벌과 출신 지역이 다른 사람들, 세대 차이가 있는 사람들이 한 팀에서 일하면 배경이 비슷한 사람들끼리 일하는 팀보다 성과가 낮지만 기능적 배경, 전공, 기술, 지식 등이 다양하게 분포된 팀은 그렇지 않은 팀보다 성과가 높은 것이다. 한마디로 운영 성과 예측에서 확산 지위의 다양성은 성과에 부정적이지만 특정 지위의 다양성은 성과에 긍정적이다.[6]

창의적 문제를 해결해야 하거나 변화 속도가 급격한 산업에서 요구하는 혁신

---

5 김문주, 윤정구(2012), 「교육적 배경 다양성이 의사결정의 효율성과 팀 성과에 미치는 영향에 관한 연구: 지위다양성 이론을 중심으로」, 『인사조직연구』, 20, 1, p129~176

6 우리나라의 경우, 특성 지위의 속성으로 알려진 전공이 나름의 서열을 가진 확산 지위로 작용함으로써 팀 성과에 부정적인 영향력을 주는 것으로 나타났다. 이는 지위다양성의 부정적인 영향력을 상쇄할 수 있는 수렴적 메커니즘을 조직의 문화와 제도에서 찾아야 할 과제라는 것을 상기시켜 주고 있다.

성과의 경우 확산 지위가 가지는 긍정적 역할이 전혀 없는 것은 아니다. 창의적이고 혁신적 성과를 내야 하는 업종에 종사하는 사람들에게 확산 지위의 다양성은 피할 수 없는 대세이기도 하다. 문제는 다양한 확산적 지위를 가진 사람들이 서로의 상이한 특성과 문화적 차이에서 오는 긴장과 갈등을 어떻게 조직이나 팀의 창의성을 위해 긍정적으로 분출되게 하는지이다. 이 긴장과 갈등을 해결하지 못하면 확산적 지위의 영향은 부정적으로 끝난다.

창의적 문제 해결을 위해서는 다양한 배경에서 오는 갈등을 무마하고 저마다의 배경적 자산을 효과적으로 동원해야 한다. 그러기 위해 지위다양성이론은 배경 차이를 통합할 수 있는 더 높은 차원의 공유된 문화, 가치, 조직의 미션 등의 중재를 통해 실제로 일하는 과정에서 협업하는 집단동학을 효율적으로 관리해야 한다고 주장한다.

유리천장

지위다양성이론의 관점에서 성 지위를 통한 유리천장의 형성과 성차별에 관한 연구는 주로 스탠포드(Stanford) 대학의 세실리아 리지웨이(Cecilia Ridgeway)와 셀리 코렐(Shelley Correll)에 의해 선도적으로 연구되었다. 이들이 발전시킨 성과 유리천장에 관한 내러티브는 다음과 같다.

먼저 여성과 남성의 사회적 통념에 따라 사회적 지위가 결정된다. 대부분 사회에서는 여성보다 남성이 더 사회적 기여를 한다는 믿음이 있어 이 믿음에 따라 여성의 사회적 지위가 규정된다. 여성과 남성에 대한 사회적 지위는 차별적 사회화 과정을 통해 만들어지기도 하고 사회에서 가장 중요한 직업에 여성과 남성 중 어느 쪽이 더 많이 포진되어 있는지를 추론해서 결정되기도 한다.

성을 기반으로 한 유리천장이라는 것은 성에 대한 차별적 문화 가치라는 믿음에 따라 작업 집단의 구성원에게 성과 기대와 자기효능감이 차별적으로 배분된 경우이다. 성이 사회적 지위가 작업 집단으로 이입되면 지위특성이론에서 이야기하는 확산 지위로 변한다. 문화적으로 남녀의 사회적 기여도 차이에 대한 믿음이 강한 일본과 같은 사회에서는 남성의 성과 기대에 대한 프리미엄이 더 높다. 이 프리미엄에 따라 유리천장의 높이와 두께가 결정된다. 한국은 일본보다 남성의 성과 기대에 대한 프리미엄을 인정하지는 않지만 미국보다는 많이 인정한다. 유리천장은 미국보다 북유럽 국가에서 두껍지 않다.

유리천장의 높이와 두께를 반영해 성과 기대 내지는 자기효능감의 수준이 결정되고 이 효능감의 수준을 확증하는 방식으로 실제 성과가 산출된다. 정해진 수준의 성과 기대나 자기효능감이 확증편향을 만들어 내고, 다른 조건이 같다면 성과 기대에 따른 효능감이 높은 사람에게 기회도 더 제공되고 자원도 더 배분된다.

결과는 확산 지위의 위계가 작업 집단에도 재생산된다. 성평등 논의와 이에 대한 공감대가 확산되어 유리천장이 공개적으로 거론되지 않는다고 현장에서 성차별이 사라진 것은 아니다. 오히려 직장 내 직무 현장에서는 차별적 성과 기대에 따라 배분된 자기효능감에 뿌리를 내린 유리천장이 더 교묘하게 작동하고 있다.

<도표2>의 모형에서 ②번과 ④번의 경로를 따라 여성과 남성 간의 능력과 역량의 차이가 성과 기대수준에 대한 믿음과 실제 성과를 모두 결정한다면 성차별에 대한 논의는 사라질 것이다. 성별과 상관없이 본인이 가진 능력과 재능에 따라 성과 수준에 대한 기대가 형성되고 그 기대에 따라 기회가 공정하게 배분되는 능력 중심의 사회(Meritocracy)가 구현되기 때문이다.

지위다양성이론에서 중요한 요인은 ①과 ②를 통해 만들어지는 상호작용 맥락(③)이다. 조직 내 작업 집단이 남성으로만 구성되어 있는지 혹은 여성으로만 구성되어 있는지 혹은 여성과 남성 혼합으로 구성되어 있는지의 여부는 작업 집단의 중요한 맥락을 구성한다.[7]

성차별과 유리천장이 문제가 되는 상황은 여성과 남성이 같은 집단에서 일을 할 때이다. 여성과 남성이 함께 일할 경우, 남성들은 여성들보다 발언도 더 많이

<도표2> 성의 사회적 지위와 유리천장 모형

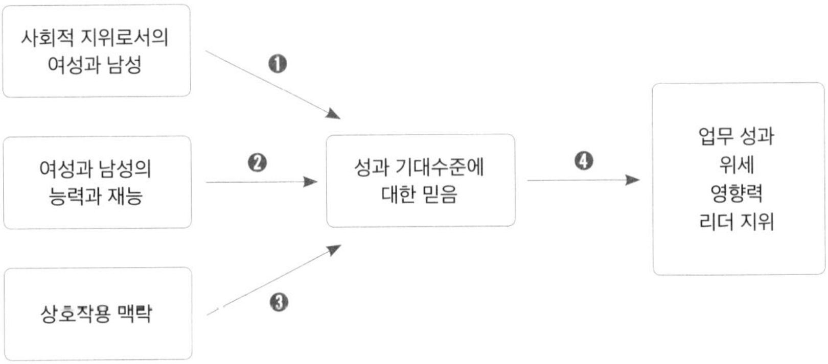

하고 제안도 더 적극적으로 하며 자기주장도 강하게 드러내고 집단 내 영향력을 획득하기 위한 행동을 많이 한다는 것이다.[8] 여성과 남성으로 구성된 작업 집단에서 여성들이 낸 아이디어는 남성의 아이디어에 비해 질이 높지 않다고 평가하는 성향도 맥락의 중요성을 이야기한다.

또한 일하는 내용도 중요한 맥락 변수를 구성한다. 전통적으로 남성이 잘한다고 알려진 도구를 활용한 과제 수행이나 엔지니어 경영에 관한 일을 처리하는 경우와 여성이 잘한다고 알려진 공동체성이 많이 가미된 과제(교육, 공무원 직종, 사회복지 등)인지에 따라 여성과 남성의 지위에 대한 평가와 성과 기대수준이 결정되는 과정이 다르다.

---

7 Wagner, D. G., & Berger, J.(1997) 「Gender and interpersonal task behaviors: Status expectation ac counts」, 『Sociological Perspectives』, 40, p1~32; Ridgeway, C. L.(1997), 「Interaction and the conservation of gender inequality: Considering employment」, 『American Sociological Review』, 62, p218~235

8 Ridgeway, C.(2001), 「Gender and status, and leadership」, 『Journal of Social Issues』, 57, p637~655

여성과 남성이 같이 일하는 팀이나 작업 집단에서 경영, 엔지니어, 수단적 업무에 대한 과제를 수행할 경우, 여성이 남성과 똑같은 재능과 능력을 가지고 있더라도 남성이 가지는 문화적 프리미엄이 활성화되어 남성이 이룬 성과가 더 크게 평가될 개연성이 높다. 이 경우 여성들이 능력에 비해 극복해야 할 유리천장은 더 견고해진다. 반대로 여성과 남성이 같이 일하고 일의 성격이 가르치는 일이거나 사회복지 혹은 아이의 육아와 관련된 일일 경우, 남성이 여성과 똑같은 수준의 능력과 재능을 가지고 있다 하더라도 여성이 이룬 성과가 더 높이 평가되고 여성이 더 큰 영향력을 행사한다. 여성과 남성이 같은 팀에서 일하고 경영 과제 혹은 어떤 정해진 목표를 효과적으로 달성하는 과제이거나 수학적 능력이 많이 필요한 과제일 경우 여성과 남성이 똑같은 능력을 가지고 있어도 남성이 산출한 성과가 더 높이 평가받는다.

이런 상황에서 여성이 남성과 경쟁해 성과를 내고 승진을 열망하면 여성들에게는 이중 잣대(Double standard)가 작용한다. 남성의 사회적 지위에 대한 가치 프리미엄 때문에 여성이 객관적으로 똑같은 성과를 내도 남성처럼 승진하는 것은 불가능하다. 여성이 승진하기 위해서는 남성과 똑같은 성과를 내서는 안 되며 실제 성과가 문화적 프리미엄으로 붙은 가치를 넘는 가치를 산출해야 한다. 즉, 승진 경쟁을 벌이는 남성이 산출한 가치가 10이고 여성은 확산 지위 때문에 생긴 마이너스 프리미엄이 마이너스(-) 5라면, 실제 성과에서 여성은 15 이상을 산출할 때 남성과 같이 승진할 개연성이 생긴다.

남성에게 부여된 사회적 지위의 프리미엄을 불식할 수 있는 차별적 성과를 내는 여성들이 나왔을 때 유리천장에 대한 믿음이 기각된다.[9] 이런 여성이 소수 예외적이 아니라 유의미한 숫자를 형성할 때 조직에서 성에 관련된 문화적 믿음이

---

9 Foschi, M.(2000), 「Double standards for competence: Theory and research」, 『Annual Review of Sociology』, 26, p21~42

라는 유리천장은 제거된다. 조직 내의 유리천장은 한두 명의 여성이 자신에게 부과된 차별적 기대를 무너뜨린다고 무너지는 것이 아니라 충분히 의미 있는 숫자를 달성할 경우에만 벗겨지는 것이다.

지금까지의 연구를 보면, 맥락에 아이를 키우는 엄마의 역할이 들어갔을 때 여성은 가장 큰 차별을 받은 것으로 나타났다. 한 연구에서 어떤 여성이[10] 이력서에 두 살짜리 아이가 있다는 것을 기술하자 이 여성의 능력에 대한 주관적 평가, 승진이나 채용의 개연성, 임금 등 모든 측면에서 불이익을 받은 것으로 보고되었다. 남성 지원지기 이력서에 똑같은 문구를 넣었을 때는 여성 지원자와 같은 불이익을 당하지 않았다. 여성들이 공동체를 위해 스스로 희생하는 측면이 경쟁하고 주도적으로 나서야 하는 비즈니스 맥락과는 적합하지 않다는 믿음이 작동한 것이다.

이런 차별은 지원자가 아이를 돌봐야 하는 여성이라는 특징이 붙을 때 극대화되는 경향이 있다. 아이가 있는 여성들은 똑같은 능력을 가지고 똑같은 시간을 희생할 수 있다 하더라도 실제로 극복해야 하는 유리천장은 더욱 견고해진다.

여성이 직장 내에서 남성과 똑같은 성과를 냄에도 불공정한 인사를 당하여 이에 항의를 강하게 제기하면, 남녀 차이에 대해 믿음을 가진 남성들에게 역공의 빌미를 제공하게 된다는 연구 결과도 있다.[11] 지위다양성 이론에 따르면 남녀 간 차이의 정당성에 대한 믿음이 조직 안에 확고하면 이 믿음의 불공정성을 향한 정치

---

10 Correll, S. J.(2013), 「Minimizing the motherhood penalty: What works, what doesn't and why?」 in Gender and Work: Challenging Conventional Wisdom, edited by Robin J. Ely and Amy J. C. Cuddy. 『Harvard Business School』; Benard, Stephen & Correll S. J.(2010). 「Normative discrimination and the motherhood penalty」, 『Gender & Society』, 24, p616~646; Correll, S. J., Benard, S., & Paik, I.(2007), 「Getting a job: Is there a motherhood penalty?」, 『American Journal of Sociology』, 112, p1297~1338

11 Ridgeway, C., & Berger, J.(1986), 「Expectations, legitimation, and dominance behavior in groups」, 『American Sociological Review』, 51, p603~617; Ridgeway, C., Johnson, C., & Diekema, D.(1994), 「External status, legitimacy, and compliance in male and female groups」, 『Social Forces』, 72, p1051~1077

적 항의와 객관적 성과에 대한 증명을 통해 항의하는 전략을 분리하는 것이 효과적이라고 본다.

지위다양성에 근거한 제안들

지위다양성이론은 성뿐만 아니라 학벌, 직업, 가족 배경, 지역 연고, 다문화 배경 등의 사회적 지위가 직장과 일터에서 작업 과정에 이입되고 여기에서 정해진 서열이 일하는 상호작용 과정에서 성과 기대와 자기효능감으로 차별적으로 분배되어 기존 서열을 정당화시키는지를 설명하는 이론이다. 이론의 원래 목적은 다양한 사회적 지위가 직장 내 작업 과정에 이입되어 사회적 불공정을 견고하게 만드는가에 관한 것이다. 하지만 역으로 생각하면 이런 사회적 지위가 직장 내 작업 집단이나 팀에 이입되는 원리를 이해함으로써 이 경로를 해체시키거나 절연시켜 사회적 다양성에 대한 다양한 통찰을 얻을 수 있다.

지금까지 연구들은 직장 내 확산 지위로 이입되는 지위의 다양성이 팀이나 작업에 부정적인 결과를 산출하는 반면, 역량이나 능력과 관련된 특정 지위의 다양성은 팀 성과에 긍정적이라고 보고하고 있다. 즉, 여성과 남성이라는 사회적 지위가 팀에 확산 지위로 이입되어 성다양성을 높이게 되면 남성들은 문화적 프리미엄을 받아 가며 비교적 쉽게 성과를 내거나 성취를 할 수 있지만 여성들은 유리천장 효과로 인한 낮은 기대 때문에 자신의 능력만큼 성과를 내지 못하게 되는 것이다.

실제로 자신에게 씌워진 유리천장으로 낮은 성과 기대를 받아들인 사람들은 일에서 주도적으로 제안하지 않는다. 또한 이들은 다른 사람들의 아이디어를 카피하는 성향이 강하고, 다른 사람의 의견을 무조건 수용하고, 다른 사람이 강하게 반대하면 저항하지 못하는 성향이 있다.[12] 이런 성향은 지금 있는 사회적 지위를 통한 성과 기대를 확증하는 결과를 초래한다. 결국 유리천장은 더 견고해진다.

이런 집단에서 남성은 기대했던 성과를 내고 여성은 기대보다 못한 성과를 낸다면 팀이나 과업 집단의 총체적 성과는 떨어지게 되어 있다. 결국 집단 내 성다양성을 높인 결과가 표면적으로는 성과를 떨어뜨리는 요인이 되어 성다양성 정책에 반대하는 근거로 사용될 수 있다.

하지만 성과가 떨어지는 건 성다양성 자체가 아니라 여성들에게 낮은 성과 기대를 강요하고 여성들이 자신에게 할당된 낮은 자기효능감을 받아들였기 때문이다. 낮은 자기효능감을 받아들이는 순간 여성들은 유리천장을 확증하는 행동에 몰입한다. 그러므로 유리천장이 제거된다면 여성들도 자신의 기량을 최대한 발휘해 조직의 성과에 긍정적으로 기여할 수 있다. 또한 유리천장은 여성 개개인이 할당된 자기효능감을 자신의 현실로 받아들일 때 비로소 유리천장으로 작용한다. 사회적으로 아무리 강한 유리천장을 부여해도 당사자가 자신에게 할당된 낮은 자기효능감을 받아들이지 않으면 강제로 행동을 바꿀 수 있는 방법은 없다.

여성 관리자들이 임원으로 육성되기 위해서는 맞춤형 리더십도 필요할 것으로 보인다. 예를 들어 여성이 유리천장을 제대로 깨고 팀장이 되었다 하더라도 팀원들이 대부분 남성이면 남성이 기여하는 문화적 프리미엄에 대한 요구로 항상 도전받을 개연성이 높다. 이런 경우 남성 팀원과 문화적 가치에 대한 프리미엄의 부당성에 즉각적으로 대응하기보다는 현명하게 대처하는 노력이 요구된다. 팀원들이 팀장의 정당한 역할에 반기를 들 때는 단호하게 팀장이 누구인지 상기시켜 주는 강온 전략을 같이 사용할 필요가 있다.

유리천장은 싸우고 쟁취해서 정치적으로 부수는 방법도 있지만 더 현명하게 유리천장의 수혜자들이 스스로 제거하게 만들 수도 있다. 제도적으로 유리천장이 제거되었다 하더라도 남성들의 마음속에서 유리천장이 제거되지 않으면 언제든

---

12 Ridgeway, C.(2001), 「Gender and status, and leadership」, 『Journal of Social Issues』, 57, p637~655

지 유리천장은 새로운 장면에서 모습을 바꿔 다시 등장할 수 있다.

구성원들이 창의적 성과를 내는 것은 진화생물학에 기반을 둔 성분업보다는 개인들이 가진 강점들을 씨줄과 날줄로 엮어 협업할 수 있는 여건을 만들 때이다. 여성 혼자 창의적 성과를 낼 수도 없다. 이건 남성도 마찬가지다. 분업을 넘어 협업을 통해 공동의 성과를 도출하기 위해서는, 남성들이 가진 문화적 장점을 여성들도 제대로 이해하고 여기에 여성이 가진 장점을 가미해서 공동의 태피스트리를 만들어 나갈 때 더 높은 수준의 협업 운동장이 만들어진다.

사회적 범주로서의 성 차이가 협업의 운동장을 통해 해소되고 이 운동장에서 더 나은 차이가 만들어지는 번성을 체험할 수 있을 때 협업의 운동장은 여성과 남성 모두에게 뉴 노말로 받아들여진다. 이 뉴 노말을 제대로 진화시키기 위해서는 남성도 남성의 정체성을 중심으로 여성의 역할에 대해 습득하고 여성도 여성의 정체성을 중심으로 남성의 역할을 습득하려는 노력이 필요하다. 전통적 성분업이 성역할 고정관념을 앞세워 남녀 간 극복할 수 없는 차이를 고착화했다면 이제는 남녀 간 차이를 이해하고 협업이라는 관계 맺음을 통해 차이를 연결하려는 노력이 필요하다.

사회와는 다른 방식으로 지위를 분배하는 조직

지위다양성 내러티브는 사회에서 여성의 성 지위가 신장되어도 이것이 그대로 직장 내 여성의 지위 신장으로 이어지지 않는 이유를 이해해야 한다고 주장한다. 캔터와 애커는 특히 젠더화가 가장 심한 아성으로 기업을 규정했다.[13] 조직의 젠더화는 남녀 근로자에게 성역할 고정관념에 따라 상이한 능력을 기대하고 이 기

13 Kanter, M. R., 『Men and women of the corporation』, Publishers of New York, 1977, p245~P266; Acker. J.(1990), 「Hierarchies, jobs, bodies: A theory of gendered organizations」, 『Gender & Society』, 4, 2, p139~158

대를 충족시키기 위해 HR제도를 운영하는 과정에서 생겼다. 젠더화는 채용, 배치, 훈련, 보상, 평가, 유지 등 모든 제도적 국면에서 발생한다. 즉, 채용에서부터 여성과 남성의 역할을 분리시키고 직무 배치도 분리시킴으로써 여성이 중간관리자나 고위관리자로 승진하는 데 불리한 구조로 조직을 운영한다. 승진에 용이한 직무에 남성을 더 많이 배치해 남녀를 수직적으로도 분리한다.

직장에서 여성의 지위는 정치적 논쟁에 의해 결정되는 것이 아니라 경력의 각 국면에서 버티고 있는 젠더화를 극복하고 경력 사다리의 각 단계를 제대로 타고 오른 사람들에게만 부여된다. 여성들에게는 종종 부러진 사다리가 제공되나 이것을 고치고 올라오는 임무도 여성이 스스로 해야 한다. 차별적 사다리를 부여받았어도 최종적 지위는 성과에 대한 기여를 통해 분배된다. 사회에서 여성으로서 해방된 지위를 인정받았다 하더라도 회사 안에서 같은 지위를 인정받기 위해서는 사다리를 타고 올라가서 성과를 낼 수 있다는 것을 증명해야 한다.

문제는 여성에게는 직장에서 성과를 내는 사다리와 관련해 숨겨진 장애가 많아 사회적으로 신장된 지위를 그대로 인정받기 어렵다는 것이다. 숨겨진 어려움을 이해하고 이런 맥락에 맞추어 지위를 인정받으려면 남성과의 협업이 필수적이다. 지위다양성이론은 여성과 남성의 지위에 대한 동학(Dynamics)을 무시하고도 직장 내 여성 지위에 관한 모든 문제를 정치적으로 해결할 수 있다고 믿는 사람들을 조직 내에 숨겨진 다양한 장애를 보지 못하는 맹인이라고 규정한다.

지위다양성 내러티브는 여성의 사회적 지위에 대한 정치적 논쟁과 이 사회적 지위가 조직의 일터에 이입되어 확산 지위로 작용하는 유리천장 논쟁을 서로 구별해서 대응해야 한다고 본다. 사회적 지위에 대한 성 논쟁은 사회적 규범에 관한 정치적 문제이지만, 조직에서 남녀 간 확산 지위에 관한 논쟁은 실제로 여성이 장애를 딛고 조직에 성과를 내야 극복되는 집단동학의 문제로 본다.[14]

남녀평등을 주장하는 입장은 이미 사회적으로 규범적 지지를 받고 있어서 더 이상 논쟁거리가 되지 못한다. 그런데 이렇게 남녀평등에 대한 사회 구성원들의 규범적 합의가 이뤄졌다고 해서 직장 내 유리천장이 사라지는 것은 아니다. 직장 여성들이 유리천장을 부수기 위해서는 일터에 숨어 있는 다양한 장애를 극복해 가며 남성과 같은 성과를 낼 수 있어야 한다. 그리고 이를 위해서는 참호를 파고 저항하는 세력이 제기하는 집단동학의 문제를 해결해야 한다. 사회 규범적 측면에서 남성이 지키고 있던 성 우월성이 함락되어 가는 것은 맞지만 그렇다고 직장 내에서 참호를 파고 버티고 있는 세력까지 제압된 것은 아니기 때문이다. 조직 안에서는 채용, 선발, 훈련, 배치, 평가, 유지 등의 다양한 참호가 존재한다. 이 참호를 통해 실질적 성차별이 그대로 유지될 수 있다.

회사는 숨겨진 장애를 극복하고 차별적인 성과를 내는 여성들의 지위만을 인정한다. 각종 어려움을 극복해 가며 실질적 성과 차이를 증명하는 여성들이 배출되지 못한다면 유리천장은 정치적 논쟁이 될 수 있을지 몰라도 사라지지는 않는다. 지위다양성 내러티브에 따르면 조직 내에서는 성과로 기여한 바가 증명되어야 그에 합당한 지위가 배분된다. 따라서 회사 안에서 여성들이 지위를 성취할 수 있는 가장 확실한 방법은 능력 있는 여성 리더들이 먼저 유리천장을 깰 수 있다는 것을 증명하는 것이다. 이중 잣대가 강하게 작용했음에도 유리천장을 부수었다면 이는 여성들도 남성과 같은 성과를 낼 수 있고 이에 걸맞은 적절한 지위가 부여되어야 한다는 것을 생생하게 증명한 것이다.

지위다양성 내러티브에 따르면, 회사에서 유리천장을 깬 경험을 가진 여성 리더들이 후배들도 이 유리천장을 깰 수 있도록 멘토링해 주어 유리천장을 깬 여성들의 숫자가 유의미한 수준에 도달한다면 유리천장은 자연스럽게 제거된다. 또한 유리천장을 깨고 파트너의 지위를 획득한 여성들이 직접 나서서 어떤 유리천

---

14 Jackman, M. R., 『The velvet glove: Paternalism and conflict in gender, class, and race relations』, Berkeley and Los Angeles: University of California Press, 1994; Ridgeway, C., & Berger, J.(1986), 「Expectations, legitimation, and dominance behavior in groups」, 『American Sociological Review』, 51, p603~617

장 때문에 회사에 순수하게 기여하는 데 문제가 있었는지를 이야기한다면 회사도 유리천장의 존재를 인정하고 스스로 제거하려는 노력을 할 것이라고 본다. 성 다양성에 대한 사회의 정치적 논의와 실제로 회사에서 지위가 배분되는 방식은 서로 다른 문제이기 때문이다.

지위다양성 관점에서 회사는 성과의 산출에 따라 조직 내 지위를 배분하는 실용주의 터전이다. 조직 내에서 충분한 수의 여성 리더들이 성과를 통해 회사의 전략적 파트너로 인정받는다면 이것만큼 유리천장의 무의미함을 규명해 주는 증거는 없다. 맨 처음 유리천장을 부수는 임무를 부여받은 여성에게는 가혹할 수 있어도 이들이 만들어 놓은 길을 통해 많은 여성 리더들이 배출된다면 이들의 노력은 충분히 의미가 있다. 또한 최초로 유리천장을 부순 여성들은 불가능해 보이는 유리천장을 부순 사람에게 부여되는 지위에 대한 신용 프리미엄(Idiosyncratic credit of status)을 받음으로써 비슷한 지위의 남성들보다 회사에 더 많이 기여할 수 있는 기회와 재량권을 할당받을 수 있다. 어려움 속에도 유리천장을 깼다는 능력을 회사가 나서서 인정하는 순간, 회사는 이들의 역할을 더 이상 남성과 비교하지 않고 그냥 순수하게 전략적 파트너로서 일할 수 있는 여건을 만들어 준다.

사회적 소명을 가진 여성들은 이런 신용 프리미엄을 이용하여 능력 있는 여성 인재를 발굴해 키우는 지렛대로 사용해 왔다. 이들의 노력에 힘입어 그들과 같은 어려움을 겪지 않고 기업의 파트너로 등장하는 여성 리더들의 숫자가 유의미하게 늘어나고 있다.

6장

성양면성 내러티브

최고의 지성이란 머릿속에 한꺼번에 두 가지 상반되는 사고를 떠올리면서
그 두 가지 모두를 포괄할 수 있는 능력이다.
- F. 스콧 피츠제럴드(F. Scott Fitzgerald)

직장 내 여성과 남성에 대한 범주적 구별은 주로 생물학(진화론)적 관점과 젠더적 관점에서 설명되어 왔다. 여성과 남성이 태어날 때부터, 아니 엄마의 배 속에 있을 때부터 다르다고 주장하는 생물학(진화론)적 내러티브는, 여성들의 생물학적·유전적 속성과 직장 생활 간 적합성이 남성에 비해 떨어진다고 주장한다. 남녀 간 불평등이 생물학적 차이를 근거로 정당화된다는 점에서 남성 중심주의와 결합해 성 차이를 고착화시킬 개연성이 높다. 결국, 생물학(진화론)적 내러티브는 '여성과 남성은 근본적으로 다르다'는 이분법적 사고를 가지고 차이를 기반으로 한 성분업을 주장한다. 여성이 성분업을 포기하고 직장 생활에서 남성처럼 성공하기 위해서는 생물학적 성제체성을 숨겨 가며 남성인 것처럼 연기해야 한다. '나다움', 즉 '여성다움'을 완전히 포기하고 남성성을 획득해야 한다는 불편한 상황에 처하

는 것이다. 이렇게 생물학적 성차로 직장 내에서 발생하는 성다양성을 설명하려는 이분법적 시도는 여성에게 직장 내 여성의 종속성을 받아들이거나 아니면 남성성을 연기하라는 압력으로 작용한다.

이와 달리, 젠더 관점을 지지하는 학자들은 여성과 남성이 근본적으로 전혀 다르지 않다는 동일성 논리를 가정한다. 남녀는 동일하게 태어났지만 사회화 과정을 거치며 여성과 남성으로 길러졌다고 본다. 젠더 내러티브의 입장에서 성차는 개념적일 뿐 실체가 없다. 개념적 여성과 남성에게 각각 서로 다른 역할과 책임 그리고 가치가 부여되었고 이것이 성차로 이어졌다는 것이다. 젠더 관점에서는 부모와 사회의 기대에 따라 직장 여성의 능력에 대해 잘못된 편견이 씌워지고 차별이 제도화된다고 본다. 또한 남성들이 생물학적 차이를 남성 중심의 성 고정관념으로 규범화시켜 사회화를 통해 여성에게 가르쳐 왔다고 본다.

젠더 내러티브가 성취하고자 하는 것은 사회화되기 전 성평등 상태를 실현할 수 있는 정책의 실행이다. 젠더 내러티브 관점이 여성을 대상으로 행해지는 불공정에 대한 인식을 높여 준 것은 사실이지만, 기회의 평등을 넘어 새로운 기회를 통해 가치를 창출하는 기업의 영역에서는 남성이 방관하고 여성이 주도하는 이와 같은 주장은 제로섬 정치 논리로 전락한다. 도리어 남성의 평균에 맞춘 타자로서의 여성의 상태에서 여성을 해방시켜 여성의 평균에 맞춘 타자로서의 남성을 분화하는 데 기여했다. 성과로 승부해야 하는 기업에서 여성과 남성이 차이를 소멸시켜 가며 새로운 운동장을 만들고 이를 통해 더 큰 목적을 위해 협업할 수 있는 가능성을 차단했다.

정리해 보면, 생물학(진화론)적 내러티브는 유전자 측면에서 성차를 설명하고 있는 것이지 실제로 삶을 살아가는 국면에서 체험으로 만들어진 성다양성을 전부 설명할 수 있는 것은 아니다. 젠더 내러티브의 관점 역시, 생물학적 차이에서 발생하는 자연적 성차의 문제를 외면하고 성불평등을 남성들이 사회화의 주도권을 가지고 만들어 낸 음모의 결과라고 이원화하는 한계를 노출하고 있다. 결국 젠더 관점은 여성을 독립시키는 데 성공했는지 모르지만 독립된 여성과 독립된 남성이 정치적 이원론을 탈주해야 하는 논리를 제공하지 못했다.

두 내러티브는 술꾼이 열쇠를 집 앞에서 잃어버리고도 집 옆의 밝은 가로등 밑에서 찾고 있는 형국을 연출한다. 그 이유는 가로등 밑이 밝기 때문이다. 생물학(진화론)적 내러티브는 타고난 유전적 차이가 발현되어 나타나는 생물학적 마당이 열쇠를 잃어버린 장소이고, 젠더 내러티브는 태어난 후 양육을 통해 만들어진 사회화의 장이 열쇠를 잃어버린 마당이다. 하지만 사회화로 유전적 차이를 모두 설명할 수 있다고 주장하거나 유전자의 관점에서 사회화의 결과도 다 설명할 수 있다는 주장은 열쇠를 잃어버린 장소와 가로등이 비추는 장소를 혼동한 술꾼의 논리이다. 상식적인 입장에서는 두 주장 모두 받아들이기 어렵다. 두 내러티브의 경우, 자신들이 설명할 수 있는 범위를 정확하게 규정짓고 이 관점을 벗어나지 않을 때 비로소 생산적인 논의가 될 수 있을 것이다.

이번 장에서는 성다양성이 시급한 기업의 상황 속에서, 여성과 남성 모두 '나다움'을 부정하거나 잃지 않으면서도 함께 조직의 목표를 달성하고 성공적인 직장생활을 영위할 수 있는 새로운 운동장으로 성양면성(Gender ambidexterity)의 입장을 이야기해 보고자 한다. 성양면성 논의를 통해 생물학(진화론)적 내러티브와 젠더 내러티브의 성 이원론을 극복하고 여성과 남성이 관계 맺음을 통해 독립적 인간으로 서게 되는 조건을 탐구해 본다.

성양면성

성양면성 내러티브는 심리학에서 성양성성(Gender androgyny)과[1] 경영조직론의 맥락적 양면성(Contextual ambidexterity)을[2] 기반으로 발전된 개념이다.

양성성(Androgyny)은 젠더 역할을 연구하는 과정에서 산드라 벰(Sandra Bem)이 창안한 개념이다.[3] 벰은 전통적인 여성성과 남성성에 구별되는, 여성성도 높고 남성성도 높은 수준의 성역할을 보이는 독립적인 성역할군이 존재한다는 것을 세상에 알렸다. 이 성역할군에 속하는 사람들은 전통적 성역할군의 사람들에 비해서 행동, 태도, 가치 등에서 유연성을 보이며 이 유연성을 기반으로 창의성, 혁신성, 정신력에서 뛰어난 기량을 발휘한다고 보고했다. 그리고 전통적 성역할에 충실하기보다 과제와 상황에 어떤 행동이 효과적이고 적절한지에 집중하는 성향이 있다고도 밝혔다. 이 성역할 군에 해당하는 사람들은 여성성과 남성성의 중간에 있는 사람들과는 다른 사람들이다. 전통적 성역할에서 남성은 목표 중심 도구 지향적 성향을 보이는 반면 여성은 관계적 교감을 표출하는 역할에 능하다고 규정해 왔는데, 양성성의 사람들은 상황에 따라 이런 두 가지 성향을 다 보인다.

각 문화권에서도 양성성에 대한 연구가 진행되어 다양한 형태의 양성성이 보고되고 있다. 동양에서도 여성을 뜻하는 '음'과 남성을 뜻하는 '양' 사이의 분리된 이원론이 아닌 이 둘 사이의 상승적 관계를 논하는 '신음양론'이 제기되고 있다.[4] 신음양론에서는 여성이나 남성의 몸에 두 개의 성이 내재해 있다기보다는 여성

1 Bem, S. L.(1974), 「The measurement of psychological androgyny」, 『Journal of Consulting and Clinical Psychology』, 42, 2, p155~162; Bem, S. L., Martyna, W., & Watson, C.(1976), 「Sex typing and androgyny: Further explorations of the expressive domain」, 『Journal of Personality and Social Psychology』, 34(5), p1016~1023; Bem, S. L., & Lenney, E.(1976), 「Sex typing and the avoidance of cross-sex behavior」, 『Journal of Personality and Social Psychology』, 33, 1, p48~54; Andersen, S. M., & Bem, S. L.(1981), 「Sex typing and androgyny in dyadic interaction: Individual differences in responsiveness to physical attractiveness」, 『Journal of Personality and Social Psychology』, 41, 1, p74~86

2 Birkinshaw, J., & Gupta, K.(2013), 「Clarifying the distinctive contribution of ambidexterity to the field of organization studies」, 『The Academy of Management Perspectives』, 27, 4, p287~298; Gibson, C. B., & Birkinshaw, J.(2004), 「The antecedents, consequences, and mediating role of organizational ambidexterity」, 『Academy of Management Journal』, 47, 2, p209~226; March, J. G.(1991), 「Exploration and exploitation in organizational learning」, 『Organization Science』, 2, 1, p71~87

3 양성성을 측정하는 유효성이 검증된 도구는 Bem(1974)이 개발한 Bem-Sex-Role-Inventory(BSRI)와 Spence, Helmreich, & Stapp(1975)가 공동 개발한 Personal Attributes Questionnaire(PAQ)가 많이 사용되고 있다. Spence, J. T., Helmreich, R., & Stapp, J.(1975), 「Ratings of self and peers on sex-role attributes and their relation to self-esteem and conceptions of masculinity and femininity」, 『Journal of Personality and Social Psychology』, 32, p29~39

과 남성의 생물학적 차이를 인정한 관계 맺음을 강조한다. 이에 반해 양성성은 타고난 것이 아니라 만들어지는 것이라는 입장이어서 두 성역할 정체성이 한 사람에게 다 내재화될 수 있다는 입장이다. 벰은 여성과 남성이 양성성 성역할을 수행하기 위해서는 먼저 고정된 성역할 스키마에 갇혀 다른 성을 이해하는 것에서 벗어나야 한다고 주장한다. 전통적 성역할 스키마에 갇혀 있는 상태가 성 편견의 원천이므로 먼저 고정된 성역할 스키마의 감옥에서 탈주할 필요성을 역설한다.

맥락적 양면성

맥락적 양면성은 조직 내 혁신에 대한 논의에서 시작되었다. 양면성을 가진다는 것은 혁신 상황에서 양손잡이처럼 행동하는 것을 의미한다. 혁신을 위해서는 새로운 것을 탐구하고 실험하는 탐색(Exploration) 능력도 필요하고, 탐색을 통해 착상된 아이디어를 실제로 구현하는 활용(Exploitation) 능력도 필요하다. 이 두 가지 역량을 양손잡이처럼 다 가지고 있는 상태가 양면성이라고 규정된다.

양면성은 제임스 마치(James March)에[5] 의해 조직 혁신의 원리로 처음 제시되고 찰스 오라일리 3세(Charles O'Reilly III)와 마이클 투쉬만(Michael Tushman)에 의해 조직 혁신의 구조적 설계 원리로 발전되었다.[6] 구조적 양면성은 활용을 담당하는 조직과 탐색을 담당하는 조직을 구조적으로 나누고, CEO나 임원급에서 다시 통

---

4 김혜숙, 『新음양론: 동아시아 문화 논리의 해체와 재건』, 이화여자대학교출판문화원, 2014

5 March, J. G.(1991), 「Exploration and exploitation in organizational learning」, 『Organization Science』, 2, 1, p71~87

6 O'Reilly III, C. A., & Tushman, M. L., 『Lead and disrupt: How to solve the innovator's dilemma』, Stanford University Press, 2016; O'Reilly III, C. A., & Tushman, M. L. (2004), 「The ambidextrous organization」, 『Harvard Business Review』, 82, 4, p74~81; Tushman M. L., & O'Reilly III, C. A.(1996), 「The ambidextrous organization: Managing evolutionary and revolutionary change」, 『California Management Review』, 38, p1~23; O'Reilly III, C. A., & Tushman, M. L.(2013), 「Organizational ambidexterity: Past, present, future」, 『Academy of Management Perspectives』, 27, 4, p324~338

합하는 설계 전략이다.

나눔을통해 다시 관계 맺음을 강조하는 구조적 양면성과 크리스티나 깁슨(Cristina Gibson)과 줄리안 버킨쇼(Julian Birkinshaw)가 주장하는[7] 맥락적 양면성은 다르다. 맥락적 양면성이란, 탐색과 활용이라는 두 가지 혁신적 역할을 팀이나 개인에게 동시에 내재화함으로써 맥락에 따라 유연하게 쓸 수 있는 능력을 의미한다. 구조적 양면성과 맥락적 양면성의 차이는, 여성과 남성의 구별을 기반으로 더 높은 차원의 통합을 유지하는 신음양론과 한 사람 안에 두 가지 성역할 정체성을 높은 수준에서 내재화해야 한다는 양성성 간의 차이와 비슷하다.

맥락적 양면성은 경영학에서 양자택이의 현능함(Genius of both)이라는 가치 창출의 원리로 범용적으로 사용되고 있다.[8] 사람들은 논리 세계와 실제 세계를 혼동하는 과정에서 실제에서도 이것 아니면 저것이 맞는다는 이원론적 입장을 견지한다. 이원론은 논리 세계의 도구일 뿐이다. 실제 세계에서는 항상 이율배반적인 것이 상보적으로 결합되어 새로운 생성을 만들어 간다. 동양에서 음과 양이 서로 결합하여 조화와 질서를 생성해 가는 것과 같은 원리이다. 서양에서 변증법적으로 정반합의 과정을 통해 새로운 질서를 창출하는 과정도 이 같은 원리를 담고 있다. 경영학에서 비용우위 대 고품질, 자율성 대 통제, E이론 대 O이론, 미래를 위한 투자 대 단기적 성과는 서로 양립될 수 없다. 실제로 기업에서는 개념적 이원론에서 벗어나 대립적인 두 요소를 창의적으로 결합한 리더들만이 다른 사람들이 상상할 수 없는 블루오션을 창출한다.

이와 같이 이율배반적인 것을 결합하는 양자택이의 현능함은 타협이나 평균과는 다른 개념이다. 타협이나 평균은 단일차원을 이야기하지만 이율배반적인 것

---

7 Gibson, C. B., & Birkinshaw, J.(2004), 「The antecedents, consequences, and mediating role of organizational ambidexterity」, 『Academy of Management Journal』, 47, 2, p209~226

8 Collins, J., & Porras, J., 『Built to last: Successful habits of visionary companies』, HarperBusiness, 1994

을 결합하는 천재성은 두 개의 독립된 차원을 가정하고 두 차원이 다 높을 수도, 다 낮을 수도, 하나만 높고 하나는 낮을 수도 있는 모든 상황을 상정한다. 이와 같은 통합 원리는 음과 양을 합해서 회색을 만드는 것이 아니라 음은 음으로 인정해 주고 양은 양으로 인정해 줌으로써 새로운 차원을 만드는 것이다. 음의 텍스트와 양의 텍스트를 결합해서 공동의 텍스트인 콘텍스트(Context, 맥락)를 만드는 것을 의미한다. 이처럼 맥락적 양면성은 양자택이의 현능함의 원리를 한 주체 속에 통합적으로 내재화할 수 있다는 입장이다. 피츠제럴드도 지적했듯, 맥락적 양면성은 '인간으로서 최고의 지능 수준을 보이는 것은 반대되는 두 극단의 생각을 마음속에 담고 정상적인 생활을 영위해 나가는 것'과 비슷하다.

따라서 여성성과 남성성을 모두 높은 수준으로 결합하여, 이원론적 분리와는 차원이 다른 더 높은 수준의 뉴 노말이라는 맥락을 구축해 혁신과 변화를 만드는 것이 맥락적 양면성의 원리다.

성양면성 내러티브에서는 더 높은 차원의 새로운 성다양성의 맥락을 만드는 관계 맺음의 운동장으로 양성협업을 제시한다. 성양면성에서 강조하는 협업은 협력과 구별되는 개념이다. 상호호혜적 행동을 하는 협동과 달리, 협업에서는 더 큰 목적이 서로의 관계를 이어 주고 통합하는 역할을 한다. 성양면성을 가진 사람들은 남녀의 이원론적 감옥에서 벗어나 협업의 운동장에서 더 큰 목적에 집중하며, 상황에 따라 성역할을 유연하게 사용해 궁극적 목적을 실현한다.

성양면성 내러티브는 성 간 협동을 주장하는 진화론과도 대척점에 서 있다. 협동이란 개인의 이익을 충족시키기 위한 시장에서의 다양한 교환 방식을 일컫는다.[9] 즉, 내가 쌀을 가지고 있고 상대가 채소를 가지고 있을 때 내가 가진 쌀을 상대의 채소와 교환하는 방식이 전형적인 협동 교환이다. 쌀과 채소를 그냥 맞바꿀

9 Lawler, E. J., Thye, S. R., & Yoon, J.(2008), 「Social exchange and micro social order」, 『American Sociological Review』, 73, 4, p519~542

수 없으므로 채소 한 근당 쌀 얼마를 바꿔야 하는지 흥정해야 한다. 이것을 흥정이 필요하다고 하여 협상 거래라고 칭한다. 또한 사회도 시장이다. 상대가 어려운 일이 있을 때 내가 도와주고 반대로 내가 어려운 일이 있을 때 상대가 나를 도와준다. 이런 사회적 거래의 경우는 특정한 시기가 설정된 것도 아니고 가격도 정해진 게 없다. 품앗이도 협동이다. 동네에 벼 심기를 해야 하는데 모든 사람이 차례로 돌아가면서 벼 심기를 해준다. 협동의 전제는 개인들의 이익을 충족시키는 것이다. 자신의 개인적 욕구를 충족하지 못한다면 교환은 자동적으로 소멸된다. 협동에서는 공정성 이슈가 핵심이다.

양자가 가진 개인의 이익에 집중하는 협동과는 달리, 협업이 가능하려면 집단적으로 달성하고자 하는 목표에 참여하는 사람들이 동의하고 이 목표에 각자 고유하게 기여해야 한다. 또한 각자 가져온 고유한 기여를 다른 사람들의 기여와 씨줄과 날줄로 엮어서 새로운 맥락을 만들어 내고, 이 맥락을 현실화하여 집단적으로 정한 목표를 달성한다. 협업에는 전제가 있는데, 협업에 참여한 이들이 협업을 통해 실현한 결과는 개인이 독립적으로 실현할 수 있는 것보다 크다는 것이다. 협업의 핵심은 다양한 사람들이 개인을 넘어서는 목적을 중심으로 모여 새로운 맥락을 만들고 이 맥락을 통해 시너지를 실현하는 과정에 있다.

성양면성 내러티브도 양성 간 협업의 시너지에 집중한다. 양성협업을 통해 각자의 성이 얻을 수 있는 가치보다 더 높은 가치를 실현하는 데 집중한다. 양성이 협업해서 새로운 맥락을 만들고 이 새로운 맥락의 운동장에서 개인이 생각할 수 있는 목적보다 더 큰 목적을 실현하는 것이다. 세상에 새로운 차이가 만들어지는 모든 과정은 모두 다양성을 토대로 한 협업 과정을 통해서였다. 여성과 남성을 씨줄과 날줄로 하여 새로운 태피스트리를 구성하고 이것을 새로운 운동장으로 조성한 뒤, 이 맥락의 운동장에서 협업을 한다면 여성과 남성의 이원론이 극복되고 여성과 남성은 각자의 성이 독자적으로 실현할 수 없는 사회적 목적을 실현할 수 있다.

성다양성 내러티브에서는 공동의 목적에 대한 비전이 여성과 남성을 통합시켜 주는 핵심적 기제이다. 지금까지 모든 세상의 진화는 개인의 욕구를 충족하는 시장에서의 거래보다는, 더 큰 목적과 사명을 매개로 사람들이 협업에 성공적으로 동원됐을 때 이루어졌다. 이 협업의 운동장에서 개인들은 범주적 차이를 극복하고 개별적 존재로서 더 나은 차이를 생성해 왔다.

양성 태피스트리

성양면성 내러티브는 생물학적 관점에서 주장하는 대로 남녀 간 차이가 있다는 것을 인정한다. 또한 젠더 연구자들의 주장대로 사회화 과정을 통해 남녀의 차별이 고착화되어 왔음을 인정한다. 하지만 좀 더 현실적으로 접근해 본다면, 한 직장에서 일하는 남녀 모두 생물학적 이유에서든 사회화의 결과든 자신만의 고유한 역량을 가지고 조직의 목표를 달성하는 과업을 수행하고 있다.

문제는, 조직에서 남성의 삶의 텍스트를 이해하는 문법과 여성의 삶의 텍스트를 관장하는 문법 중 양자택일하라는 압력이 거세다는 점이다. 이 과정에서 조직은 여성과 남성이 자기 삶의 텍스트를 이해하는 문법들을 씨줄과 날줄로 엮어 새로운 태피스트리를 만들어 내고 이 태피스트리를 플랫폼으로 서로가 더 큰 목적을 위해 기여할 수 있는 기회를 박탈하고 있다.

남성은 태어날 때부터 회사의 성공적인 업무 수행에 더 적합하다고 알려진 타고난 성향, 즉 적극적이고 공격적이고 논리적이고 경쟁적이라는 특성을 지닌다. 이것을 우리는 남성성이라고 부른다. 그리고 가정과 학교에서 이러한 남성성이 암묵적으로 고착화되게끔 강화하면서, 남성은 보다 도전적이고 급여도 높고 지위가 높은 직무를 수행할 것으로 기대받는다.

이것이 남성들이 직장 생활을 하며 만들어 낸 역할 대본이라면 여성의 역할 대본은 조금 다르다. 우선 여성은 선천적으로 다른 사람의 의견에 공감하고, 남을 도와주는 것에 관심이 많고, 갈등을 선호하지 않으며, 차분한 성향을 갖는데, 이를 우리는 여성성이라 간주해 왔다. 또한 성장하면서 부모님과 선생님으로부터 은연중에 여성성이 고착화되도록 강요받으며, 직책과 승진에 크게 연연하지 않고 남성들에 비해 상대적으로 낮은 지위의 직무를 기꺼이 선택하는 경향을 보이게 되었다. 이것이 여성의 역할 대본이다. 남성의 역할이 지배적인 역할로 받아들여지는 현실에서, 성공하고 싶은 여성은 본인이 근본적으로 가지고 있는 여성성을 숨기거나 모두 부정해 버리고 남성의 역할 대본을 연기해야 한다.

더 큰 문제는, 직장에 자리 잡은 여성의 역할 대본을 여성들이 직접 작성하지 않았다는 점이다. 이는 주류에 해당하는 남성들이 써준 역할 대본일 뿐이다. 여성은 역할 대본의 작가가 아니라 연기자이다. 따지고 보면 남성의 역할 대본도 마찬가지다. 그들이 쓴 것이라기보다는 선배들이 오래전에 써준 대본을 물려받아 자신들이 쓴 대본처럼 연기하는 것이다.

그러나 21세기 초연결 디지털 시대가 도래하며 남성들의 문법만으로 고객에게 필요한 가치를 적시에 전달할 수 있는 개연성이 점점 낮아지고 있다. 경영 환경이 우호적일 때는 한 가지 목표를 설정하고 모든 구성원이 한 방향으로 일사불란하게 움직이게 할 수 있는지가 경영의 성공을 좌우했다. 오히려 다양성을 포용하는 정책을 도입할 때, 의사결정 속도를 늦추고 공정성 이슈나 근무 형태 이슈 등 다양성이 파생한 문제를 해결하기 위해 비용을 써야 할 이유를 발견하지 못했다. 실제로 다양한 인재를 채용해도 지배적 인재들에 획일적으로 기준을 맞춰 인사 정책을 펴는 것이 더 도움이 되었다. 하지만 요즘 기업의 경영 환경은 획일성과 동질성에 근거한 인사 정책이 더 이상 적용되지 않는 방향으로 급선회하고 있다. 변화 속에서 다양성은 선택의 문제가 아니라 상수(常數)가 되었다. 기업들은 공정성이나 의사결정 문제에 발목이 잡힌 부채로서의 다양성을 창의성을 위한 자산으로 전환시킬 수 있을 때 경쟁력을 유지할 수 있다.

경제학자들은 지금의 저성장 L자 뉴 노말 경제(New normal economy)의 기조가 상당 기간 그대로 유지될 것으로 전망하고 있다. 성장이 멈춘 경제에서 기존 경영 패러다임 방식대로 높은 목표를 설정하고 동질성과 획일성을 기반으로 일사불란하게 밀고 나가는 남성의 문법을 고집한다면 경영은 갑질로 변모한다.

이제 기존의 방식으로는 돌파구가 보이지 않는 상황이다. 문제를 창의적으로 해결해야 함과 동시에 다른 한편에서 밀려오는 디지털 혁명의 쓰나미를 대비해야 한다. 디지털 쓰나미의 파도를 넘지 못한 기업은 문을 닫아야 하는 것이 기정사실이다. 디지털 시대는 정해진 답이 없다. 누군가는 창의적으로 답을 제시해야 하고, 이 답을 실현하는 자원과 인재를 협업으로 동원할 수 있는 기업들만 생존 가능하다. 다양한 인재들이 모여서 다양한 시각으로 답을 만들어 내고 이 다양한 인재의 기반을 이용해 답을 유연하게 검증할 수 있어야 비로소 생존을 넘어 번성을 누릴 수 있다. 성다양성이 다른 다양성의 발목을 잡고 있는 현실에서, 조직의 다양성을 살려 내기 위해 성다양성을 부채의 상태에서 자산으로 돌려놓는 작업에 모든 기업들이 매진해야 하는 이유가 여기에 있다.

이와 같은 시대적 조류를 반영하여 기업은 다양한 제도적 장치를 동원해 성다양성을 더 적극적으로 수용하고 있다. 먼저, 인재 선발에 있어 법적으로 남녀차별이 금지되어 있다. 실제로 요즘 신입사원의 절반 정도는 자연스럽게 여성이 채용된다. 여성의 대학 진학률이 72.7%로 남성보다 7.4%나 높다[10]는 점에서 여성 채용을 인위적으로 차별한다는 것은 불가능하다. 둘째, 성다양성이 반영된 민주적 거버넌스를 장착시키려는 요구가 거세지고 있다.[11] 이를 달성하기 위한 리더십도 전통적인 카리스마 리더십에서 벗어나 여성의 리더십 요소가 적극적으로 개입된

---

10 '페미니즘 경제학 "여성에 투자하라" 성장 위한 가장 확실한 방법', 『한경비즈니스』(2018.08.01.)

11 우리나라에서도 2020년 가을부터는 자본시장법이 개정되어서 매출 2조가 넘은 기업에서는 여성 이사를 의무적으로 채용해야 한다. 영국의 저널리스트 아나톨 칼레츠키가 그의 저서 『자본주의 4.0』에서 자본주의가 가야 할 방향을 제시하면서 기업은 재무적인 성과(경성 성과)를 넘어 사회적 책임(연성 성과)을 다해야 한다고 강조했다. Kaletsky, A., 『Capitalism 4.0: The birth of a new economy in the aftermath of crisis』, New York, NY: PublicAffairs, 2010

창발적 리더십이 요구되고 있다.[12] 셋째, 모든 과업을 수행하는 방식이 팀제로 개편되어 가고 있다. 이런 상황에 여성과 남성이 다양성을 수용하는 것을 전제로 함께 협업하지 않는다면 탁월한 성과를 올리는 데 한계가 있다. 이 모든 것이 기존의 남성 중심 경영의 지배 구조에 대한 전환을 요구한다.

양성협업은 한마디로, 서로가 서로의 문법을 이해하고 이를 기반으로 새로운 맥락을 만들어서 모든 구성원이 성을 떠나 고유한 가치로 조직에 공헌하는 것을 가능케 하는 플랫폼이다. 즉, 조직의 목적을 실현하기 위해 여성과 남성에게 서로를 협업의 파트너로서 자기 역할 대본을 직접 쓸 권한을 넘겨주는 것을 의미힌다. 남성이나 여성이나 지금까지 새로운 미래를 위해 자신의 역할 대본을 검토하고 다시 쓸 기회를 받지 못했다. 이 점을 인정하고 펜을 이들에게 넘겨주는 것이다. 이를 통해 연기자의 삶을 넘어 자기 삶의 주체자로 나설 수 있도록 도와줄 수 있다.

이렇게 남녀가 직접 쓴 새 역할 대본을 함께 읽으며 새로운 역할 지평에 대한 태피스트리를 진화시켜 나가는 것이 양성협업에서 지향하는 원리이다. 상대방의 성이 가지는 차이를 인정하고 이 차이를 새로운 관계 맺음으로 이어 주는 포용이야말로 양성협업을 가능하게 하며, 모든 구성원의 삶이 더 나은 세상을 위해 공진화하도록 도울 수 있다. 다양성이 피할 수 없는 현실이 된 지금, 남녀 간 협업은 차별화된 존재들을 연결해 조직의 목적과 개인의 존재를 실현할 수 있는 미래를 만들어 내는 플랫폼이다.[13]

---

12 조직으로부터 공식적으로 임명받아 행사하는 전통적인 리더십과 달리 창발적인 리더십은 집단 구성원들의 상호작용과 협업의 결과로 나타나는 형태이다. Pearce, C. L., & Sims, H. P., Jr.(2002), 「Vertical versus shared leadership as predictors of the effectiveness of change management teams: An examination of aversive, directive, transactional, transformational, and empowering leader behaviors」, 『Group Dynamics: Theory, Research, and Practice』, 6, 2, p172~197

13 Derven, M.(2016), 「Diversity and inclusion are essential to a global virtual team's success」, 『Talent Development』, 70, 7, p54~59; 김혜숙, 『新음양론: 동아시아 문화 논리의 해체와 재건』, 이화여자대학교출판문화원, 2014, p253~282

성양면성을 위한 새 운동장: 양성협업

다양성이 선택이 아니라 필수가 되고 있지만, 관리되지 않은 성다양성은 부정적 효과가 크다.

〈도표3〉은 기업에서 성양면성 내러티브가 새로운 태피스트리로 구성돼 실질적 성과로 이어지기 위한 방안으로 제시된 협업 모형이다. 이 모형에서는 포용에 대한 철학과 제도적 장치를 바탕으로 양성 간 실질적 협업이 가능한 운동장을 만들어 주는 것이 핵심이다.

이 모형은 남녀 간 협업이 가능하도록, 회사에서 기본 하드웨어 측면으로서 인사 정책과 제도들이 운동장으로 제공되는 것을 전제로 한다. 협업이 가능하도록 능력 있는 여성들을 적극적으로 채용하고 육성하는 인사 정책이나 HR제도를 요구하는 것이다.

이와 더불어 여성과 남성 모두에게 혜택이 돌아가고 일과 가정을 병행할 수 있는 다양한 제도를 회사가 마련해야 한다. 남성의 육아휴직을 의무화하고 부부가 양육을 함께 할 수 있는 일·가정 양립 정책을 마련하는 것도 필요하다. 우리나라 기업들이 최근 적극적으로 도입하고 있는 유연근무제도 협업의 조건으로 작용한다. 인구의 고령화와 저출산으로 인해 회사가 필요로 하는 인재의 풀이 작아지고 있는 상황을 고려해 볼 때, 성다양성의 인재풀을 적극적으로 촉진하고 확장할 수 있는 제도를 정비하는 것도 필요하다.

제도적 장치를 넘어 성다양성의 중요성을 인지할 수 있는 포용적 문화도 협업의 또 다른 조건으로 요구된다. 성다양성은 이미 사회의 다양한 영역에서 당연한 것으로 간주되고 있고 이에 반하는 행동과 태도는 정치적 문제를 야기할 수 있다.[14]

---

14 언어를 사용하고 표현함에 있어 인종, 종교, 민족, 성별에 대한 편견과 차별이 포함되지 않아야 하는 것이 올바르다고 하는 정치적인 관점이다. Fry, S., Peterson, J., Dyson, M., & Goldberg, M., 『Political correctness gone mad?』, Oneworld Publications, 2018

<도표3> 양성협업 모형

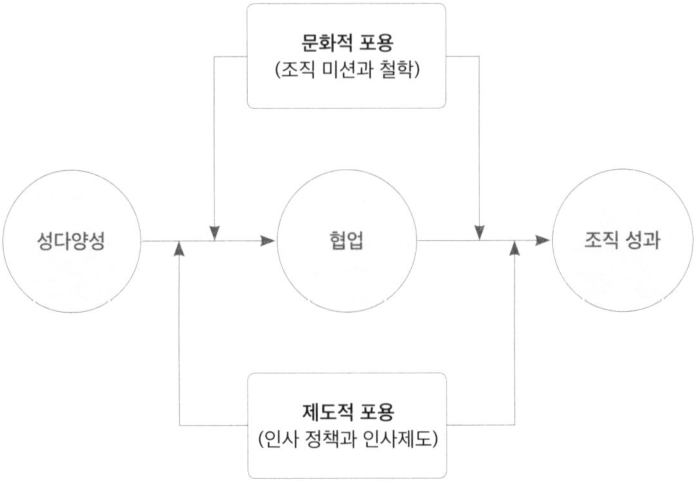

하지만 회사의 성다양성 문제는 그리 단순한 문제가 아니다. 일터에서 여성과 남성이 서로를 자연스럽게 협업의 파트너로 받아들이는 문화가 전제되지 않은 상태에서 여성 인재의 균형 있는 채용과 성다양성 인지 교육만 한다고 문제가 해결되지 않기 때문이다.

제도적 측면이 성 간 협업을 촉진할 수 있는 필요조건이라면 문화는 충분조건에 해당한다. 프레데릭 허즈버그(Frederick Herzberg)의 동기위생이론(Motivation-hygiene theory)이 주장하는 핵심도 이 점이다. 회사 정책, 직무 환경, 직장의 안정성, 급여, 직장 내 인간관계, 개인 생활 등은 모두 불만족을 감소시킬 수 있는 위생 요인(Hygiene factor)일 뿐 동기 요인(Motivation factor)은 아니다.[15]

15 Herzberg, F., Mausner, B., & Snyderman, B., 『The motivation to work』, New York: John Wiley, 1959

기업들이 도입하고 있는 유연근무제와 일·가정 양립제도는 양성협업의 운동장을 조성하는 필요조건이다. 이런 정책들을 도입한 기업들이 우리는 우리가 할 수 있는 일은 다 했으니 이젠 되었다고 손을 놓는 순간, 제도적 장치들이 오히려 협업을 방해하는 족쇄로 작용할 수 있다. '다른 회사에 비해 더 좋은 정책과 완벽한 제도를 갖추었으니 이제는 양성협업이 활성화되고 성과가 오르겠지?'라고 생각하는 것은 위험한 판단이다. 회사가 제공하는 제도적 이득만 취하고 여기에 안주함으로써 오히려 야생오리를 집오리로 전락시킬 수 있기 때문이다. 실제로 여성들이 제도적 장치를 이용해 남성들에게 주도적으로 협업을 제안하고 파트너로서 회사에 공헌하기보다는, 회사가 도입한 안락한 HR 정책과 제도의 우산 아래 최소한의 노력만 견주하고 승진을 기피하는 현상이 발생하고 있다.

그러므로 다양성의 관점에서 여성과 남성의 상이한 상황과 현실을 내재화하고 공진화하기 위해서는 조직 수준의 포용문화가 중요하다. 즉, 회사는 여성과 남성이라는 상이한 속성을 의식적으로 인정하고 존중하고 통합할 수 있는 포용적 분위기를 만들어 주는 촉진자 역할을 수행해야 한다. 회사가 성다양성을 긍정적으로 활용하고자 하는 분위기를 만들어 주고 있는지, 여성과 남성 모두를 회사의 핵심 구성원으로 생각하는 기본 철학과 미션을 가지고 있는지 점검하는 것이 필수다. 레티안 장(Letian Zhang)이 35개국 24개 산업에 속한 1,069개 기업을 대상으로 성다양성의 영향력을 검증한 결과, 성 차이를 포용하는 문화가 있는 기업은 비교 기업들에 보다 높은 시장가치와 수익률을 실현하는 것으로 나타났다.[16]

성 간 협업은 성다양성을 지지해 주는 제도와 문화의 울타리 안에서 실제 성과를 목표로 한 전문성을 위해 뛰어놀 수 있는 운동장이다. 이 협업의 운동장에서 여성과 남성은 '자기다움'을 잃지 않으면서 보다 고차원적으로 직장 내 문제를 풀

---

16 Zhang, L.(2020), 「An institutional approach to gender diversity and firm performance」, 『Organization Science』, 31, 2, p439~457

기 위해 역할에 대한 새로운 태피스트리를 만든다. 또한 여성과 남성은 협업의 공간에서 자신의 성과 관련된 역할의 대본을 스스로 쓰고 이 대본을 씨줄과 날줄로 엮어 더 높은 차원의 성다양성 맥락을 만들어 간다. 새롭게 구성된 성다양성의 맥락하에서 여성과 남성은 고정된 성역할의 편견을 벗어나 자기 성의 강점을 최대한 살려 가면서 조직의 목적을 실현하기 위해 협업한다.

성협업은 조직이 가진 포용적인 문화와 포용적인 제도하에 성다양성의 잠재력을 긍정적으로 활용해 성과로 연결하는 수렴 기제로 작용한다.[17] 다양성은 특성상 다양한 배경을 하나의 범주로 포함하는 과정에서 확산적(Divergent)일 수밖에 없다. 이 확산을 성과라는 결과로 수렴하기 위한 기제들이 제대로 작동하지 않는다면 다양성은 조직 성과에 부정적이다.

이런 점에서 성협업은 대표적 수렴 기제이다. 업무를 수행하는 데 필요한 과업 프로세스를 정확하게 이해하고 해석할 수 있다면 상대방이 지금 무엇을 원하고 있는지, 주어진 업무를 수행하려면 무엇을 해야 하는지를 예측해 대응하게 한다. 남성 직원과 여성 직원도 상대의 성역할에 대한 문법을 이해하고 이를 통해 새로운 문법을 만든다면 서로가 협업을 통해 성과를 창출하는 과정이 생산적으로 변화한다. 그래서 협업은 구성원들이 회사의 미션과 같은 보다 상위 목표를 기반으로 자신과 다른 구성원의 성역할 문법을 새롭게 써가는 과정이다.[18]

'여성과 남성의 다름'이라는 것이 더 이상 특별하거나 이상하지 않고 새로운 맥락의 규범으로 인정되는 포용 조직에서는 남성 직원과 여성 직원이 가져오는 다

---

17 김문주, 윤정구(2011), 「팀 다양성 수렴 메커니즘이 팀 성과에 미치는 영향에 관한 이론적 고찰」, 『경영학연구』, 40, 1, p97~137

18 협업은 남성 직원과 여성 직원 사이, 밀접하게 상호작용하는 교류성(Sociability)을 넘어 더 큰 목적을 위해 서로의 자원을 주고받는 교감성(Associability)을 발휘할 수 있도록 자극한다. 남성 직원들과 여성 직원들이 서로의 아이디어와 정보를 활발하게 교환하는 것을 교류성이라고 한다면 교감성은 조직성과 달성이라는, 더 높은 상위 목표를 위해 개개인의 자발성과 능력이 동원되어 서로가 협업하는 상태라고 볼 수 있다.

양한 아이디어와 관점이 혁신적인 사고를 만들어 내며 재무 성과에 실제로 긍정적인 영향을 가져온다. 서로의 다름이 자연스럽게 받아들여지는 상황은 남성의 언어를 사용하는 텍스트와 여성의 언어를 사용하는 텍스트가 함께 만드는 맥락을 구성한다. 이 맥락은 여성과 남성이 협업을 통해 만들어 낸 차이가 사라진 운동장이다. 회사라는 장소에서 같은 목적을 달성하기 위해 협업할 수 있는 문화와 분위기가 자연스럽게 받아들여진다.[19]

포용 조직에서는 서로의 다름을 통합함으로써 자신의 성정체성을 감추지 않고 솔직하게 드러내는 분위기가 조성되며, 각자의 다름이 가져올 수 있는 긍정적 면이 있다는 점에서 성다양성이 선제적으로 요구된다. 또한 의사결정에 있어서도 모든 사람들의 의견과 아이디어를 적극적으로 찾을 뿐 아니라 의사결정 과정이 모두에게 오픈되어 긍정적으로 피드백된다. 지금처럼 환경이 불확실하고 제품 수명 주기가 짧아지는 현실 속에서 남들보다 빠르게 변화를 읽어 내고 새로운 접근 방법을 제시하기 위해서는 성다양성과 포용이 필수조건이 된다.

양성협업과 기업 성과

성다양성이라는 제도적 장치와 이를 촉진하는 문화가 울타리로 만들어지고, 이 안에서 여성과 남성이 심리적 안정을 누리며 자신들의 전문적 기량을 갈고닦을 수 있는 협업의 운동장이 마련되면 성과는 자연스럽게 따라올 것이다. BCG(Boston Consulting Group)의 로시오 로렌조(Rocío Lorenzo)가 독일, 오스트리아, 스위스 등 5개국 1,600개의 회사를 대상으로 실증연구를 진행한 결과, 양성협업이 조직의 높은 혁신 성향을 가져오는 것으로 나타났다. 단순히 직원들이 창

19 Wittenberg-Cox, A., & Maitland, A., 『Why women mean business: Understanding the emergence of our next economic revolution』, John Wiley & Sons Ltd., 2012

의적인 생각을 더 많이 하는지로 혁신 성향을 측정한 것이 아니라 지난 3년간 생산된 신제품과 서비스에서 얻은 수익을 기반으로 측정되었다는 점에서 시사하는 바가 크다.[20] 2016년 모건스탠리인터내셔널(MSCI)도 이사회에 여성이 참여하고 전략적 의사결정을 위해 성 간 협업한 기업이 그렇지 않은 기업보다 재무 성과가 높다고 분석했다.[21]

맥킨지가 미국, 영국, 캐나다, 라틴아메리카의 366개 기업을 대상으로 조사한 결과에서도 양성협업을 장려하는 포용 조직의 고객 만족도가 다른 기업에 비해 39% 더 높았으며, 이사회에 여성 임원이 협업하고 있는 기업의 자기자본이익률(ROE)이 35% 더 높다고도 보고됐다.[22] 또한 「Why Diversity Matters?(다양성이 왜 중요한가?)」라는 보고서를 통해 2007년부터 2017년까지 10년간 연구한 결과, 경영진의 양성협업 정도가 높을수록 기업의 성과도 높아진다는 결론을 얻었다. 기업 고위직의 여성 비율이 높아질수록 기업의 성과도 올라간다는 것이다. 특히, 경영진의 성협업 수준이 상위 25%인 기업들은 하위 25%인 기업들보다 영업이익이 평균 21% 높았다. 성협업이 기업 성과에 도움을 준다는 연구들이 적극적으로 수행되고 있고 사실로 증명되고 있는 것이다.

미국의 대기업을 대상으로 한 연구를 살펴보면, 리더들 사이의 성협업 확대가 주식 가치와 수익성에 긍정적 결과를 가져오는 것으로 보이며,[23] 성다양성이 반영된 이사회가 남성으로만 구성된 이사회보다 큰 성과를 보이고 있다.[24] 또한 『포

---

20 Lorenzo, R., 「How diversity makes teams more innovative」, TED Talk 2017

21 Linda-Eling Lee(2016), 「The tipping point: Women on boards and financial performance」, 『Morgan Stanley Capital International』

22 Chopra, T.(2019), 「Why diversity in the workplace pays dividends」, 『Communication World Magazine』, Mar, p1~3

23 Garter, D. A., D'Souza, F., Simkins, B. J., & Simpson, W. G.(2010), 「The gender and ethnic diversity of US boards and board committees and firm financial performance」, 『Corporate Governance: An International Review』, 18, 5, p396~414

춘』이 선정한 여성 비율이 가장 높은 500개 회사가 가장 낮은 회사보다 훨씬 더 높은 재무 성과를 낸 것으로 나타났다.[25] 회계법인 로스테인 캐스(Rothstein Kass)는 여성과 남성이 협업으로 주도하는 헤지펀드(Hedge fund)가 남성이 주도하는 헤지펀드를 능가한다는 사실을 발견했다.

협업을 통한 대표적 성과는 조직에서 여성 임원이 차지하는 비율이 증가하는 것이다. 기존 회사가 남성 지배적이라는 점을 감안할 때, 여성이 임원으로 승진하기 위해서는 남성과 협업하여 이를 성과로 도출해 낼 수 있어야 한다. 협업을 통해 성과를 낼 수 있어야 여성은 회사의 전략적 파트너로 받아들여진다.

대한민국 기업에서 여성 임원 현황은 참담한 수준이다. 현재 한국의 100대 기업에는 단 한 명의 여성 CEO가 있으며 여성 임원이 한 명이라도 존재하는 기업은 38%에 불과하다. 물론 매출액 500대 기업의 여성 임원 수는 2014년 2.3%에 불과하던 것이 2015년 2.4%, 2016년 2.7%, 2017년 3.0%로 꾸준히 증가해 2018년(현재) 3.6%를 나타내고 있지만,[26] 이런 비율은 여전히 여성들이 기업에서 남성의 협업 파트너로 초대되지 않고 있다는 증거이다.

위에서 살펴본 바와 같이, 인사 정책과 포용문화가 통합된 기업의 의도적인 실천은 여성과 남성이 협업하기 좋은 회사를 만드는 기반이 될 뿐 아니라 이를 통해 여성들이 겪는 유리천장을 제거할 수 있는 기반을 마련해 줄 수 있다. 협업은 여성이 남성의 성에 제약받지 않고 남성과 함께 조직에 성과로 기여할 수 있는 맥락을 제공하며, 더불어 여성들이 전문성을 보이며 유리천장을 깰 수 있는 기회를 제공한다. 회사에서 다양성 문화와 제도가 울타리의 역할을 수행하고 이 울타

---

24 Wahid, A. S.(2019), 「The effect and the mechanisms of board gender diversity: Evidence from financial manipulation」, 『Journal of Business Ethics』, 159, 3, p705~725

25 Mulligan-Ferry, L., Friedrich, M., & Nathanson, S.(2011), 「Catalyst census: financial post 500 women board directors」, 『Catalyst』

26 여성가족부(2019), 「2018년 매출액 500대 기업 여성 임원 비율 공표」

리 안에서 자유롭게 조직을 위해 협업할 수 있는 운동장을 제공한다면 여성들이 리더로 성장할 수 있는 기반이 형성되었다고 볼 수 있다.

7장

N개의 성 내러티브

차이의 반복이 생성을 낳는다.
- 질 들뢰즈(Gilles Deleuze)

N개의 성은 들뢰즈가 제안하는 되기(Devenir)의 개념에 기초해서 제안된 성다양성 내러티브이다. 들뢰즈는 존재가 동일한 것에 의해 규정되거나 환원되지 않고, 이들 간 차이와 변이의 역량에서 보이는 강도에 의해서 규정되는 것으로 본다. 그래서 들뢰즈는 다양한 존재들 간의 차이를 연결하는 반복적 관계 맺음을 통해서 차이를 생산해 내는 방식과 조건과 결과들에 대해서 탐구한다. 성다양성 측면에서 되기는 여성과 남성 간의 연결을 통한 제휴 능력의 증가를 생성하는 과정이다. 들뢰즈는 여성과 남성이라는 두 개의 성은 새로운 구성과 결합을 통해 N개의 성으로 진화한다고 본다.[1]

들뢰즈는 플라톤, 아리스토텔레스, 칸트, 헤겔로 이어지는 전통 철학의 동질성에 기초한 개념적 이원론에 반대한다. 이원론은 세상을 동질적인 것으로 보고 이

동질적인 것을 주류와 소수로 임의로 구별해 둔 뒤 이들 사이의 위계질서를 부여함으로써 차이를 고착화한다. 주류에 의해 설정된 동일성의 가치를 보편적 가치로, 여기에서 벗어난 소수의 가치는 종속적 가치로 규정함에 따라 개념적 차이를 넘어선 변화의 가능성을 배제한다. 들뢰즈는 주류와 소수의 이원론적 개념 규정은 다른 영역에서도 광범위하게 채용되어 차이를 고착화시키고 있다고 하면서 이러한 이원론적 개념 규정이 정신과 신체, 이성과 감성, 자아와 타자, 여성과 남성 간의 이항대립 구조를 고착화한다고 주장한다. 즉, 다양성에 배태된 차이를 연결하기보다는 다수의 동일성에 편입되지 못하는 소수를 규범적으로 차별한다는 것이다. 이러한 개념적 이원론은 차이를 동질성의 부정이나 결핍으로 이해하기 때문에 생긴 현상이다.

반면 들뢰즈에게 있어서 차이는 존재론적 욕망의 표현이자 생성의 본질을 구성한다. 차이를 드러내고 생성할 수 있는 능력은 각각의 존재가 가지고 있는 힘이다. 존재의 본질적 욕구를 드러내는 '차이'는 동질적인 것에 의해 규정되거나 환원될 수 없다. 들뢰즈는 다자의 존재들 사이에서 관계 맺음이 이루어지며 차이가 생성되는 '존재의 역동성'에 초점을 맞춘다.

들뢰즈의 되기는 다양한 차이를 드러내는 존재들이 관계 맺음을 통해 자신의 역량을 고양하는 과정을 지칭한다. 그래서 되기는 존재들 간 차이가 있음을 인정하고 차이를 연결하는 작업이다. 이 작업은 동일한 중심으로 환원하려는 정체성을 해체한다. 더불어 차이의 결합과 더 큰 역량을 고양할 수 있는 다양한 배치와 조합을 통해 새로운 존재 방식을 재현한다.

결과적으로 들뢰즈에게 여성의 문제는 남성과 대치되는 이원론적 관계에서 벗어나 여성과 남성의 차이를 인정하고 이들 간 새로운 관계 맺음을 통해 둘을 위

---

1 들뢰즈 입장을 정확하게 표현하면 N개의 성이 아니라 지배적 남성(Man)이나 지배적 여성(Woman)을 제외한 N-1개의 성이다. 질 들뢰즈 지음, 김상환 옮김, 『차이와 반복』, 민음사, 2004; 김은주 지음, 『여성-되기: 들뢰즈의 행동학과 페미니즘』, 에디투스, 2019

해 더 나은 차이를 생성해 낼 수 있는지의 문제다. 여성의 되기는 새로운 관계 맺음을 통해 새로운 양태의 존재로 탄생하는 것이다.[2] 남성도 여성과의 관계 맺음을 통해 더 나은 차이를 만들어 내지 못한다면 자신의 존재를 인정받을 수 없다. 이런 차이에 대한 인정과 관계 맺음을 반복하여 새로운 차이를 드러낼 수 있는 지평을 만들 때, 여성과 남성의 되기는 완성된다.

그리고 새로운 차이의 지평을 기반으로 여성과 남성은 자신의 존재적 차이를 드러낼 수 있는 더 의미 있는 차이를 생성해 낸다. 여성과 남성이 엮인 새로운 지평에서 다른 여성들 혹은 다른 남성들과 구별되는 존재론적 차이를 만들어 내는 것이 여성과 남성의 '되어 감'이다.

들뢰즈의 입장에서 가장 완결된 되어 감이란 있을 수 없지만, 한 여성이 남성과 구별되는 차이를 만들어 내고 또 다른 여성들과 구별되는 차이를 만들어 낼 수 있다면 되어 감의 상태를 구현한 것으로 본다. 여성과 남성이 주어진 생물학적 혹은 젠더적 차이를 넘어 자신의 과거와 구별되는 존재론적 차이를 드러내는 미래를 만들 수 있다면, 가장 높은 상태의 되어 감의 과정에 진입한 것이다. 여성의 정체성도 포함하고, 여성과 남성이 결합된 정체성도 포함하고, 이를 넘어 다른 사람들과 구별되는 자신만의 존재론적 차이를 드러내는 과정이 여성의 되어 감이다.

들뢰즈에 따르면 존재는 차이의 반복을 통해 새로운 생성을 만들어 내는 본질적 욕구를 가지고 있다. 들뢰즈에게는 자신을 지배적이고 개념적인 동질성에 귀속시키는 것이 아니라 오히려 이 동질성에서 탈주해 반복되는 삶을 통해 자신만의 차이를 드러내는 것이 살아 있음의 증거이다. 삶의 변주란 동질성을 해체하는 것을 넘어 차이를 엮어 내는 반복적 관계 맺음을 통해 새로운 차이를 만들어 내는 것을 의미한다. 각자의 존재는 차이를 드러내고, 차이의 연결을 통해 새로운 지점을 생산해 내고, 더 큰 차이를 통해 증식한다. 따라서 변주에는 해체와 생산

---

2 김은주 지음, 『여성-되기: 들뢰즈의 행동학과 페미니즘』, 에디투스, 2019, 2장

의 개념이 동시에 함축되어 있다. 여성과 남성의 차이와 관계 맺음도 같은 맥락에서 이해된다.

성다양성 생태계

들뢰즈는 되기를 통해 성(Sex or Gender) 역량이 신장되는 관계를 이해하고자 리좀(Rhizome)이라는 비유를 도입한다.[3] 리좀은 다른 신체들이 결합되어 새로운 강도의 차이와 행위 능력을 증강하는 방식을 설명한다.

리좀은 식물학 용어로, 넝쿨식물의 땅속줄기를 의미한다. 두 개의 식물이 서로 독립적으로 뿌리를 내리고 있을 때, 이 두 식물의 뿌리와 뿌리가 연결된 상태가 리좀이다. 리좀은 두 식물이 독립적으로 관계 맺음을 하여 새로운 형태로 진화하고 번성하는 과정에서 생성된다.

한 나무에서 내린 중심 뿌리에 고착해 세상을 이해하는 것이 바로 들뢰즈가 반대하는 동질성을 기반으로 한 이해이다. 세상을 동일한 중심 뿌리로부터 파생하는 통일된 계보로 이해하는 방식은 들뢰즈가 세상을 보는 리좀 방식과 구별된다. 들뢰즈는 다윈이 종의 기원에서 설명하는 생명 나무나 르네 데카르트(René Descartes)가 나무에 비유해 분류한 철학 체계 분류에 오류가 있을 가능성을 지적한다. 들뢰즈가 밝히고 싶어 했던 것은 독립적인 나무보다는 나무의 뿌리와 뿌리가 접목해서 생성한 리좀들이 만들어 낸 생태계의 원리를 통해 세상이 변화하고 변이하는 방식이다.

리좀은 서로 다른 것들을 연결하고 접속해서 새로운 변이를 만들어 낸다. 리좀에 의한 새로운 되기는 다음과 같은 특징을 갖는다. 첫째, 리좀은 하나의 점이나 하나의 본질, 하나의 중심으로 수렴되기를 거부하고 서로 다른 것들과 연결되고

---

3 들뢰즈, G., 카타리, F. 지음, 김재인 옮김, 『천개의 고원』, 새물결, 2001

접속하여 차이를 생성하는 방식이다. 리좀적 되기는 동질성을 거부하고 모든 것을 본질에 환원시켜 이해하려는 노력을 거부한다. 리좀은 다양성이 결합해서 더 나은 다양성을 만들어 내는 방식이다. 둘째, 리좀적 다양성의 번식은 연결되어 만들어진 것의 성격을 변환시킨다. 연결과 결합을 통해 만들어진 새로운 다양성은 이전으로 환원될 수 없는 다양성과 차이를 만든다. 셋째, 리좀은 차이의 연결을 동력으로 삼아 새롭고 이질적인 것들이 스스로 만들어지는 방식이지만 이 방식에 어떤 획일적인 법칙이 존재하는 것은 아니다. 산소와 수소가 결합되면 물이라는 새로운 차원이 만들어지지만, 이들이 결합하는 방식은 접속 방식에 따라 다양하다.

차이를 드러내는 존재들이 내재적으로 결합하는 획일적 방식은 존재하지 않는다 하더라도, 들뢰즈는 되기가 형성되는 과정을 이해하기 위해 이중 포획(Double capture)이라는 용어를 도입한다. 이중 포획이란, 다른 두 실체가 결합되기 위해 한 실체가 자신을 약화하거나 상대방에 종속 또는 병합하지 않으면서 서로의 행위 역량이 증가되도록 변형하는 방식을 말한다. 들뢰즈가 이중 포획의 사례로 들었던 것이 난초와 장수말벌이다. 이 둘을 자세히 보면 난초가 말벌처럼 보이고 말벌이 난초처럼 보이는데, 이것은 둘 사이에 이중 포획이 작동하기 때문이다. 이런 이중 포획을 통해 말벌은 난초를 재생산하는 도구가 되고, 난초도 말벌의 생식 기관이 된다.

이중 포획은 상대 속에 내재하는 공통점을 찾아서 서로 끌리는 것이 아니라 서로 다른 것을 주고받는 생산적 관계 맺음을 통해 새로운 것을 만들어 내는 관계다. 생산적 교환이 이루어지면 이전의 신체에 수렴되지 않는 신체적 변이를 만들어 낸다. 그리고 이중 포획을 통한 관계 맺음은 둘 간의 양자택일이 아니라 양자택이를 통해 다양한 배치를 갖는 새로운 영토를 만들어 낸다.

여성과 남성이 서로 다른 중심 뿌리를 구성한다면, 이 뿌리들이 연결되어 구성된 리좀은 여성과 남성이 자신의 차이를 연결하여 구성한 새로운 뿌리이다. 이렇게 구성한 뿌리는 이중 포획을 통해 만들어진 게 사실이지만, 여성과 남성으로 환원되지 않는 새로운 요소를 함축하고 있다. 그리고 이 새로운 요소는 다른 다양성의 요소들과 결합해 새로운 리좀의 생태계를 만들어 내는 기계로 작동할 수 있다.

성양면성 내러티브에서 협업을 통해 구성된 새로운 태피스트리는 들뢰즈의 입장에서 보면 리좀이다. 여성과 남성의 다양한 조합을 통해 리좀의 생태계를 만들어 낼 수 있고, 이 생태계는 다른 곳에서 만들어진 리좀과 결합하여 더 다른 차이를 만들어 내는 방향으로 진화한다. 구체적으로 적용하기에는 힘들지만 다양성을 구성하는 이질적 요소들 간의 협입은 리좀을 구성하고, 구성된 리좀과 리좀이 결합해서 공진화의 생태계가 만들어진다.

이런 생태계 속에 있는 존재들이 자신의 차별성을 더 잘 드러낼 수 있다면 이 다양성의 생태계는 건강한 생태계다. 들뢰즈의 이론은 다양성의 요소들이 협업으로 연결되어 다양성 생태계의 플랫폼을 구성해 가는 원리를 설명하는 데 유용하게 이용될 수 있다.

천 개의 고원으로 표출된 N개의 성

들뢰즈는 성다양성의 원리를 이해하기 위해서는 성뿐만 아니라 다른 다양성의 구성 요소들이 만들어 낸 리좀들의 지도도 같이 이해할 것을 주장한다. 들뢰즈는 성다양성을 설명할 때 지리학적 위도와 경도의 개념을 차용한다.[4] 다양한 신체와 신체가 결합하는 관계는 경도이고, 이 결합의 양태에 따라 역량이 증가하거나 감소하는 관계는 위도에 비유한다. 경도와 위도의 관계는 모든 것을 이원론적으로 나누고 그중 힘이 있는 다수를 중심으로 위계질서를 재편하는 전근대적 관계 방식에 반대한다.

4 펠릭스 가타리 지음, 김재인 옮김, 『천 개의 고원: 자본주의와 분열증 2』, 새물결, 2001

여성과 남성도 이런 방식으로 규정되어 왔다. 생물학이나 젠더의 주장은 여성과 남성을 이원론적으로 나누고 상대를 힘 있는 범주에 통합되어야 하는 타자로 규정한다고 보았다. 그러나 들뢰즈가 성다양성을 위도와 경도로 설명한 것은 여성과 남성을 독립적 신체로 규정하고 이들의 관계 맺음을 통해 새로운 다양성의 지평을 창출하는 것을 의미한다. 관계성과 차이를 동력으로 삼아 다른 차이를 생성하고, 존재하는 다른 차이들과 접목해 가는 차이의 확산으로 번성을 구가하는 공진화가 자연스러운 성다양성을 만든다고 본 것이다. 이때 여성은 남성의 종속적인 타자나 남근 없는 존재로서의 여성 혹은 남성에 비해 부정적이거나 결핍으로 해석되는 존재가 아니라, 다양성의 한 축을 차지하며 자신의 행위 능력을 증강할 수 있는 잠재적 역량이다.[5] 이런 점에서 들뢰즈에게 여성은 성분업의 한 축으로서 남성과는 생물학적으로 구분되는 성이나, 페미니스트들이 주장하는 남성과 대립하는 정치적 주체로서의 젠더를 의미하지 않는다.

들뢰즈의 주장에서 성다양성은 여성과 남성의 이원론으로 분절될 수 없는 다양성을 의미한다. 또한 차이가 반복되어 만들어진 '되어 감'의 성에서 여성·남성이란 초기값 자체는 큰 의미를 가지지 않는다. 오직 누가 누구를 지배하는 관계가 아니라 남녀의 관계 맺음과 차이의 반복을 통해 최초 자신을 제외한 N-1개의 성으로 새롭게 진화한다. 이들은 무수한 되기를 반복해 가며 수천 개의 성을 만들어 낸다.

들뢰즈의 '천 개의 고원'은 이런 성다양성의 고차원적 진화를 은유한다. 고원은 여성과 남성이 연결과 접속에 의해 변용이 일어나고 수많은 신체적 '되기'가 융합되는 지형이다. 본래 지리학에서도 고원은 평탄한 지대가 변용과 강도를 통해 융기한 지리학적 공간이다.

성이 N-1개의 성으로 진화하는 것은 21세기에 들어서 보편적으로 목격되는 현

5 김은주 지음, 『여성-되기: 들뢰즈의 행동학과 페미니즘』, 에디투스, 2019, 3장

상이다. 페이스북은 자사 직원들의 성 범주를 제대로 분류하고자 성 범주를 2개에서 50개 이상으로 확장하여 제공하고 있다.[6] 직원들은 이 중 한 가지가 아니라 여러 가지 젠더를 선택할 수 있다. 2012년 캘리포니아 의회에서는 정신 훈련 컨설턴트들이 상담 시 소수의 성과 관련된 행위를 언급하거나 성정체성의 변화를 시도하거나 간섭하지 못하게 하는 법을 통과시켰다. 그 후 다른 주에서도 비슷한 입법이 확산되었다. 2013년 캘리포니아의 모든 공립학교에서는 생물학적 성이 아닌 자신이 정체성으로 받아들이는 성에 따라 과외활동이나 운동에 대한 선택권을 부여했고, 탈의실이나 화장실도 남들에게 불편을 끼치지 않는 범위에서 자신이 선택하도록 하는 법을 통과시켰다. 2015년 미국심리학회는 젠더 긍정 행동(Gender affirmative care)을 위한 새로운 교범을 출간했다.[7] 여기에는 여성이든 남성이든, 특정 성 범주를 성 소수자에게 강요하는 행위가 금지되고 어떤 성이든 자신의 성정체성을 긍정적으로 표출하는 것을 돕는 행위를 위한 가이드라인이 담겨 있다.

들뢰즈의 고원 개념을 제대로 이해하기 위해서는 배치와 배치 요소의 속성인 '기계'를 이해해야 한다. 야구의 요소는 야구방망이, 선수, 심판, 공과 글러브이다. 이들 요소는 무엇과 관련을 맺는지에 상관없이 새로운 것을 기계적으로 만들어낸다. 이 기계들은 그 자체로 속성이 드러나는 것이 아니라 다른 것과의 관계성 속에서 속성을 드러낸다. 예를 들어, 혀는 진실과 연결되어서 '말하는 혀'가 되기도 하고 음식과 연결되어서 '맛보는 혀'가 된다. 사랑과 연결되어서는 '키스하는

---

6 여기에 포함된 성으로는 transgender, cisgender, agender, gender fluid, intersex, neither, trans female, trans male, trans person, gender variant, gender questioning, bigender, androgynous, pangender, transsexual 등이 있다. Keo-Meier, C., & Ehrensaft, D., 『The gender affirmative model: An interdisciplinary approach to supporting transgender and gender expansive children』, American Psychological Association, 2018, p4

7 American Psychological Association(2015), 「Guidelines for psychological practice with transgender and gender nonconforming people」, 『American Psychologist』, 70, 9, p832~864

혀'가 되기도 한다.

기계들은 차이를 생성하도록 욕망한다. 종결 과정 없이 스스로 달라지는 운명이 기계의 운명이다. 차이의 생성이 의도적·개념적 작용에 의해 멈춰선 상태가 동일성이다. 동일성은 차이가 생성 작용을 시작함으로써 다시 구성되고 해체되는 작업을 반복한다.

기계들이 접속하여 선을 만들고 이것이 확장되어 면을 이뤘을 때, 이를 배치라고 한다. 야구는 야구장에서 선수와 심판이 모여 공과 방망이와 글러브로 하는 경기라고 규정될 때 이 배치는 기계적 배치이다. 그러나 이들 간의 규칙이 있어야 경기가 성립한다. 이 규칙을 언표적 배치라고 규정한다. 야구 경기는 기계적 배치와 언표적 배치가 씨줄과 날줄로 결합해 고원을 만든 것이다. 이 고원은 종결을 염두에 두지 않고 배치를 변환시킴으로써 지속적으로 생성 작용을 계속한다. 새로운 배치가 만들어지는 것이 영토화이고, 새로운 배치가 만들어지기 위해 기존의 영토에서 벗어는 것이 탈영토화이다. 이전의 배치에서 벗어나는 것은 탈주이다. 영토의 울타리를 벗어나려는 노마드의 욕망이 생명의 본질이다.

들뢰즈의 입장에서는 성다양성 문제에 있어, 여성과 남성으로 고착된 관계가 만들어져 고정되어 있다면 생명 활동이 멈춘 것이다. 이런 고정관념의 영토에서 소수자인 여성이 탈주하여 새로운 배치를 만들어 나갈 때 소수로서의 '여성 되기'가 완성된다. 여성 되기는 지배적인 남성이 종속시킨 지형을 탈주하여 다른 소수가 연합하는 새로운 배치를 창조할 수 있을 때 완성되는 것이다. 여성이 지배적인 지형으로 남아 있다면 이 여성 속의 레즈비언이라는 소수가 탈주하고 이 탈주를 통해 새로운 고원의 지형들이 형성된다. 성다양성이란 여성과 남성에 의해 지배되는 고착된 성의 지형을 탈출해 소수의 성들이 융기하는 고원이라는 새로운 배치를 만들어 가는 과정이다.

노마드 주체로서의 여성[8]

요소를 '욕망하는 기계'로 이해하고 있는 들뢰즈의 입장에서 소수로서의 여성이 주체화를 달성하는 과정은 어떻게 이루어질까? 들뢰즈에게 주체화는 신체들을 결합하여 신체의 변용 능력을 향상시키고 복수의 신체들이 다양성을 증진해 가면서 공존할 수 있는 연결 공간을 만들어 가는 것이라 볼 수 있다. 변용 능력을 증대하는 관계를 확산하는 능력이 주체화이다.[9] 이질적 소수들을 연결해 특이성을 방출해 가며 변용 능력을 극대화하는 과정인 것이다.

들뢰즈가 상상한 여성의 주체성을 제대로 해석하여 적용하고 있는 학자가 로지 브라이도티(Rosi Braidotti)이다. 브라이도티는 여성의 주체성을 보편적 자아를 주장하는 주체성의 개념과 독립된 개념으로 생각한다. 그보다는 생물학적 성이나 문화적 젠더에서 벗어나 다른 소수를 구성하는 인종·계급·나이와 결합하여 변이를 통해 새로운 지형을 만들어 낼 수 있는 능력으로 이해한다.[10]

브라이도티는 여성 주체를 남성에 대립하는 대문자 여성 'Woman'이 아니라 복잡하고 다양한 층위로 체현된 주체로 해석한다. 보편주의적 태도를 견지한 남성성을 지닌 지배 주체에 의해 힘을 빼앗긴 존재인 '그녀(She)'와 여성 주체는 다르다. 여성 주체는 더 이상 개인으로서의 여성이 아니며 과정 중의 주체, 변이하는 존재, 동일성의 반대를 의미하는 대문자 그(He)나 그녀(She)로부터 벗어난 타자의 타자로 기술될 수 있는 주체이다.[11] 브라이도티가 주창하는 여성의 주체성은 다양한 소수를 연결하지만 이것들을 여성이라는 대문자로 환원하거나 수렴시키

---

8 질 들뢰즈, G., 카타리, F. 지음, 김재인 옮김, 『천개의 고원』, 새물결, 2001; 질 들뢰즈 지음, 김상환 옮김, 『차이와 반복』, 민음사, 2004

9 들뢰즈는 모든 것을 기계로 보기 때문에 주체라는 표현을 극도로 경계한다. 주체성은 분절된 상태의 초보 단계에서만 의미 있다고 주장한다.

10 김은주 지음, 『여성-되기: 들뢰즈의 행동학과 페미니즘』, 에디투스, 2019, p116~126

11 Braidotti, R., 『Metamorphoses: Toward a materialist theory of becoming』, Polity, 2002, p11~12; 김은주 지음, 『여성-되기: 들뢰즈의 행동학과 페미니즘』, 에디투스, 2019, p151 재인용

지 않고 끊임없는 변이와 차이를 만들어 내는 것을 의미한다. 그리고 여성이 하나의 정체성으로 고착되는 것을 경계하며 특정 상태에 머물기보다 능동적 변이를 실행할 수 있는 노마드 주체로서의 여성 주체성을 주장한다.

유목민의 삶은 집이 없거나 강제로 장소를 이동하는 것을 함축하지 않는다. 오히려 유목민은 고착성에 관한 모든 관념, 욕망 혹은 향수를 폐기해 버리는 삶을 정상으로 받아들이는 주체를 형상화한다. 이 형상화는 본질적인 통일성 없이, 그리고 그러한 통일성에 반대하면서 이행, 연속적인 이동, 상호협력적인 변화들로 이루어진 정체성에 대한 욕망이다.[12] 유목민은 탈주의 달인이다. 이들은 끊임없이 영토에서 탈주하여 새로운 영토를 구축하고 또다시 구축한 영토에서 탈주하는 삶을 반복한다.

여성의 노마드적 주체성은 다양한 소수를 연결하여 상호침투하게 만들고, 이들을 통해 변용을 만들어 내는 연결망으로서의 주체이다. 노마드적 여성 주체는 다양한 소수 층위에 관심을 가지고 이들을 연결하여 네트워크로 통합하는 작업을 수행한다. 그 과정에서 여성은 남성이 만들어 씌워 준 여성에 대한 정체성을 해체하고 탈주하여, 새로운 변용을 지속해 가면서 또 다른 관계 맺음을 확장해 간다. 더불어 몸에 갇힌 성이나 문화에 갇힌 성을 넘어서 횡단적인 연결을 통해 체현된 여성 주체성을 주창한다.[13]

들뢰즈와 브라이도티가 말하는 여성의 주체성이란 다른 문화적 소수인 인종, 나이, 장애 등에서의 소수자들을 연결하여 이들이 공존할 수 있는 차이의 새로운 지평을 만들어 가는 것을 의미한다. 이런 점에서 성소수자로 규정되는 LGBTQ 혹은 LGBTQ+에게도 타자성과 관계성을 통해 주체성을 행사할 것을 요구한다.

---

12 로지 브라이도티 지음, 박미선 옮김, 『유목적 주체: 우리시대 페미니즘 이론에서 체현과 성차의 문제』, 여이연, 2004, p59~60; 김은주 지음, 『여성-되기: 들뢰즈의 행동학과 페미니즘』, 에디투스, 2019, p161 재인용

13 김은주 지음, 『여성-되기: 들뢰즈의 행동학과 페미니즘』, 에디투스, 2019, p167

여성은 소수들을 위한 새로운 성다양성의 지평을 열어 가는 주체다. 성다양성을 확장하는 고원 활동을 통해 여성과 소수로 구성된 다양한 존재들은 상호의존하고 협업하고 공존하는 관계 맺음을 통해 신뢰의 공동체를 구축한다.

긍휼감과 성다양성

들뢰즈에게 소수들을 주체로 연대시키는 것은 이성이나 이데올로기가 아니라 관계 맺음을 통해 차이의 생성을 확장하는 정서 능력이다. 들뢰즈는 반복을 통해 차이를 만들어 내고 이를 다양성이 유지되는 변이로 확장하는 역량이 논리적 이성이 아닌 정서(Affection)에 의해서 가능하다고 규정했다. 들뢰즈는 차이의 생성과 존재 간 관계 맺음에 관여하는 에너지를 긍정적 정서(Affect)로 규정했다.[14] 이 긍정적 정서는 자신의 차이를 표현하고 타인과 관계 맺음을 통해 더 나은 차이를 생성하려는 에너지이다. 들뢰즈는 긍정적 정서와 더불어 동정심(Sympathy)이라는 정서도 관계 맺음에 작용한다고 보았다. 동정심이 열린 마음을 만들어 주기 때문에 차이를 연결하는 관계 맺음이 자연스럽게 만들어진다는 것이다.

하지만 차이의 생성에 관여하는 에너지는 동정심이나 공감에 멈춰 서지 않는다. 명확하게 제시하지는 않았지만 들뢰즈의 긍정적 정서에는 긍휼(Compassion)의 감정이 포함되어 있다. 긍휼은 타인의 고통에 열린 자세를 유지하고 이를 관계 맺음을 통해 행동으로 해결하는 윤리적 정서다. 많은 사람들이 긍휼을 숭고한 사랑이라는 도덕적 감정의 측면에서만 정의하기 때문에 그 핵심을 놓친다. 긍휼감은 사랑이라는 도덕적 감정의 가장 고상한 형태이기도 하지만, 긍휼의 본질은 차이에 대한 가치 판단을 의도적으로 중지하고 대신 타인의 고통을 사랑의 대상으

---

14 질 들뢰즈 지음, 김상환 옮김, 『차이와 반복』, 민음사, 2004; 철학자들은 affect를 정동이라고 번역하기도 한다.

로 환대해 가며 둘 사이의 관계를 완성하려는 행동이다.

우리가 직면한 모든 문제는, 보이지 않는 타인의 고통을 해결하지 않고 오랫동안 돌보지 않은 결과다. 긍휼감은 이 고통의 원인을 찾아서 문제를 행동으로 해결하려는 성향이다. 긍휼감이 없는 주체는 돌봄을 받지 못한 고통이 문제로 터지면 '고통'을 해결하지 않고 문제가 밖으로 드러난 '결과'만을 봉합하려고 시도한다. 고통은 나쁜 것이니 일단 문제를 덮고 시작하자는 것이다. 고통을 감추면 근원적 해결이 불가능하고 문제가 계속 반복된다. 화재가 계속 발생하는데 화재 원인을 잡지 않고 불이 날 때마다 소방수가 되어 불을 끄는 것과 같다. 이렇듯 긍휼감이 부재하면 타인과의 진지한 연결과 관계 맺음이 만들어지지 않는다. 긍휼은 상대의 고통과 나의 고통 사이에 있는 차이를 연결하여 관계를 완성하는 힘이다.

긍휼은 공감(Empathy)이나 위로(Sympathy)와는 다르다. 공감은 상대의 마음을 인지적이자 정서적으로 이해하는 능력이다. 슬픈 드라마를 보면 눈물이 나고, 코미디를 보면 마음껏 웃는 것, 그게 공감 능력이다. 공감은 광고나 마케팅에서 고객을 정서적으로 잡는 데 이용되기도 한다. 그래서 공감 능력만 뛰어난 사람은 광고나 마케팅의 타깃이 된다.

그러나 공감은 상대의 고통을 이해하는 시작점이 될 순 있어도 고통의 뿌리를 이해하고 이를 행동으로 해결해 주는 능력은 될 수 없다. 곪아 터진 상처 부위에 붕대를 감아 주는 수준에 그친다. 공감으로는 대상화된 타인과 연결, 관계 맺음이 만들어지지 않는다. 공감에서는 타자가 진정한 환대의 대상이 아니다.

위로는 타자로 규정된 상대의 정서를 이해하는 수준을 넘어 상대의 손을 잡고 위로해 주는 감정이다. 공감보다는 더 진지한 감정이라 해도, 위로 역시 상대와의 관계 맺음으로 이어지지는 않는다. 오직 긍휼만이 상대와 나와의 존재적 아픔의 차이를 인정하고 상대를 존재 자체로 환대하는 연결을 시도한다.

긍휼의 정수는 종교를 창시한 사람들에게서 보인다. 예수는 인간을 죄의 고통으로부터 해방시키기 위해 십자가를 대신 지고 골고다를 오르는 고통을 감수했고, 부처는 자신을 사랑하듯 남을 사랑하고 남의 고통을 자신의 고통으로 나누는 자비(慈悲)심으로 인간이 영원히 고통으로부터 해방되는 상태를 이야기했다. 공자는 인간이 가진 보편적 고통에 대한 문제 해결의 방식으로 측은지심(惻隱之心)을 제시했다.

성인들이 보인 긍휼은 단순한 도덕적 감정을 넘어서 차이의 발견과 차이에 대한 사랑을 통해, 차이의 연결을 통해 상대를 진심으로 환대하는 사회적 혁신 행동이었다. 긍휼은 인간 고통의 근원을 이해함으로써 세상의 본질적 문제를 가장 혁신적인 방법으로 해결하는 동력이다. 성인들이 추앙받는 이유는 인간이 가진 근원적 고통의 원인을 이해하고 관계를 연결한 문제 해결력에 있다.

긍휼은 상대의 고통을 객관적으로 바라보고 판단을 내리는 것이 아니라 상대의 입장이 되어 적극적으로 환대하고 관계 맺음에 나서는 것이다. 긍휼이 있는 사람들만이 상대와의 차이를 연결하여 새로운 차이를 만들 수 있다. 결국, 인간 문제를 고통의 뿌리부터 이해하는 사람이 사회 변화를 선도하는 혁신 비즈니스를 이끌어 나간다. 긍휼감이 없는 사람은 문제를 뿌리부터 이해하기보다 곪아 터진 결과만 처방하는 데 골몰한다.

다양성이 차이를 인정하고 연결하여 번성을 구가하기 위해서는, 타자화된 상대와의 차이를 인식하고 이 차이에 적극적으로 접속하여 긍휼의 관계 맺음을 실천할 수 있어야 한다. 천박하게 돈만 추구하는 광고 마케팅 기업들로 인해 고통받는 고객들을 돕고자 플랫폼 비즈니스를 시작한 구글, 서버 무한 독점권으로 횡포를 부리던 기업들에게 고통받던 사람들을 구하고자 클라우드의 새 표준을 설정한 아마존, 자유로운 소통의 부재로 고통받는 사람들을 위해 스마트폰을 만든 애플, 기본 의료보험도 없이 여러 개의 파트타임 일자리를 전전하는 사람들의 고통을 본 스타벅스, 발에 장애가 있는 사람들에게 고통 없이 최고의 편안함과 균형을 누리게 해준 뉴발란스, GMO 등 변형된 농산물로 고통받는 사람들을 위해 유기농 농산물을 선별해 판매하는 홀푸드마켓, 뛰어난 아이디어는 있지만 이를 실현할 비즈니스 모델이나 자금이 없는 사람들에게 창업의 새로운 개념을 제시한 피치북데이터, 친환경 생활을 널리 보급하고 지속가능한 삶의 체험을 파는 유니레버, 자연을 보존하기 위해 자사 제품을 사지 말라고 광고하는 파타고니아와 같은 회사들은 긍휼을 가지고 고통받던 타자와 적극적으로 관계 맺음을 하여 문제를 해결한 회사들이다. 이들이 사업적 통찰력을 보인 것은 소수가 앓고 있는 문제를 고통의 뿌리 수준에서 이해하고 개념화하고 연결하여 행동으로 풀어 낸 긍휼을 실천했기 때문이다.

성다양성에도 긍휼감은 결정적이다. 여성과 남성, 그리고 성 소수자가 서로를 객관화된 타자로 보고 자신의 입장에서 생각하지 않고, 타인의 아픔을 자신의 아픔으로 내재화하는 관계 맺음과 환대 행위를 통해 더 나은 변이를 만들어 보려는 행동을 할 때, 성다양성은 보다 생산적 기제가 될 것이다.

PART 3

유리천장을 깨다

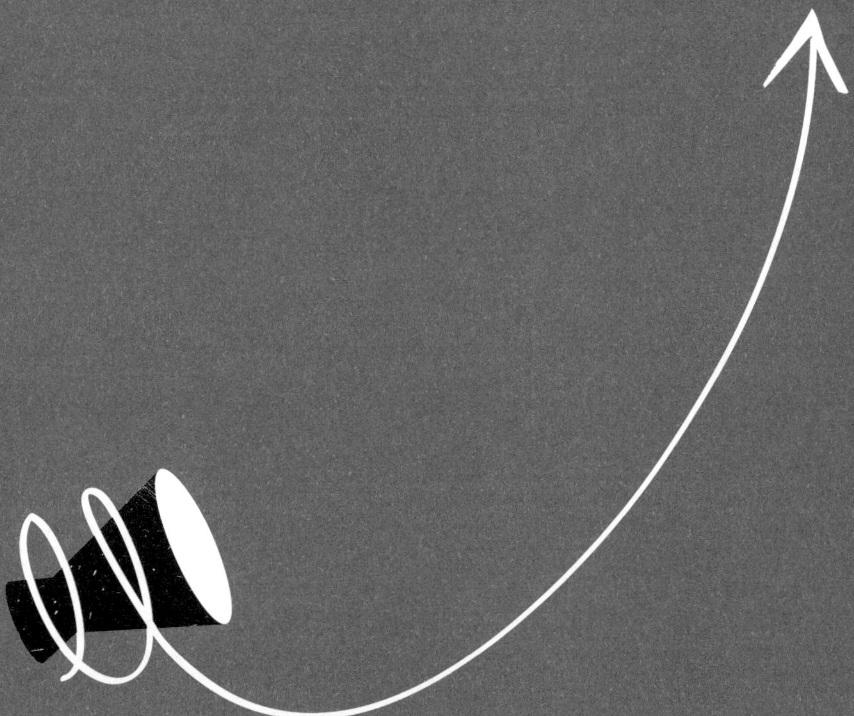

다양성의 핵심은 여성과 남성이라는 범주적 차이를 극복하여 차이를 소멸시키고 범주적 차이가 소멸된 새로운 운동장에서 각자가 더 나은 존재적 차이를 실현하는 것이다. 이 파트에서는 실제로 기업에서 유리천장을 깨고 전략적 파트너의 지위를 획득한 여성들의 스토리를 소개한다. 한국 기업에서 유리천장을 깬 경험이 있는 여성 임원들이나 고위관리자와 인터뷰를 진행하며, 이들이 겪은 곤경과 어려움부터 글로벌기업에서 CEO 지위를 획득한 여성들의 조언까지 들어본다. 나아가 여성이 기업에서 새로운 차이를 만들어 낼 수 있는 전략적 파트너로 초대된다는 것에 대한 현실적 의미를 검토한다.

8장

유리천장을 깬 여성 리더들

서 있지 말고 테이블에 와서 앉으세요.
- 셰릴 샌드버그(Sheryl Sandberg)

여성 임원이 된다는 것은 남성 지배적인 회사에서 성이 부과하는 범주적 차이를 극복하고, 새로운 차이를 만들어 낼 수 있는 전략적 파트너로 인정받는 것을 의미한다. 우리나라 500대 기업을 중심으로 여성 임원 수를 파악해 보면 극히 소수 여성들만이 독자적으로 새로운 차이를 생성할 수 있는 파트너로 인정받고 있다. 전체 임원의 3.6%, 숫자로는 500여 명 남짓이다.[1] 이는 기업 내 유리천장이 견고하게 존재하고 있다는 것을 의미한다.[2] 자산 총액 2조 이상의 상장 기업들에게 적

1 김민정, 문지선, 권소영, 김양희, 방세린(2018), 「기업 내 여성 임원 비율 확대를 위한 전략 연구」, 『한국여성정책 연구원 보고서』; '30대 그룹 여성 임원 비중 첫 3% 돌파… '톱3'는 유통그룹', 『연합뉴스』(2019.05.16.)

2 '미투확산·펜스룰 확산… 직장인 절반, "직장 내 '유리천장' 존재"', 『파이낸셜 뉴스』(2018.03.26.)

용되는 자본시장법에서는 최소 한 명의 여성 이사를 구성하라고 요구하는데, 이를 지키지 못하는 기업이 10개 중 8개 기업이다.[3] 유리천장이 제거되고 여기에 남녀 간의 범주적 차이가 소멸된 새로운 운동장이 건설되지 못한다면 2020년부터 발효되는 자본시장법은 유명무실한 법으로 전락할 운명이다. 여성과 남성의 범주적 차이가 소멸된 운동장은 유리천장이 제거되는 것을 전제로 한다.

본 장에서는 기업에서 전략적 파트너로 인정받은 여성 임원들이 어려운 상황에서도 어떻게 유리천장을 제거할 수 있었는지를 다룬다. 유리천장을 깨고 임원이 되어 여성 리더십을 성공적으로 실현한 여성 임원들이 실제로 극복해야 했던 사회적·문화적 제약과 이중 잣대의 내용을 살펴본다. 또한 임원에 이르기까지의 과정과 임원이 된 후 각 국면에서 겪었던 어려움을 대처한 방법, 극복 스토리까지 살펴보고자 한다. 이들은 유리천장을 뚫고 임원의 자리에 오르는 것도 어려웠지만 지속적으로 그 자리를 유지하고 그곳에 새로운 운동장을 만드는 것 역시 어려웠다고 토로하고 있다.

이어질 인터뷰에 등장하는 여성 임원들 대다수는 비교적 유연하고 수평적인 조직문화를 갖추고 있으며 여성 인재에 대한 전문 경영인의 인식이 뛰어난 조직에서 배출되었다. 또한 가족 등 주위의 적극적 지지와 기업이 제공하는 다양한 여성친화제도를 활용하여 임원으로서의 역량과 자격을 쌓아 온 경우가 많았다.

하지만 인터뷰에 등장하는 일부 여성 임원들은 남성 중심 조직문화가 지배적인 조직 내에서 스스로의 노력으로 임원이 되었다. 이들이 일했던 조직은 다른 조직에 비해 문화적으로는 열려 있어도 체계적 임원 육성 프로그램을 가지고 있지는 않았다. 그래서 이들 대부분은 오로지 개인의 역량과 실력으로 조직의 전략적 파트너로 성장했다. 특히 조직 내 소수자로서의 소외감과 좁은 입지, 실력을 발휘해도 여전히 이방인으로 존재하게 될 가능성, 언제든지 주류에서 다시 배제될 수

3 '자산 2조 원 이상 상장사 10곳 중 8곳은 여성 이사 없어', 『매일경제』(2020.01.19.)

있다는 불안을 개인적 역량으로 극복했다.[4]

이렇게 다양한 배경하에서 유리천장을 깨고 임원의 자리에 오른 여성들의 사례를 종합해 보면, 남성들과 동일하거나 그 이상의 성과를 낼 수 있는 실력을 축적하는 것이 기본이었다. 그리고 여성으로서 제한된 기회를 확충하고자 각별한 노력을 기울였음을 알 수 있었다. 자신만의 전문성을 증명하는 고유한 전문 분야를 설정하여 인정받았으며, 때로는 주어진 경력을 넘어서는 진취적 자세로 자신의 위치를 확장해 나갔다. 사회적 관계를 구축해 나감에 있어서도 자신만의 방식으로 유연하게 대처했다. 이 과정에서 이들의 내면적 차별성은 여성의 모성 이데올로기, 성정체성, 리더십에 대한 기존의 수동적 입장에서 벗어나 차근차근 변화의 물꼬를 터 나갔다.

고유한 전문 분야

회사의 전략적 파트너로 인정받은 여성 임원들의 가장 큰 특징은 자신의 전문 분야에 대한 실력을 최대의 무기로 삼은 점, 그리고 이를 유지하기 위해 끊임없이 노력한 점이다. 여성 임원들은 조직 내에서 자신의 독특한 전문 분야를 구축해 남성에 의한 대체 가능성을 줄였다. 대학에서 실무와 연관되는 분야를 전공과목으로 수료한 경우가 많았고, 대학을 졸업한 이후에도 석·박사나 외부 교육 프로그램을 활용하여 지속적인 업스킬링(새로운 기술 교육)을 통해 전문성을 축적했다. 그래서 전략적 파트너가 된 여성 임원들은 IT와 건축, 디자인 등 전문성이 강한 업종에 집중해 있었다. 이들의 탁월한 전문성은 능력이 된다면 여성, 남성을 막론하고 임원으로 승진해야 한다는 인식의 전환에 기여하기도 했다.

---

4 김민정, 문지선, 권소영, 김양희, 방세린(2018), 「기업 내 여성 임원 비율 확대를 위한 전략 연구」, 『한국여성정책 연구원 보고서』; '조직의 미래, 여성이 답이다', 『이코노미조선』(2019.07.04.); '유리천장 깬 임원, 그들의 이야기는?', 『KBS 뉴스』(2019.07.26.)

"자기 분야에서 전문성을 갖추는 게 중요하다. 그리고 그러한 전문성을 바탕으로 자기 구성원들을 이끌기도 하고, 다독이기도 할 수 있는 리더십을 갖추면 좋은 기회가 오는 것 같다. 나는 필사적으로 나만이 할 수 있는 분야를 구축하기 위해 노력해 왔다."(컨설팅 서비스업, 마케팅 담당 사업부장)

"나는 원래 재무 분야에서 잔뼈가 굵었는데 인사팀의 새로운 프로젝트에 참여할 기회가 생겨 처음에는 파견 형태로 인사팀에 합류했다. 재무에서는 전문가라고 할 수 있어도 인사에서는 초심자였기 때문에 누구보다 인사 전문가로 인정받으려고 할 수 있는 모든 노력을 다했다. 외부 세미나나 인강도 열심히 듣고, 최고의 인사 전문가로 인정받기 위해 피나게 노력했다. 일정 시간이 지나자 기존 인사 경력자를 제치고 내가 인사팀의 리더가 되었고, 지금은 인사와 재무를 총괄하는 직무를 담당하고 있다."(유통업, 총괄 운영 담당 전무)

"수학과 출신이기 때문에 정보서비스산업에 비교적 유리했다. 하지만 초심자의 마음으로 신기술 분야에 누구보다 열심히 달려들었다고 자부한다. 지금은 AI나 빅데이터를 실무에 적용해 그룹사에 전파해야 하는 직무의 책임을 맡고 있다. 우리 분야는 늘 최첨단 기술을 다루어야 하기 때문에 관련 서적과 세미나를 통해 실력을 쌓는 일을 게을리하면 순식간에 도태된다. 우리 분야에서는 비전공 분야 전공자는 아예 입사에서 제외되는 경우도 종종 있다. 전문성의 수준이 이전과 확연히 달라진 것이 사실이다."(정보서비스업, IT부문 상무이사)

진취적 경력 관리

사회와 조직은 인재의 절반을 차지하는 여성을 제대로 활용하지 못하고 있다. 심지어 미국에서조차도 여성의 대학 졸업률이 남성을 넘어선 지 30년이 넘었지만 정부와 산업계를 주도하는 리더는 대부분 남성이다. 페이스북의 최고운영책임자(COO) 샌드버그는 TED 강연에서 '왜 여성 리더가 없을까'란 주제로 이 문제를

공론화했다.[5]

제도와 법, 사회에 초점을 맞추었던 기존의 관점과 더불어 샌드버그는 여성들의 내면적 변화도 중요하다고 조언한다. 그녀는 여성 자신의 변화냐 제도의 변화냐는 '닭이 먼저냐, 달걀이 먼저냐'의 논쟁일 수도 있다고 했다. 다만, 여성들의 내면적 변화가 선행하면 제도적 변화를 이끌어 낼 수 있는 기회가 확대될 수밖에 없다고 강조했다. 제도의 변화가 필요조건이라면 여성의 변화는 충분조건이라는 것이다. 그리고 여성 스스로가 리더가 되어 영향력을 키우면 사회제도 변화의 속도를 한층 높일 수 있다고 주장한다.

여성의 리더십에 대한 기존의 수동적 입장에서 벗어나 내면의 변화를 주도하여 변화의 물꼬를 마련하자는 주장은 한국 여성 임원들의 인터뷰와 일치했다. 예를 들어, 연구진의 인터뷰에 응한 여성 임원들도 선입견에 대한 두려움을 버리고 리더가 되려는 야망을 가지고 당당하게 기회를 차지할 것을 권유했다. 또한 정말 그만두어야 할 순간이 온다 하더라도 미리 그만둘 준비를 하기보다는 주변 여건을 최대한 활용하여 버틸 수 있을 때까지 버티라고 조언했다. 중요한 건 이들에게 '버틴다'는 다른 여성들이 자신과 똑같은 어려움을 반복하지 않게 하려는 의미가 강하다. 여성 임원들은 경력 초기에 생존을 위해 버텼지만, 후반으로 넘어갈수록 버티는 것을 자신의 생존의 문제를 넘어서는 사명으로 생각했다.

인터뷰에 응한 여성 임원들은 조직 내 새롭고 도전적인 업무 분야는 대체로 남성들이 차지한다는 통상적인 인식과는 달리 행동했다. 이런 생각을 주입하려는 경향을 거부하고 기회를 얻기 위해 누구보다 적극적으로 어필하고 자신감 있게 도전하여 남성들 이상의 경력 관리를 했다. 또한 남성들도 피하는 지방 근무나 미개척지 근무 등에 대해서도 불평하거나 거부하지 않았다. 오히려 색다른 경험을 쌓을 수 있는 기회로 인식하는 긍정적인 마인드와 성실한 태도로 극복해 냈다. 결

5 Sheryl Sandberg, 「Why we have too few women leaders」, TEDWomen 2010

국 이들은 기업 내에서 궂은일도 마다하지 않는 믿을 만한 존재라는 자신만의 위치를 확고히 하는 데 성공했다.

"나는 기회가 주어지면 내가 먼저 나서서 하겠다고 했다. 중국 주재원으로 갈 수 있었던 것도, 먼저 자원해서 손을 들었기에 가능했다. 중국어를 한마디도 못 했지만 그냥 해보고 싶어서 그랬다. 출국하기 석 달 전부터 중국어 학원에서 기초만 배우고 바로 중국으로 떠났다. 또 인사나 홍보 등 지원 부서보다는 숫자로 평가받을 수 있는 현장 부서로 가야 좀 더 쉽게 능력을 인정받을 수 있다고 판단했다. 금융회사의 경우 현장 경험이 임원 승진에 도움이 되는 것이 사실이기 때문이다."(보험업, 비서실장, 중국 현지사무소 대표, W20 한국 공동대표)

"내가 믿을 수 있는 윗사람들이 업무를 제안하면 무조건 수락했다. 그렇게 자원해서 잘 해결한 것이 실제로 나중에 많은 기회를 가져다주었다. 주어진 기회를 마다하지 않고 해내는 것이 임원으로 가는 관문을 통과하는 열쇠라고 생각했다. 피엠(PM, Project Manager)들에게 필요했던 피엠 수당도 내가 제안해서 만들었다. 사실 회사 전체를 관통할 수 있는 안목이 생기다 보니까 그 전과는 보고 일하는 게 많이 달라진 것을 느낀다. 내가 임원이 된 것은 윗사람들이 제안해 왔을 때 남들이 망설이는 사이 일단 받아들이고 수행해 본 결과이다."(IT산업, 시스템개발 이사)

"첫아이를 낳고 복직했을 때의 일이다. 내가 그만두기를 바랐는지 회사가 나에게 지방 발령을 냈다. 정말 억울하고 어찌해야 할까 고민이 많이 들었다. 그러다가 그냥 이왕 그렇게 된 것 지방 가서 조용히 지내는 것도 좋겠다 하고 긍정적으로 생각해 받아들였다. 몇 년 그렇게 지냈더니 '저 사람은 회사를 정말 사랑하는구나, 어디를 가라고 해도 가는구나' 하며 나를 인정해 주었다. 덕분에 서울에 다시 올라오면서 정말 하고 싶었던 업무를 당당히 요구할 수 있었다."(제조업, 마케팅 담당 상무)

성정체성의 유연화

여성 임원들에게 눈에 띄는 또 다른 특징은, 남성 중심의 문화에 어색하지 않은 모습을 보이기 위해 남성성으로 위장하기보다는 자신의 성정체성을 유지하면서 이를 조직의 목적과 연계해 자연스럽게 유연화하는 전략을 사용했다는 것이다. 여성으로서의 고정관념보다는 조직의 맥락에 맞게 자신의 정체성 스타일을 구축하려고 노력하는 모습을 보였다. 예를 들어, 원하지 않는 술자리나 골프 등에 억지로 참여하기보다 공감 능력과 세심한 배려 등 자신만의 장점을 활용하여 자연스럽게 파고들기를 했다. 또 남성들을 적으로 생각하지 않고 스파링 파트너라고 생각하는 전략을 시도했다. 물론 남성 중심문화가 강한 기업이라면 지금도 그러한 상황을 대처하는 데 어려움이 있다고 고백했지만, 그래도 자신만의 정체성을 유지해 가며 상황을 자신에게 유리하게 발전시켰다.

이들은 자신의 단점에 대해서도 솔직한 모습을 보였다. 동료 혹은 상하관계에서도 상대의 정체성을 자연스럽게 존중하면서 여성인 자신에 대한 편견을 없애려고 다양한 방법을 꾸준히 시도했다. 그리고 이런 노력으로 여성, 남성을 넘어선 공정하고 인간적인 동료관계를 숙성시켰다.

여성 임원들은 남성성과 여성성을 구분하기보다 필요할 때 적절한 특성을 발휘하여 조직 입장에서 중요한 것이 무엇인지 판단하고 접근하는 유연한 태도가 특징적이다.

> "보통 남자 상사들은 편하게 운동하자, 술 한잔하자는 식의 전통적인 관리 스타일을 가지고 있는 편이다. 이런 제안에 나는 즉각적으로 거부하기보다 수용은 하되 기회가 있을 때 틈틈이 나만의 의사소통 방법들을 개진했다. 공연이나 뮤지컬을 함께 보러 가고 맛집을 같이 가서 편하게 애로사항이나 힘든 점을 이야기하는 등 다른 소통 방식을 개발해 왔다. 앞으로도 상황에 맞춰 더 적극적으로 개발해야 할 것이다."(카드산업, 부사장)
>
> "여성의 장점을 살려 가며 회사 생활을 해도 충분히 잘할 수 있다고 생각했다. 특히 나

는 커뮤니케이션 능력이 탁월하다고 자부한다. 실제로 남성들끼리 있을 때는 딱딱하게 진행되던 회의도 내가 들어가면 분위기가 부드러워진다. 수평적 기업문화를 추구하는 요즘 트랜드에 맞춰 사람들과 편안하게 이야기를 주도할 수 있는 능력은 굉장한 장점이다. 혹자는 그렇게 하면 권위가 떨어지지 않느냐고 묻기도 한다. 하지만 리더의 권위는 그 사람의 자리에서 나오는 게 아니라 리더 자신의 업무 집중도와 능력에서 나온다고 생각한다. 나는 내 업무 능력에 자신이 있었기에 있는 그대로의 나로 행동했다."(금융권 리스크관리위원회 위원, 리스크관리여신그룹 부행장)

"여성이 군이 여성성을 거부할 이유가 전혀 없다고 생각한다. 모든 사람에게는 소위 '여성성'과 '남성성' 둘 다 있을 테니까. 나의 경우 더 원활한 소통을 위해 디자이너나 광고기획자처럼 감성을 발휘하는 직군과 소통해야 할 땐 여성성을 살리고, 남성 동료와 이야기할 때는 남성성을 발휘한다."(식품산업, 브랜드 마케팅 담당 부장)

"처음에는 마초적으로 보이기 위해 큰 소리로 이야기하고 과장되게 꾸미곤 했다. 그런데 내가 여장부처럼 술도 마시고 행동하는 것이 잘하는 것인지 아니면 싫으면 싫다고 하는 것이 잘하는 것인지 구분하는 게, 직장 생활 내내 나를 따라다니는 딜레마였다. 임원이 된 지금은 내 정체성과 스타일을 살리며 조직 생활을 하는 것이 가장 효과적이라는 것을 실감한다."(국내 유통업, IT보안 임원)

협업을 위한 사회자본의 구축

성과는 혼자 낼 수 있는 것이 아니기 때문에 임원이 되기 위해서는 네트워크를 통한 사회적 자본의 확충이 필수적이다. 인터뷰에 응한 여성 임원들도 대부분 네트워크를 형성하는 데 장애가 있었음을 고백했다.

그렇지만 여성 임원들은 네트워크 구축을 포기하지 않았다. 네트워크를 형성하는 방식에 있어서도 남성 위주 조직에서 소외당하지 않도록 무리하게 남성적 방식을 모방하기보다 자신의 여성성을 왜곡하지 않는 선에서 연결망을 만들려고 노력했다. 남성이 다수인 조직에서도 남성 상사의 취약한 감성을 보완해 가며 신뢰를 얻은 후 서서히 자기편을 확대하는 식으로 '내 편 만들기' 전략을 구사하는 임원도 있었다.

이들은 남성의 방식을 무리하게 따라 하지 않고 무엇이 조직에 유리한 것인지를 판단해 자신만의 방식으로 연결망을 구축했다. 예를 들면, 성별 구분 없이 실력 있는 사람과 교류하기 위해 외부 전문가들과의 네트워킹 기회에 적극적으로 참여하고, 직접 모임을 만들기까지 하는 여성 임원도 볼 수 있었다. 조직 내부의 네트워크에 집중할 경우, 술자리 등 남성 중심적인 행동 양식이 기본이어서 자신이 참여하는 데 한계가 있다고 판단한 경우였다.

> "2차, 3차로 이어지는 음주문화는 정말 따라갈 수 없었다. 그래서 여성의 장점을 살릴 수 있는 게 뭐가 있을까 고민했다. 난 남의 말을 잘 귀담아듣는 편이고, 서로 대화하는 것들과 관련해 나의 여성성을 펼쳐야겠다고 생각했다. 그런 부분이 어느 정도 먹혔다고 생각한다. 회사에서 별명은 '집사'이다. '나는 술 담배는 못 하지만 대신 이렇게 하겠다'라고 솔직히 말했더니 잘 이해해 줬다."(국내 유통업, 경영지원 본부장)
>
> "나는 전문성 확보를 위해서 네트워킹에 굉장히 많이 신경을 쓰는 편이다. 특히 술을 못 하니까 어떻게 네트워킹을 해야 할까 고민하다가 아예 내가 만들어 버렸다. 술 먹고 노는 것이 주가 되지 않는 보안인 모임이 있었으면 좋겠다 해서 '보안이 행복한 모임'을 만들었다."(국내 유통업, IT보안 임원)
>
> "이직을 몇 번 했는데 그때마다 한 달 내에 서포팅 그룹을 만들었다. 내 편은 만들고, 적은 만들지 않기 위해서였다. 별로 비싸지 않은 5천 원짜리 젓가락 세트 같은 것을 선물하며 점차 연결망을 확장했다."(외국계 제조업, 인사 담당 임원)

코칭 및 멘토링

여성 임원들은 기존의 남성 리더에게 익숙한 부하직원들을 대함에 있어서 코칭(Coaching)과 멘토링(Mentoring)을 이용했다. 여성을 상사로 모신다고 불이익을 당하지 않게 하고, 효과적인 조직 성과를 달성하기 위해 많은 고민을 했다.

부하직원들과의 소통 방식에 있어서도 이들은 참조할 만한 역할 모델이 부족했기 때문에 다른 유사한 사례나 경험자의 조언으로 스스로 학습하고 고민했다. 여성 리더로서 자신의 고유한 소통 방식을 발전시키려고 끊임없이 노력하며 성장했다. 먼저 부하직원들의 실무 능력과 전문성 향상에 적극적으로 지원했고, 향후 커리어 발전 및 개인사까지도 상담해 주며 부하직원들이 자발적으로 일할 수 있도록 동기부여를 해주었다.

특히 여성 후배들에게는 자신도 어려움을 겪었던 역할 모델의 부재에 대해 공감하면서, 멘토링 역할까지도 적극적으로 수행했다. 물론 혹여나 여성, 남성을 구분하여 편 가르기를 한다는 비판도 받을 수 있기 때문에 매우 신중했다. 여성 후배들과의 모임이 사적인 내용이나 남성 비판 등 비생산적 내용을 공유하는 시간이 되지 않도록 노력했다.

"회사에 다닐 때 '고독하다'는 감정을 종종 느꼈다. 여성 직원들은 회사 소식에 늦는 경향이 있는데 나도 그랬다. 남성들끼리 밤늦게까지 술을 마시며 정보를 공유했기 때문이다. 여성 임원이 없어 사내에 '멘토'라고 칭할 만한 존재가 없다는 점도 제약이었다. 남성 상사에게 털어놓기는 조금 부담스러운 개인적인 고민을 속으로 삭여야만 했다. 개인적으로 여성 상사라는 존재에 깊은 애정이 있다. 부장이던 시절에 여성 임원을 처음 봤는데, 그분과 이야기를 나누는 순간 회사에 다니면서 처음으로 '말문이 트인다'는 느낌을 받았다. 그분을 보자마자 언니처럼 편안했다. 나도 후배들에게 그런 멘토 역할을 해야 한다고 생각했고 임원이 된 후 멘토로 나섰다."(식품산업, 브랜드 마케팅 담당 사업부장)

"사회 초년생이던 시절에는 여성 선배가 없었다. 때문에 여성 직장인이 회사에서 어디까지 올라갈 수 있는 건지 전혀 가늠할 수 없었다. 모든 일을 직접 부딪쳐 가며 혼자 헤쳐 나가야 했다. 그래서 후배 여성들에게는 지속적인 멘토 역할을 자청했다. 그것이 내 의무이기도 하다고 여겼다."(보험업, 비서실장, 중국 현지사무소 대표, W20 한국 공동대표)

"내가 임원으로서 중요시하는 역할 가운데 하나가 멘토링이다. 남녀 후배 구분 없이 어떻게 미래 커리어를 발전시킬 수 있는지 함께 고민해 주고, 동기부여를 해주고, 내가 도울 수 있는 최대한을 도와주려고 매사에 노력한다. 술자리 갖는 것도 무조건 피하진 않지만 그보다는 진지하게 미래 커리어에 대해 같이 고민하는 자리를 멘토링의 중요한 기회로 생각한다."(외국계 유통업, 전무이사)

모성 이데올로기 극복

여성 임원들에게 보인 또 하나의 공통점은, 육아도 잘하고 직장에서도 인정받는 사람이어야 한다는 성공한 직장 여성 즉, '슈퍼 우먼 신화'를 맹목적으로 따라가지 않고 이런 압력에 현명하게 대처하려 노력한 점이다.

여성 리더들은 직장 여성에게도 모성 역할을 강조하는 사회 분위기 때문에 많은 고비가 있었음을 고백했다. 아직도 사회에는 돌봐야 할 아이가 있는 기혼 여성은 회사에 몰입하지 못할 것이라는 고정관념이 있으며, 이를 극복하지 못하면 기회조차 주지 않는 경향이 있다. 여성 임원들은 우리 기업의 현실을 고려할 때 이혼으로 아이가 없거나, 가족들의 도움을 적극적으로 받았거나, 아예 결혼을 하지 않았어야 임원으로서 입지를 굳힐 수 있다고 토로하기도 했다.

성공적으로 경력을 개척한 여성 임원들은 육아는 혼자서 떠맡기에는 과하다는 것을 인정하고 가족 내 돌봄 분담을 현명하게 처리했다. 일과 자신의 정체성을 확고히 하고 돌봄 규범에 매몰되지 않는 강한 주관을 기본으로, 주변의 도움을 청하는 데에도 주저하지 않았다. 또한 경제활동을 계속해야 한다는 경력에 대한 확고한 철학을 보였다. 자신이 직접 돌봐야 완벽하게 돌보는 것이라는 모성 본능 때문에 생기는 죄의식을 넘어서는 것도 이들이 고민하던 바이다.

> "저는 애들이 중학생, 고등학생이니까 (후배들이) 항상 출산을 하고 2~3년 되면 '도대체 어떻게 둘을 다 키우고 여기까지 오셨어요?'라고 묻는다. 그러면 '내가 늙으면 애들이 큰다. 나만 늙으면 된다.'고 대답한다. '나보다 훨씬 잘 키우는 사람 손을 빌려라. 몇 년만 잘 버티면 애들은 엄마가 필요 없어진다.' 그렇게 후배들을 다독인다. 그렇게 잡아놓지 않으면 나가 버린다."(제조업, 화학부문 임원)
>
> "아이들에게 가장 많이 신경 써야 하는 시기는 초등학교 입학 전인 어린이집을 다닐 때다. 남편과 나의 직장에는 각각 어린이집이 있었는데, 직원 한 사람당 아이 한 명만을 맡아 줬다. 때문에 둘째를 남편 회사에, 첫째는 내가 다니던 회사 본사에 있는 어린이집에 맡겼다. 두 아이를 어린이집에 데려다주고 나면 2시간이 걸렸다. 고된 일이었지만 당시에는 직장 내 어린이집 자체가 흔치 않았기 때문에 아이를 맡아 주는 것만으로도 무척 감사했다."(식품업, IT기획팀장, 디지털역량센터장)
>
> "시어머니와 남편이 육아를 분담해 줘서 직장을 계속 다닐 수 있었다. 가사 도우미도 고용해 집안일을 줄였다. 아이들이 어려서 엄마를 필요로 할 때는 출퇴근 시간을 정확하게 지킬 수 있는 직무를 지원했다. 아이들이 성인이 된 후에는 고객의 요청에 24시간 대응할 수 있는 부서로 이동했다. 다 크고 나서는 상대적으로 엄마를 찾는 일이 줄어들 것이라고 생각했기 때문이다."(보험업, 비서실장, 중국 현지사무소 대표, W20 한국 공동대표)

회사에 바라는 것

지금까지의 사례에 등장한 여성 임원들은 대체로 자신의 '개인기'에 의존하여 고군분투하며 유리천장을 깼다. 그래서 이들은 후배 여성들이 더 이상 개인기에 매달리지 않고 성장하기 위해서 회사가 여성 인재의 파이프라인을 구축하고 지원해 주어야 한다고 한목소리로 주장했다. 자신들은 절박함을 무기로 살아남기 위해 일에 매달려 왔지만 후배들은 이러한 절박한 '살아남기'가 아닌 자연스럽게 능력에 따라 승진할 수 있도록 파이프라인이 구축될 필요가 있다는 것이다.

무엇보다 다양한 여성 친화적 정책을 시행해야 하며, 이는 여성뿐 아니라 남성에게도 혜택이 되어야 실효성이 있다고 주장한다. 이를테면 육아휴직 같은 제도들을 남성에게도 회사가 나서서 강제하는 분위기가 형성되어야 한다는 것이다. 여러 제도를 통해 남성도 동등하게 혜택을 보아 양성 모두 부담을 덜고, 대신 일할 때는 일에 몰입할 수 있게 해야 한다는 주장이다.

여성 임원들은 남성 위주로 짜진 현재의 교육 프로그램에서 더 나아가 여성 임원에 대한 훈련 프로그램의 필요성도 강조했다.

> "육아는 여성만의 의무가 아니다. 지난 3월 도쿄에서 열렸던 W20에 참가해 남성의 육아휴직 의무화를 강력하게 주장했다. W20 공식 발표문에 '부모 모두의 의무 육아휴직(Mandatory parental leave)'이라는 표현이 들어가도록 했다. 그간 다양성을 인정하지 않는 획일적인 조직문화에 억지로 적응해야 했던 남성들도 좀 더 나은 환경에서 일할 수 있을 것이라 생각한다. 남성 후배들과 이야기를 나눠 보면, 이들도 육아휴직을 하고 자식과 시간을 보내고 싶다는 열망이 적지 않다. 현재 우리 본부에는 남성 직원 2명이 육아휴직 중이다."(보험업, 비서실장, 중국 현지사무소 대표, W20 한국 공동대표)
>
> "여성은 출산 등으로 경력 단절이 있을 수밖에 없는데 이를 자연스럽게 받아들이고 도와줄 수 있는 문화가 빨리 정착되어야 한다. 또한 입사 당시 여성 인력 비중이 높았다가 단계를 거치면서 이탈하는 경향이 큰데, 승진이나 절차상에서 여성 인력을 모니터링해 부족한 부분과 필요한 부분을 도와주고 같이 성장할 기회를 줄 필요가 있다."(금융업, 부사장)

여성 임원의 육성은 성평등에 있어서 한국보다 크게 앞서 있는 미국에서도 심각한 문제이다. 샌드버그는 이런 문제는 법과 제도를 개선하는 문제로만 해결될 수 없다는 점을 설파하여 많은 반향을 얻었다. 그리고 샌드버그는 이런 제도적 장치를 제대로 이용할 수 있도록 여성들 내면의 변화도 필요하다고 주장했다. 심지어 여성이 주체적으로 리더가 되어 영향력을 키우면 제도 변화도 따라오게 만들 수 있다고 말했다. 만일 여성들이 제도적 장점만 취하고 일에서는 주체성을 잃고 테이블에 앉기를 거부한다면 제도나 법은 여성들을 날지 못하는 집오리로 만들 수 있다고 경고했다.

이 같은 샌드버그의 주장은 본 장에서 소개한 한국 여성 임원들의 주장과 일치한다. 여성 임원들 모두는 선입견에 대한 두려움을 버리고 더 큰 목적을 위해 회사와 사회에 기여하는 리더가 되려는 열망을 가진 채 당당하게 남성들과 협업할 것을 권유한다. 그리고 정말 그만두어야 할 순간이 온다 하더라도 미리 그만둘 준비를 하기보다는 배우자나 주변 여건을 활용해 버퍼를 만들 것을 제안한다. 이들은 공통적으로 여성으로서의 역할에 대한 죄책감 때문에 가정과 직장 일에 모두 능수능란한 슈퍼우먼의 신화에서 벗어나야 제대로 된 여성 리더의 길이 열릴 수 있다고 강조한다.

9장

글로벌 여성 CEO들의 조언

우리 모두가 공통점과 차이점에 귀를 기울이고 격려하기 시작한다면
지금보다는 더 현명하고, 더 배려하고, 더 건강한 조직이 태어날 것이다.
— 팻 와도스(Pat Wadors)

이번 장에서는 『포춘』에서 2019년 가장 존경받고 강력한 영향력을 가진 회사의 여성 CEO로 선정한 인물들의 경력 경로와 이들이 여성 CEO를 열망하는 젊은 이들에게 주는 커리어 조언을 요약했다.[1] 이를 통해 남성이 지배하는 비즈니스의 세계에서 CEO의 자리에 이르기까지 겪었던 어려움과 도전들의 공통점을 찾을 수 있다.

2019년 5월 기준, 『포춘』 선정 500대 기업에는 공식적으로 33명의 여성 CEO가 활동하고 있다.

1 Fortune(2019), 「Most powerful women」

리스크와 맞설 수 있는 용기

▍ 록히드 마틴(Lockheed Martin)의 매릴린 휴슨(Marillyn Hewson, 65세)

록히드 마틴은 미국 국방산업의 선두주자이다. 지금은 중국과의 무역전쟁으로 글로벌 불확실성을 경험하고 있으나 이러한 불확실성에도 작년 수주액은 8% 성장세를 보였다. 미 국방부에 F-35 전투기 도입 협상을 진행하고 있고, 해군에 10억 달러 상당의 헬리콥터를 공급하는 계약을 진행했다. 덕분에 록히드 마틴의 주가는 16% 상승했다. 이와 같은 상승률은 S&P 평균을 훨씬 뛰어넘는 숫자다. 록히드 마틴의 매릴린 휴슨은 CEO로서 영향력이 탄탄한 편이다.

내가 경험한 첫 일자리는 11세 때 시작한 베이비시터였다. 고등학생 때인 16세에 아이스크림을 파는 다이어리 퀸(Dairy Queen)에서 처음 풀타임으로 일했다. 학교가 끝난 오후부터 일을 시작해서 밤 12시까지 일주일에 40시간을 일했다. 나중에는 밤 시간대에 일하는 10대를 관리하는 관리자로 승진해서 한 시간에 1불 25센트를 받았다.

고등학교를 졸업하고 나서 대학 진학을 위해 어떤 직업이 유망한지를 알아보기 위해 신문광고의 일자리 면을 살펴보던 중 회계사가 인기 있다는 것을 알았다. 그래서 앨라배마 주립대학의 회계학과로 진학했다. 1년을 공부해 보니 회계학이 적성에 맞지 않는다는 것을 알게 되었다. 그래서 경제학으로 과를 바꿔서 졸업했다.

록히드 마틴에는 1983년 시니어 엔지니어로 입사했다. 18개월을 일하자 감독자가 되었고 관리자 직무를 위해 회사가 제공하는 훈련 프로그램에 참가했다. 이때부터 리더십 포지션을 담당하기 시작해 스무 가지 포지션을 경험했다. 지금 생각해 보니, 어떤 포지션의 경우는 행운이 따르기도 했고 어떤 경우는 내 의지와는 상관없이 잘할 수 없다고 생각되는 영역에 배치되기도 했다. 그러나 내가 원하는 직무가 아니더라도 불만보다는 새로운 경험을 한다는 자세로 임했다. 이런 일련의 과정이 결국 내 커리어를 완성하도록 도와주었다.

어떤 임무에서든지 최선을 다해서 수월성을 보이면 새로운 훈련 기회를 받든지 새로운 직무에 할당되든지 항상 다음 기회가 기다리고 있었다. 일에 집중해 가면서 새로운 기회에 도전하고 리스크를 두려워하지 않았던 것이 지금의 자리에 이르는 데 큰 도움이 되었다.

리스크를 피하지 않고 주어진 자리를 위해 최선을 다하니
항상 더 나은 기회가 기다리고 있었다.

사명이 불러온 열정

IBM의 지니 로메티(Ginni Rometty, 62세)

2018년, 지니 로메티가 이끌어 낸 340억 불 상당의 레드 햇(Red Hat) 인수가 주목을 받았다. 이 인수 건은 IBM이 하이브리드 클라우드 사업에 명운을 걸고 있다는 것을 보여 준다. 하이브리드 클라우드 사업은 지난 5년간 20%의 매출 감소를 겪고 있지만, 반드시 기사회생해야 할 사업 영역이다. 이 점에서 로메티는 IBM의 구원투수이다. 이 전략 사업이 성공하는 데는 로메티의 리더십이 중요하다.

대학에서 전자공학과 컴퓨터를 공부했다. GM에서 엔지니어로 기본적인 것들을 훈련했고 동시에 관리자 훈련을 받아 관리자로도 일했다. 어떤 임무가 주어지든 항상 이 임무로부터 무엇을 배울 수 있을까를 고민했다. 이런 학습 과정에 집중하다 보니 다음 기회들이 연결되었다. 처음에는 우체국에서 편지를 분류하는 일을 한 적도 있다.
GM에서 일할 때 자동차에는 별 열정을 못 느꼈으나 IT를 다른 사업 영역에 응용하는 것에 흥미를 느꼈다. IBM에 들어와서는 열심히 한다면 무엇이든지 할 수 있다는 믿음을 얻었다. 이런 믿음 덕분에 원하는 것이 무엇이든 집중해 완수하고 지속할 수 있었다.
내가 지금까지의 경력을 통해 배운 리더십 교훈은 다음 세 가지로 요약할 수 있다. 첫째, 절대로 다른 사람들이 나의 운명을 정의하게 놔두지 말 것. 리더가 되려면 스스로의

운명은 스스로가 찾아가야 한다. 둘째, 리스크를 자신감 있게 다뤄 나갈 것. 선배들은 성장과 안정이라는 두 마리 토끼를 잡을 수 없다는 점을 항상 강조했다. 리스크를 통해 성장을 구가하려면 안정을 과감하게 포기해야 한다는 것을 체감했다. 셋째, 나폴레옹으로부터 배운 교훈으로, 큰 조직의 수장을 맡을수록 현실을 정확하게 이해하고 이 이해를 기반으로 미래에 대해 이야기할 것. 실제로 CEO가 되어 리더십을 행사하는 과정에서 근거 없이 낙관적 태도를 보이는 것이 아닌 현실적 낙관주의가 중요하다는 것을 배웠다.

어려운 상황이 와도 미래에 대한 현실적 낙관주의를 잃지 말고
열정이 이끄는 길을 포기하지 마라.

목적과 사명에 대한 진정성

앤섬(Anthem)**의 게일 부드로**(Gail Boudreaux, 59세)

앤섬은 지금까지 해왔던 방식에서 벗어나 고객에게 제공하는 서비스를 보다 현대화하고 개인 맞춤형 서비스를 제공하는 쪽으로 경영의 초점을 바꾸고 있다. 이를 위해 앤섬의 CEO 게일 부드로는 2019년 고객이 지금까지 클레임을 건 이력을 기록하는 앱과 실험실 데이터를 관리하는 앱을 동시에 출시했다. 이 서비스를 통해 자회사인 인제니오알엑스(IngenioRx)는 고객에게 저렴한 맞춤형 헬스케어 서비스를 제공함으로써 40억 달러의 비용을 절감할 것으로 보인다. 또한 기술적인 문제를 보강하기 위해 2019년 애플의 엔지니어들을 대거 스카웃했다. 같은 해 환자들의 건강 문제를 다루는 비컨 헬스 옵션(Beacon Health Options)의 인수도 추진했다.

원래 프랑스 베르사유의 농구팀에서 프로선수로 뛰었다. 이때 배운 건 어떤 도전도 열

린 마음으로 임해야 좋은 결과를 가져올 수 있다는 사실이다. 이 시기부터 조직의 리더라면 항상 미래에 대해 누구보다 더 큰 관심을 가지고 임해야 한다는 것을 배웠다. 미래로 가기 위해 지금 우리는 어디에 서 있는지, 미래를 위해 지금을 어떻게 개선해야 하는지, 미래를 위해 어떻게 혁신해야 하는지를 병적일 정도로 생각했다.

우리 회사가 속한 산업 자체가 급격한 변화의 중심부에 있어서 다른 기업보다 얼마나 빨리 변화할 수 있는지에 사업의 성패가 달려 있다. 특히 디지털 혁신은 우리 산업의 핵심이어서 우리가 습득한 스킬들은 금방 유용성이 떨어진다. 고객이 요구하는 것도 다른 산업에 비해 쉽지는 않다.

경력 초기에는 성과를 내지 못하는 문제를 해결하는 일을 많이 했다. 이때 배운 교훈은 포기하지 않으면 아무리 어려워도 길은 항상 열려 있다는 사실이다. 어려운 상황에서도 나의 정체성을 기반으로 한 리더로서의 진정성을 잃지 않는 것이 중요했다. 또한 왜 내가 이 자리를 맡게 되었는지의 사명, 비전, 가치에 대한 그림을 놓치지 않는 것도 중요했다.

문제를 해결할 수 있는 실마리는 항상 현장에 있었다. 현장 피드백과의 접점을 잃지 않으려고 노력했던 것이 항상 큰 도움이 되었다.

어렵고 힘들 때일수록 진정성을 가지고 현장에서 문제를 풀어라.
도전적 과제에 임할 때 리더로서의 사명과 비전의 큰 그림을 놓치지 마라.

넘어진 자리에서 일어날 수 있는 회복탄력성

▎애트나 비즈니스 유닛(Aetna Business Unit)**의 캐런 린치**(Karen Lynch, 56세)

건강보험 회사 애트나는 거대한 건강 관련 서비스를 제공하는 CVS 헬스(CVS Health)에 합병되어 CVS의 자회사로 편입되었다. 애트나를 인수하는 바람에 CVS는 제약, 보험, 병원을 포괄하는 공룡 기업이 되었다. 캐런 린치는 700억 불

규모의 보험 파트를 담당하고 있는 애트나의 대표이다. 미래 CVS 대표이사 자리의 가장 강력한 후보다.

처음에는 매사추세츠 주에 있는 한 식료품 가게의 점원부터 시작했다. 고객이 산 물건을 다른 점원들보다 더 빨리 처리할 수 있는 방법이 없을까 매일 고민하고 실험했다. 지금 생각해 보면 일에 대한 타고난 경쟁심이 있었다.

경력 하면 사람들은 한 분야에서 쭉 성장하는 일직선의 선형 모형을 가정하는데, 내 경력은 이런 방식과는 거리가 멀었다. 내 경력은 항상 비선형직으로 이어졌다. 한때는 재무 부서에서 일하다가 다른 때는 HR 부서에서도 일했다. 실제로 사업부를 맡아서 성공을 거두자 더 큰 비즈니스 부문의 책임을 맡았다.

12세 때 어머니의 자살을 계기로 행동 보건에 관심을 가지게 되었고, 23세에 유방암과 폐암 진단을 받으면서 환자의 건강 요구에 제대로 봉사할 수 있는 보건산업 전체에 관심을 가졌다. 환자들은 거대한 건강 사업자들의 요구에 밀려 항상 피동적으로 대응할 수밖에 없다는 사실에 좌절감을 느꼈다. 환자들은 어려움에 넘어지면 결국은 넘어진 자리에서 일어날 수밖에 없었다.

경력을 개척하는 문제도 마찬가지였다. 지금의 자리에 이르기까지 내가 종사했던 모든 업종에서 항상 어려움은 있었다. 어떤 경력에 종사하든지 항상 문제와 어려움은 편재해 있기 마련이다. 경력을 개척해야 하는 주체가 포기하지 않고 자신의 경력 문제를 스스로 해결해야 전문가로 성장할 수 있다는 것을 배워 왔다.

경력에는 절대로 고속도로가 없다.
성공적으로 경력을 만드는 사람들은 돌에 걸려 넘어져도
그 넘어진 자리에서 일어난 사람들이다.

열린 자세로 임한 지속적 학습

❙ 베스트 바이(Best Buy)**의 코리 배리**(Corie Barry, 44세)

코리 배리는 베스트 바이에서만 20년을 보냈으며, 재무 부서에서 일하다가 CFO 자리에 올랐다. 배리에게 맡겨진 임무는 베스트 바이를 아마존처럼 만드는 것이다. 그녀는 『포춘』 500대 기업의 최연소 CEO이다.

지금까지 경력을 개척하며 박스 속에 나 자신을 의도적으로 넣은 적이 없다. 항상 나 자신을 박스 밖으로 꺼내서 불확실성을 향해 던져 넣었다.

내가 했던 첫 번째 일은 부모님과 함께 부모님이 만든 예술 작품을 파는 것이었다. 아침 5시에 일어나 작품을 차에 싣고 밤 10시까지 미국 전역의 동네를 돌아다니면서 팔았다. 어머니는 화가였고 아버지는 가죽 공예가였다. 이 경험이 베스트 바이에 입사해 육체적·정신적으로 일하는 소매 세일즈 근육이 되었다.

베스트 바이에서의 내 경력은 다양했다. 재무에서도 일했고 운영 부서, 전략 부서에서도 일했다. 무슨 일을 맡겨도 불평 없이 완수했는데 이건 위험을 감수해야 하는 일을 좋아하는 성격 덕이기도 하다. 출근해서 직면한 문제를 퇴근 즈음 해결하고 집으로 가는 것에 희열을 느꼈다.

경력을 쌓으면서 CEO를 목표로 한 적은 없다. 무슨 역할과 직책을 맡기든 경험을 쌓고 위험을 감수하려는 자세가 나를 CEO 자리에 이르게 했다고 믿는다. 어떤 경계에 안주하지 않도록 지속적으로 격려하고 공부하며 주어진 경계를 확장해 나갔다. 역할이나 직책이 중요한 것이 아니라 열린 자세로 문제를 해결하려는 태도와 이를 통해 얻어 낸 경험이 중요했다.

한 번도 내가 CEO가 되겠다고 생각하고 일한 적은 없다.
단지 맡겨진 역할과 직책에 열린 자세로 임했고 이를 통해
다음 역할을 위한 경험을 쌓으니 CEO의 자리도 자연스럽게 따라왔다.

투명성으로 승부한 실력

▎듀크 에너지(Duke Energy)의 린 굿(Lynn Good, 60세)

린 굿이 이끌고 있는 듀크 에너지는 재생 에너지 쪽으로도 사업을 확장하고 있다. 2019년 노스캐롤라이나 주에 500메가와트의 태양광 발전소를 건설했다. 2018년 태풍 때 770만 가구 중 300만 가구의 전력이 끊어져 복구해야 하는 시련을 극복했다. 이 시기에 매출은 4% 증가하고 주식 가격은 14% 상승했다.

내학을 졸업하고 무엇을 해야 할지 전혀 감을 잡지 못했다. 무슨 일이든 닥치는 대로 최선을 다해 배우고 성장해야 한다는 생각이었다. 지금 생각해 보니 이런 학습과 성장에 대한 생각이 내 경력의 기초체력을 만들었던 듯하다.

졸업하고 아서 앤더슨(Arthur Anderson)에서 일하다가 전력회사로 옮기게 되었는데 이 회사가 듀크 에너지에 합병되었다. 듀크에서 총무 업무를 시작으로 컴머시얼 비즈니스를 맡았다가 CFO로 발탁되었고, 2013년에는 듀크의 CEO로 임명되었다. 사실 이전의 전력회사가 중서부에 있어서 노스캐롤라이나 주에 본부가 있는 듀크로 옮기는 것은 쉽지 않은 결정이었다. 그 당시 중학교에 다니던 아들과 가족들의 전폭적 지원이 없었다면 불가능한 일이었다.

그즈음 서부의 에너지 회사 엔론(Enron)의 파장이 만만치 않았다. 내가 일했던 아서 앤더슨 컨설팅도 결국 엔론의 파장으로 파산하게 되어 충격을 받았다. 그 큰 회사들이 그렇게 짧은 시간에 사라질 수도 있다는 사실에 경악했다. 엔론과 비슷한 사업을 하는 듀크 에너지를 경영하면서 그때의 경험을 반면교사로 삼고 있다.

투명하게 쌓아 올리지 않은 실력과 업적은 모래성에 불과했다. 또한 에너지 산업은 환경 관련 규제나 다양한 협약의 변화에 따라 많은 혁신이 요구되어서 회사가 혁신에 뒤처지지 않도록 하는 것이 큰 과제였다. 하지만 이런 도전을 피하지 않고 직면해 더 나은 기회로 바꾸는 일을 즐겨 온 것이 나의 CEO 경력에 도움이 되었다.

비즈니스의 성공은 항상 최고의 인재들과 팀으로 일하는 곳에서 발생했다. 호기심을 가지고 도전하고 창의적으로 문제를 해결할 수 있는 최고의 인재들이 있다면 최고의 경력은 자연스럽게 따라올 것이다.

기회가 주어졌을 때 열린 마음을 가지고
최선을 다해 일하고 배우면 경력은 저절로 개발된다.
투명하게 경영하지 않는다면 무너지는 것은 시간문제다.

여성으로서의 정체성

▎보잉 방위·우주·안보 사업부(Defense, Space & Security of Boeing)**의 리앤 캐럿**(Leanne Caret, 52세)

리앤 캐럿이 맡고 있는 보잉의 군사 우주 분야는 2018년 13%의 성장을 거두었다. 2019년 상반기에도 판매액은 상승세를 유지했다. 이런 기조는 보잉 737 여객기 리콜 사태로 겪고 있는 어려움에 긍정적 기조를 가져왔다. 국회에서 예산이 통과되면 보잉의 F-15의 구입이 성사될 개연성이 높다.

부모님이 보잉사에서 일하다가 사내 커플로 만났기에 보잉은 어떤 회사보다 친숙한 회사였다. 그래서 대학에서 재무를 전공하자마자 나도 부모님의 길을 따라 자연스럽게 보잉에 입사했다. 입사 후 재무 일을 하며 고객과의 협상을 회사 전체의 관점에서 배우고 경험할 수 있었다.

돌이켜 생각해 보면 하기 꺼려했던 일을 맡게 되었을 때 경력상 가장 많은 도움이 되었고 배움도 컸다. 나는 천성적으로 도전적이고 어려운 일을 좋아했다. 일이 해결되지 않으면 집에 와서도 고민하는 일이 적성에 맞았다. 재무뿐만 아니라 다양한 현장 직무를 경험했고 이런 경험들이 누적되어 서비스 비즈니스와 CFO 자리에 오르게 되었다. CEO 임무를 맡고 팀으로 구성원들과 일하면서 새로운 미래를 개척한다는 것에 엄청난 자부심을 느끼고 있다.

지금까지의 경력을 보면, 무슨 일이든 계획된 대로 진행된 적이 거의 없었다. 다만 어떤 일을 맡든 나 스스로를 항상 박스 밖으로 꺼내 놓으려고 노력하며 더 나은 상태로 개발해 보려고 시도하는 건 놓치지 않았다. 기회는 기다리는 사람이 아니라 항상 준비된 사람에게 찾아왔다. 기회가 오면 준비된 사람이 항상 리더로 추천되었다.

리더로서 가장 어려운 일은 자신에게 진실한 상태를 유지하는 것이다. 80년대까지만 해도 여성들은 직장에서 남성화되는 것을 당연하게 받아들였다. 나도 보잉에서 처음 직장 생활을 할 때 웃음이 헤프다는 지적을 많이 받았다. 하지만 자신에게 솔직한 상태를 유지하는 것이 나의 경험을 진솔하게 직무에 이입할 수 있고 결국 다양성을 증진한다는 것을 뒤늦게 깨달았다. 다양성은 항상 문제를 더 창의적으로 해결할 수 있게 했다.

여성 리더로서 중시해야 할 점이 있다면 다음과 같은 네 가지를 추천해 주고 싶다. 첫째는 그릿(Growth, Resilience, Intrinsic Motivation, Tenacity; GRIT)을 가지고 어려운 일 앞에서 포기하지 않고 적극적으로 해결하려는 태도이다. 둘째는 자신에 대한 믿음을 잃지 않는 일이다. 셋째는 자신뿐 아니라 다른 사람들에게 은혜롭게 대하고 일과 삶에 여유를 만들어 주는 것이다. 마지막은 감사하는 마음이다. 항상 감사하고 잘못은 미안해하는 것이 리더로서 지속적으로 성장하는 비결이라고 생각한다.

여성이라는 사실을 진정성 있게 인정하는 것이
직장 내 다양성의 기반이다. 성정체성에 숨지 않고
어려운 문제에 용기 있게 팔을 걷어 올릴 수 있을 때 여성도 리더가 된다.

신뢰 공간의 디자이너

▎콜스(Kohl's)의 미셸 개스(Michelle Gass, 51세)

미셸 개스가 해결해야 할 시급한 임무는 지지부진했던 콜스의 세일즈를 늘려 다시 성장 궤도에 올리는 일이다. 특히 개별 상품과 가정용품 비즈니스를 살려야 한다는 요구가 제기되고 있다. 레크리에이션 용품에서 언더 아머(Under Armour)가 새로운 고객을 유인하고 있고, 아디다스도 입점을 고려하고 있어서 기대가 크다. 아마존 매장을 개설하는 작업과 젊은 층을 유인하는 정책이 성공한다면 사업은 고무적이다. 페이스북 데이터 분석이 콜스가 미래의 파트너로 누구를 선정해야 하는지를 잘 제시해 줄 전망이다.

대학을 졸업한 후 P&G에서 엔지니어로 일했다. 하지만 엔지니어보다는 고객을 다루는 일이 더 적성에 맞는다는 것을 발견하고 직무를 마케팅과 브랜드 매니지먼트 쪽으로 수정했다. 17년간 스타벅스에서 브랜드 매니저로 일하다가 6년 전 콜스로 옮겼다.

CEO가 되어야겠다는 생각으로 일한 적은 없었으나 사람들과 팀으로 같이 일하는 리더십을 발휘하는 것에 열정을 느꼈다. 사람들에게 신뢰의 공간을 마련해 주면 탁월한 능력을 발휘한다는 사실에 매료되었다. 사람들을 신뢰하는 것만큼 중요한 신뢰는 자신에 대한 신뢰다. 현대는 데이터와 데이터 분석 기법이 발달해서 무엇보다 자신과 개성을 잃어버리기 쉽다. 특히 보이는 것에만 집중하여 문제를 해결하려고 시도할 때는 더욱 위험하다. 보이지 않는 점들 속에 숨어 있는 패턴을 놓치지 않기 위해 엔지니어의 개념화 능력을 이용하려고 시도한다.

도전할 기회는 무궁무진하다. 이 도전의 기회를 이용해서 의기소침한 조직에 활력을 주는 일이 CEO가 해야 할 중요한 일이라고 생각한다. 또한 CEO의 가장 큰 임무는 현상유지를 깰 수 있는 제대로 된 결정을 내리는 것이다. 구성원들이 지금과는 다르게 생각할 수 있도록 격려하고 현안을 처리하는 데 긴급성을 유지하도록 하는 것이 경영자의 임무다.

리더는 신뢰가 핵심이다.
자신을 믿는 것도 중요하지만 구성원들을 믿어 줌으로써

이들에게 신뢰의 공간을 만들어 주는 임무를 수행해야 한다.
신뢰의 공간이 제대로 구축되면 구성원들은 이 공간에서 최선을 다해
최고의 성과를 낸다.

팀워크 기반 리더십

▎랜드 오레이크(Land O'Lakes)**의 베스 포드**(Beth Ford, 55세)

베스 포드는 내부 승진을 거쳐서 CEO로 임용되었다. 랜드 오레이크는 농부들의 협동조합으로 국제 무역전쟁, 날씨, 곡물 가격 인하, 고객 수요의 불확실성 등으로 농업경제 자체가 부진해져 회사도 어려움을 겪고 있다. 수익이 계속 감소하고 있으나 농업과 IoT를 결합하는 기술의 진보 등으로 밝은 면도 보인다. 2019년 수입이 9% 정도 늘어나서 150억 불의 매출을 기록했다.

아이오와 주의 대가족 출신으로 처음에 얻은 직업은 옥수수를 인공수정하는 일이었다. 고등학교와 대학에 다닐 때는 청소부나 캐셔 등의 아르바이트로 학자금과 용돈을 벌었다. 이런 경향이 습관이 돼서 그런지 이런 육체노동을 가치 있게 생각한다.
사람을 기반으로 고객에게 좋은 영향력을 줄 수 있는 비즈니스를 좋아한다. 33년간의 모든 경력이 이런 경향에 집중되어 있다. 대학을 졸업하고 석유산업에서 10년간 일했다. 이후 포장 사업, 펩시, 출판, 화학 등 다양한 산업을 거쳐 2011년에 랜드 오레이크에 공급망 책임자로 합류했다. 그 후로는 비즈니스를 직접 운영하거나 IT, R&D 분야에서 다양한 경험을 쌓았다. 회사의 운영 총괄 부사장을 거쳐 2018년에 CEO로 임명되었다.
40대 초반쯤에는 내가 CEO 후보가 될 수도 있다는 생각을 했었다. 이때부터 다양한 부서의 근무 경험과 회사의 전략적 이슈를 해결하는 사업에 자원했다.
CEO는 전 구성원을 팀으로 운용할 수 있는 능력을 보여야 한다. 팀으로 구성원을 운용할 때 CEO는 사람들에게 많은 가치 충격을 전달할 수 있는 의미 있는 자리라고 생각한다.

CEO가 되려면 전 직원을 팀으로 운용할 수 있는 리더십이 필요하다.
이런 능력을 기반으로 다양한 분야의 경험이 축적되면
자연스럽게 CEO의 열망을 충족할 수 있다.

전문성에 대한 열정과 호기심

▎플렉스(Flex)**의 레바티 애드바티**(Revathi Advaithi, 51세)

레바티 애드바티는 싱가포르에 본부가 있고 캘리포니아에 공장과 물류회사가 있는 플렉스의 CEO로 2019년 2월에 임용되었다. 전자회사의 한 부문을 맡아 경영한 경험이 있다. 플렉스의 매출은 200억 불을 고점으로 찍고 있다. 최근 중국과 미국의 무역전쟁으로 가장 큰 고객인 화웨이(Huawei)가 제 역할을 하지 못해 고전하고 있다. CEO로서 가장 큰 도전은 화웨이의 공백을 성공적으로 메우는 것이다.

다섯 자매를 둔 인도의 한 가정에서 태어나 인도 대학에서 기계공학을 전공했다. 어려서부터 기계를 작동시키는 일에 관심이 많았다. 호기심이 많아서 상품이 실제로 만들어지는 공장 현장에 매료되었다. 인도에서는 뛰어난 여성들이 공학을 전공하는 것이 이상한 일은 아니지만, 기계공학을 전공하는 일은 드물었다. 대학에서도 기계공학을 전공한 여성은 내가 유일했다. 기계공학 쪽의 일을 해보니 여성들이 이쪽으로 진출하면 지금보다 많은 기회를 누릴 수 있다고 생각하게 되었다.

학교를 졸업한 이후 현장에서 기계를 직접 다루는 일을 해왔다. 플렉스에 매료된 이유도 뭔가를 공장에서 만들어 판다는 점이었다. 1990년도 중반에 미국으로 들어와 오클라호마 주 공장의 현장 감독으로 일했다. 플렉스는 세계 많은 지역의 공장과 협업을 진행하고 있어서 오클라호마 주에서의 경력이 많은 도움이 되었다. 특히 공장과 관련된 일이라면 안 해본 일이 없다. 능력이 특출하지 않아 일을 실제로 차근차근 하면서 배워 나갔다. 또한 옳은 일이라는 생각이 들면 위험을 감수하고라도 뛰어들어 배워 가며 문제를 해결했다.

엔지니어 배경을 가진 후배들을 만나면 포기하지 않고 다양한 경험을 축적하면 누구라도 CEO가 될 수 있다고 조언한다. 실제로 나 같은 평범한 사람도 해냈으니, 요즘의 재능이 넘치는 젊은이들은 포기하지만 않는다면 나보다 훨씬 더 잘할 수 있다고 생각한다.

내 개인적 경험을 기반으로 확신하건대,
평범한 사람이라도 열정과 호기심을 가지고 경력을 포기하지 않는다면
여성일지라도 훌륭한 CEO가 될 수 있다.

목적이 이끄는 소명 의식

▎존슨 앤 존슨 메디컬(Medical Devices at Johnson & Johnson)**의 애슐리 맥커보이**(Ashley McEvoy, 48세)

애슐리 맥커보이는 J&J의 의료기기 사업부를 총괄하고 있다. 사업부 매출은 270억 불로 J&J 전체 매출의 35%를 차지하고 있다. 2019년 디지털 수술의 스타트업 오리스 헬스(Auris Health)를 34억 불에 인수했다. 의료기기 부문은 J&J의 총괄회장 알렉스 고스키(Alex Gorsky)에게 직접 보고하는 전략적 비즈니스이다.

처음 일을 시작한 것은 12세에 뉴저지 해변에서 파인애플을 깎아 파는 하루 네 시간짜리 아르바이트였다. 지금도 파인애플 깎는 일은 누구보다 잘할 수 있다. 대학을 졸업하고 뉴욕에서 광고 일로 경력을 시작했다. 유럽에서도 수년간 일을 하다가 22년 전 J&J를 만나서 사랑에 빠졌다. 세계 헬스케어산업을 이끌고 있다는 점이 마음에 들었고, 여기서 일하면 세상에 의미 있는 큰 충격을 전달할 수 있다고 생각했다.

J&J에 들어올 때, 지금처럼 CEO가 될 것이라고는 상상도 못 했다. 요즘에는 유치원 때부터 CEO가 되겠다고 공언하는 어린이들이 있다고 하는데 나는 그런 스타일과는 거리가 멀다. 내가 CEO가 된 이유는, 소명이 명확한 헬스케어 일에 누구보다 매료되어 있다는 점에서 힌트를 얻을 수 있을 것 같다. 아픔을 가진 환자들의 고통을 해결해 주고 궁극적으로는 생명까지 구해 줄 수 있다는 것은 누구에게나 매력적이고 겸손을 요구하는 일이다. CEO가 아니라도 돈을 받아 가며 이런 일을 한다는 것이 명예롭다.

목적에 끌리고 소명을 느끼며 일을 한다면
당연히 전문성이 축적될 것이고 CEO가 못 될 이유가 없다.
CEO가 못 되더라도 명예로운 일이다.

가치와 문화를 토대로 이끌어 낸 리더십

❙ 울타 뷰티(Ulta Beauty)**의 메리 딜런**(Mary Dillon, 58세)

아마존과 같은 온라인 기업체들이 고급 화장품 사업에 끼어들어 전통적 기업들이 어려움을 겪고 있는 것은 사실이지만 이런 상황에서도 울타 뷰티는 성장세를 유지하고 있다. E-커머스 사업 부분의 매출이 10억 불에 육박하고 있고 오프라인 매장도 1,200개 지역으로 확장되고 있다. 메리 딜런의 과제는 모든 가격대의 화장품을 출시해 선을 보이고, 백화점과의 경쟁에서 경쟁력을 획득하는 것이다.

우리 집안에서 대학에 진학한 건 내가 처음이었다. 그래서 대학을 졸업하면 어떻게 달라지는지도 상상하지 못했다. 첫 번째 아르바이트는 16세가 되던 해에 약국에서 사탕 판매 보조를 하는 일이었다. 일이 익숙해지자 화장품 코너를 맡게 되었다. 이때 매니저들에게 어떻게 하면 일을 더 쉽고 효과적으로 할 수 있는지 많이 제안하여 개선했던 기억이 있다. 그 경험을 바탕으로, 직원들과 어떤 전략이 작동하고 어떤 전략이 작동하지 않는지 항상 토론하고 개선하며 고객 만족도를 높일 수 있었다.

1984년 대학을 졸업하고 처음 가진 직장은 퀘이커 오츠사(Quaker Oats Company)였다. 이 회사에서 배운 경험이 지금 CEO 자리에 이르게 된 원동력이었다. 다음 직장은 맥도널드였고 여기서 5년간 글로벌 마케팅 관리자로 일했다. 그다음은 US 셀룰러(US Cellular)의 CEO로 영입되어 CEO로서의 첫 경력을 쌓았다. 3년 후 울타 뷰티의 CEO로 채용되어 지금에 이르고 있다.

지금까지 살아온 모든 경력을 관통하는 공통점은 고객 체험에 대한 전문성을 키운 일이다. CEO의 리디십 면에서는 문화와 기업이 중요하게 여기는 가치가 모든 것을 결정한다는 사실이었다. 여성이 비즈니스 세계에서 CEO로서 리더십을 발휘한다는 것은 쉬운 일이 아니다. 하지만 자신의 전문성 영역을 찾아 구축하고 가치와 문화를 통해 리더십을 발휘할 수 있는 역량을 축적할 수 있다면 누구나 뛰어난 CEO가 될 수 있다.

나는 우리 회사 종업원 중 92%가 여성이고, 이사회의 50%가 여성이며, 리더십 팀의 50%가 여성이라는 점에 자부심을 느낀다. 또 임원의 직책까지 오른 사람들 대부분이 말단 현장 직원이나 출납원에서 시작했다. 이런 점에서 우리 회사는 여성들에게 다양성과 포용적 리더십을 경험할 수 있는 아메리칸드림의 성지인 셈이다.

> 여성이라도 자신의 전문성 영역이 있고 가치와 문화를 통해
> 리더십을 발휘할 수 있는 능력이 있다면 누구나 CEO가 될 수 있다.

팀워크가 만들어 낸 재무 성과

▎ 샙(SAP) 클라우드 사업부(Cloud Business Group)의 제니퍼 모건(Jennifer Morgan, 48세)

샙은 미국 및 아시아 태평양 지역 총괄 전무였던 제니퍼 모건을 사장으로 승진시켜 전략사업군인 클라우드 부문을 맡겼다. 사업의 규모는 60억 불 정도이지만 클라우드는 샙의 미래 사업이다. 모건의 첫 번째 임무는 마케팅 스타트업인 퀄트릭

스(Qualtrics)의 합병을 성공적으로 완수하는 것이다.

내 생의 첫 번째 일은 아버지 병원의 치과 보조였다. 덕분에 아버지가 일하는 방식을 지켜보면서 자랐는데 아버지는 사람들과 일하는 데 뛰어난 리더십을 보였다. 아버지를 보면서 정서적으로 몰입하여 일을 완수하는 것이 비즈니스 성공의 관건임을 배웠다. 아버지는 '행정 서류 작업은 좀 늦게 처리해도 큰 문제가 되지 않는데, 사람과 관련된 일에서 지연이 생기면 필요 없는 고통을 부가한다'고 가르치셨다.

내가 CEO가 될 것이라고 생각하며 살지는 않았지만, 멘토로 모셨던 분이 다음과 같은 충고를 했던 기억난다. "경력을 개발하는 데 있어서 다음 경력은 바로 지금 하는 일과 연결되어 이미 와 있다." 즉, 다음 경력을 준비하기 위해서 시간을 쏟지 말고 지금 하는 일을 열심히 하라는 충고다.

북미 그룹을 이끌 때 깨달은 건 팀워크가 제대로 발휘되는 조직은 성과도 좋다는 사실이었다. 이 경험을 통해 비즈니스 경영에 있어서 먼저 사람들에 집중하면 숫자는 자연스럽게 따라온다는 것을 배웠다.

경력 초반에는 내 아이들에게 잘해 주지 못한다는 죄의식에 시달렸었는데, 어느 순간 죄의식은 내가 다룰 수 있는 문제가 아닌 것을 깨달았다. 그리고 죄의식에서 해방되는 순간 더 업무에 몰입할 수 있었고, 일을 효과적으로 처리하면서 생기는 여가를 가족들과 보내는 데 더 유용하게 사용할 수 있었다.

CEO가 되려면 팀워크가 숫자를 따라오게 하는 경영 방식을 체득해야 한다. 또한 여성으로서의 모성적 죄의식에 시달린다면 먼저 죄의식을 풀어 주어야 문제를 제대로 해결할 수 있는 안목이 생긴다.

비즈니스 목적과 연동시킨 전문성

❙ 아이비엠(IBM) **플랫폼&블록체인 사업부**(Global Industries, Clients, Platforms & Brockchain)**의 브리짓 반 크랄링겐**(Bridget Van Kralingen, 56세)

아이비엠 CEO 지니 로메티는 브리짓 반 크랄링겐을 CEO로 승진시켜 가장 중요한 전략사업군인 플랫폼과 블록체인 사업부를 맡겼다. 크랄링겐은 아이비엠의 가장 중요한 고객인 지엠(GM)과 JP 모건 스탠리(JP Morgan Stanley)를 담당하고 있다. 그녀는 아이비엠이 진행하고 있는 340억 불짜리 레드 햇과의 합병 건과 AT&T와 진행하고 있는 수백억 달러짜리 전략적 제휴 사업도 관장하고 있다.

기본적으로 일이란 재미있게 즐기며 자아를 실현할 수 있어야 경력으로 발전시킬 수 있다고 생각한다. 이런 지향점을 지니고 후배들이나 동료들에게 도움을 주려고 노력했다. 나는 본능적으로 인간의 삶을 개선하는 일에 호기심이 있다.

첫 경력은 연구자로 시작했다. 이때의 경험으로 세상은 발견되고 분석되고 결과적으로는 다시 결합된다는 것을 익혔다. 학습하고 발견하고 분석하는 것에 익숙한 삶을 살았다. 연구자로서 산업관계나 갈등관계 등을 연구하기 위해 광산, 병원, 공장 등을 많이 방문했었는데, 대부분 다양한 사람들이 모여 여러 관점을 분석하고 종합하기보다 서로 소통도 하지 않았다. 결국 모든 조직에서 갈등은 인간관계에 집중하면 해결될 수 있었음에도 많은 사람들이 과업 지향적 성향을 벗어나지 못한 것이다.

CEO가 될 것이라고는 상상도 하지 못했고 20대에는 전문성에 대한 욕심이 많아 이것을 충족하기 위해 시간을 보냈다. 최근까지도 소프트웨어 디자이너로 일했다. 정말로 다양한 일을 했다고 생각한다.

이런 다양한 경험 속에서 중요하게 배운 두 가지 교훈이 있다. 첫째, 지적 호기심을 통해 지속적으로 학습하여 문제를 제대로 해결할 수 있는 환경을 만들어야 한다. 둘째, 일을 통해 세상을 더 나은 세상으로 만드는 목적을 염두에 두어야 한다. 목적을 실현하는 일만큼 경력에 도움이 되는 일은 없다.

최대한 전문성 영역에서 다양한 경험을 쌓아라.

다양하게 전문적으로 일을 수행하는 것이 비즈니스의 목적과 연동된다면

그것이 바로 CEO로 이끌어 주는 경력이 된다.

글로벌 여성 CEO들이 시사하는 공통점

이 장에서 언급된 여성 CEO들뿐 아니라 다른 글로벌기업의 여성 CEO들이 인터뷰한 자료를 통해, 이들이 어떻게 여성으로서 차별적 존재우위를 구축하는 데 성공했는지 그 공통의 시사점을 다음과 같이 6가지로 정리할 수 있다.

첫째, 이들은 기업의 목적이 사회를 위해 가치를 창출하는 주체라는 점에 동의하고, 가치 창출을 위한 자신만의 전문성을 기르는 경력 관리에 포커스를 맞추었다. 또한 전문성을 기를 수 있는 기회가 처음부터 찾아오는 것은 아니기 때문에 경력 초반기에는 어떤 일을 맡아도 거절하지 않고 열린 마음으로 임했다. 아무리 사소한 일이라도 맡겨진 일을 성심껏 수행해 보려는 자세를 보이자 선배나 경영진은 그들을 기업의 파트너로 키워야 할 인재라고 인식했다. 이들 중 처음부터 CEO감으로 발탁되어 육성된 사람은 없어 보인다. 다만 그들 모두 어렵고 화려해 보이지 않는 일도 파트너로서 기여할 수 있는 전문 경력 사다리로 생각하고, 기회가 있을 때마다 자원해 몰입하는 모습을 보였다.

이들이 전문가로의 기회를 부여받기 시작한 것은 외집단 여성 인재라는 편견이 벗겨져 내집단 인재로 편입되었을 때다. 내집단 구성원으로 받아들여지는 순간, 여성에 대한 편견과 고정관념이 벗겨지며 회사의 가치에 기여할 수 있는 전략적 과제에 투입되기 시작했고, 여기에서 능력을 발휘해 CEO의 자리까지 올랐다. 이들이 전략적 파트너로 등극할 수 있었던 것은 경력 초기 무슨 일이든 몰입하여 완수하는 태도가 회사에 각인되어 내집단으로 편입된 것이 결정적이었다. 경력의 중반부 시점에서는 그간 축적한 이런 신용이 회사로부터 전략적 과제를 얻어 내기 위한 협상 카드가 되었다.

둘째, 경력 초기에 이들은 여성의 정체성보다는 남성성에 부합하는 모습으로 목소리 톤도 바꿔 가면서 일했으나, 경력이 쌓여 갈수록 여성성이 꼭 숨기고 포기해야 할 게 아니라는 것을 깨달았다. 오히려 여성성을 남성성의 씨줄에 날줄로 결합할 수 있을 때 더 생산적이었다고 고백했다. 남성성과 결합된 여성성을 제대로 표출할 수 있다면 여성성이 굳이 자신을 전략적 파트너로 성장하는 데 방해 요소로 작용하지 않았다는 것이다.

결국 이들은 직장에서 여성성은 포기해야 할 성정체성이 아니며, 오히려 이를 이용해 남성 지배적 분위기를 극복해 새로운 태피스트리의 성 맥락을 만들어 나갈 때 더 생산적이라고 보았다. 모든 경력 과정에서 혼자 성과를 내기보다는 남성 동료와의 협업을 동원해 새로운 운동장을 만들어 나갔다.

셋째, 이들은 회사를 존재의 수준에서 차별화하는, 사명과 목적에 대한 생각이 분명했다. 또한 회사의 사명을 여성을 넘어 자신 존재 우위를 차별화시키는 지렛대로 사용했다. 성과를 내는 이유를 생존의 문제를 넘어, 사회와 공동체에 차별적으로 기여한다는 기업의 큰 목적과 연동시킴으로써 조직에 다양성의 문화가 자연스럽게 이입되는 통로를 만들었다. 또한 이런 분위기는 소수가 능력으로 기여할 수 있는 기회를 만들어 냈다. 아이비엠의 지니 로메티, 앤섬의 게일 보드로, J&J의 애슐리 맥커보이, 울타 뷰티의 메리 딜런, 펩시의 인드라 누이(Indra Nooyi) 등 모든 여성 CEO들이 기업의 존재 이유를 전략적 차별화의 핵심으로 설정하고 여성과 남성을 비롯한 모든 다양한 인적자원들을 연동하여 다양성 문제를 해결하는 탁월한 능력을 보였다. 이들이 다양한 관점이 첨예하게 대립되는 상황에서도 투명하게 의사결정을 할 수 있었던 이유는 기업이 약속한 더 높은 차원의 사명이나 목적을 갈등을 중재하는 데에 동원할 수 있었기 때문이다. 그리고 남성 중심 조직의 특징인 조직 정치를 이길 수 있었던 것도 조직의 사명과 목적이라는 더 높은 구심점에 몰입함으로써 남성들을 설득하고 통합할 수 있었던 덕분이다.

넷째, 여성 임원들은 자기만의 개인적 성공에 머무르지 않고 다양성에 대한 사회적 사명을 투철히 챙겼다. 여성이 전략적 파트너의 상징인 CEO가 될 경우, 여성 인재 차별에 대해 보이스를 높일 수 있는 기회를 제공받는다는 사실을 알고 이 기회를 적극적으로 활용했다. 또 여성 CEO로서 자신이 회사를 제대로 경영하는 것이 전문적 경력을 쌓고 있는 다른 여성들이나 소수 배경을 가진 사람들에게 많은 기회를 주게 한다는 것을 이해하고 실천했다. 이들은 직접 나서서 막힌 파이프라인을 뚫는 일에도 앞장섰다. 특히 여성 인재나 소수의 배경을 가진 사람들이 제대로 된 경력을 개척할 수 있도록 직접 멘토로 나섰다. 그리고 자신이 어렵게 성취한 것을 상실할지도 모른다는 두려움을 느꼈더라도 이에 대해 입을 다물지 않았다. 이들은 자신이 만든 사다리를 차버리지 않고 오히려 고장 난 부분을 수선해서 후배들에게 물려주는 모습을 보였다.

다섯째, 이들은 다양성이 여성 문제에 국한되지 않는다는 것을 이해하고 다른 소수의 배경을 가진 사람들에게도 눈을 돌렸다. 즉, 다양성에서 소수를 점하고 있는 인재들에 대해 긍휼을 보인 것이다. 그래서 다른 소수를 점하고 있는 인재들을 회사의 전략적 파트너로 개발하는 일에 누구보다 적극적이었다. 또한 여성 인재로서 겪은 어려움을 이들 소수가 겪고 있는 어려움과 연동하여 연대를 형성하고 이를 통해 모든 소수가 참여해 자신의 능력을 최대한 발휘하게 할 수 있는 문화적 환경을 조성했다. 여성 리더들은 여성으로서의 어려움을 극복하고 전략적 파트너로 등극함으로써 얻게 된 특별 대우(Idiosyncratic credit)의 기회를 적극적으로 활용하여 여성 후배들과 능력이 뛰어나지만 소수 배경을 가진 사람들의 대변자로 나서기도 했다. 그렇게 여성의 이슈를 넘어 다양성의 상징이 되었다.

여섯째, 이들이 CEO까지 오르게 된 것은 여성 차별과 기회의 불평등에 묵묵히 대항하여 끝까지 포기하지 않은 태도와 급진적이지만 할 수 있는 면에선 개선해가려는 마인드를 가졌기 때문이다. 이들은 여성 이슈를 정치적으로 먼저 해결하려는 성향보다는 어려운 상황이지만 남성과의 협업을 통해 실력으로 해결하려는 성향을 보였다. 이들 대부분은 여성으로서 전문성을 통해 영향력을 발휘할 수 있는 그날만을 기다리며 끝까지 버티었다고 고백했다.

여성 리더들은 스스로 그저 조용히 버텼다고 고백하지만, 사실 이들의 행보는 여성과 소수에 대한 긍휼감을 실현하기 위한 조용한 혁명가의 행보다. 이들은 기회가 있을 때마다 여성과 남성의 이원론적 범주가 소멸되는 운동장을 만들어 내기 위해 헌신했다. 또한 이런 운동장에서 소수와 여성에 대한 긍휼감을 기반으로 조직이 설정한 목적을 제대로 달성할 수 있다는 것을 증명함으로써 여성 CEO의 자리까지 올랐다. 또한 여성 CEO들은 조직의 사명을 실현함을 통해 남성 CEO가 만들어 낼 수 없는 차별적 성과를 만드는 데도 능력을 보였다.

10장

전략적 파트너

처음부터 하늘에 도달하려고 시도한다면 천장을 뚫었겠지만
천장을 뚫는 것이 목표라면 아마 아직도 마루에 머물고 있을 것이다.
- 빌 섕클리(Bill Shankly)

인적자원 관리 측면에서 여성을 기업의 임원으로 승진시키고 CEO로 육성해 내는 핵심은, 여성을 회사의 전략적 파트너로 육성하는 문제와 연관되어 있다. 여성이든 남성이든 전략적 파트너로서의 자질이 없다면 회사가 이들을 임원으로 승진시키는 데 난색을 표할 것이다.

여성이 전략적 파트너가 되었다는 것은 유리천장을 깼다는 것을 의미한다. 사실 회사 입장에서 유리천장을 깨고 전략적 파트너로 성장할 수 있는 여성이 있다면 그를 임원으로 승진시키지 않을 이유가 없다. 또한 전략적 파트너로 인정된 여성 임원들의 숫자가 유의미한 숫자가 되었다는 것은 기업에서 성에 대한 고정관념인 유리천장 자체가 사라졌고 유리천장이 있던 자리에 여성과 남성을 위한 협업의 운동장이 구축되었다는 것을 의미한다.

이와 같은 중요성에도 불구하고 회사에서 여성들은 남성과 달리 전략적 파트너로 육성되기 위한 코칭을 받지 못한다. 여성들이 전략적 파트너가 되도록 리더십을 길러 준다는 것의 의미를, 여성 리더십 개발을 위해 오랜 시간 투자해 온 수잔 콜란투오노(Susan Colantuono)가 연설에서 명료하게 제시했다.[1] 콜란투오노는 여성 임원을 육성하기 위해, 남성들에게 적용하는 전략적 파트너의 매뉴얼에 따라 여성도 똑같이 코칭하고 훈련시키는 HR 관행이 필요하다고 지적했다. 다음은 콜란투오노 연설의 요지이다.

> 여성은 중간관리자나 전문가 직종의 50% 가까이를 차지하고 있다. 그러나 유독 여성에게 아직도 문호를 개방하지 않는 곳이 기업 임원으로 향하는 문이다. 글로벌 회사에서도 여성 임원의 비율은 여전히 20%를 넘지 못한다. 중관관리자급에서는 뛰어난 리더십을 발휘한 여성들이 충분히 육성되고 있는데, 왜 이들의 대다수는 남성들처럼 임원이 되지 못하는 것일까?
>
> 내가 만났던 토냐(Tonya)의 경우가 그 경우이다. 2년 전 처음 만났을 때 토냐는 『포춘』 50대 기업의 관리자였다. 토냐는 내게 다음과 같이 회사 생활에 깊은 좌절감을 토로했다.
>
> "지금까지 나는 리더가 되기 위해 자신감이나 내 주장을 설득하는 스킬을 늘리고자 매우 노력했습니다. 상사로부터 받은 성과평가 결과도 우수했고요. 팀원들도 360도 평가에서 나와 같이 일하는 것에 전혀 불만을 표하지 않았습니다. 나는 경영을 더 심도 있게 배우기 위해 교육도 많이 수강했고 남들이 부러워할 만한 멘토로부터 훈련도 받았습니다. 문제는 이런 객관적 리더십 평가에도 임원으로 승진할 기회에서 두 번이나 탈락한 것입니다. 상사는 내가 임원으로 일해도 누구보다 열정적일 것임을 알고 있습니다. 심

---

1 'Leading Women'의 CEO, 수잔 콜란투오노는 브라이언트 대학교 여성 리더십 연구소의 설립자이기도 한 여성 리더십 전문가이다.

지어 임원이 되어 해외에 파견되어도 회사를 떠나는 일은 없다는 것도 알지만 승진에서는 밀어 주지 않았습니다."

토냐의 사례는 이론상 회사에서 여성 임원이 50%를 차지해야 한다는 것을 전제할 때, 이들 중 리더십이 뛰어남에도 임원이 못 되는 30% 여성들이 들려주는 전형적 스토리다. 자신감도 있고 자기주장도 뛰어나고 평가도 우수한 여성 리더들에게 무슨 일이 일어나는 것일까? 리더로는 좋은 평가를 받은 이들이 여성 임원으로 발탁되지 못하는 갭을 극복하기 위해 해야 할 것은 무엇일까?

임원 승진을 놓고 회사는 리더십 스킬을 평가한다. 임원으로 승진하려면 여성이든 남성이든 리더십은 기본이다. 리더십을 발휘하기 위해서는 자신의 잠재력을 알고 팀원들의 잠재력을 동원하여 다 함께 지속가능한 성과를 도출할 수 있어야 한다. 리더십 스킬과 재능을 수단으로 조직이 요구하는 수준의 전략적이고 재무적인 목표를 달성하는 것이 핵심이다. 이 목표를 달성하기 위해 조직 내의 파트너나 조직 밖의 파트너와도 효과적으로 협업할 수 있어야 한다.

결국 리더십의 세 요소는 자신의 잠재력을 동원하는 것, 팀원들을 협업의 파트너로 초대하는 것, 이를 통해 조직의 전략적이며 재무적인 성과를 달성하는 것이다. 이 세 가지가 똑같이 중요한 것은 아니다. 임원으로 승진할 수 있는 인재를 찾을 때, 잠재력과 팀원과의 협업 능력도 필수지만 이보다 배로 중요한 것은 이 두 가지를 통해 지속가능한 전략적·재무적 성과를 달성하는 것이다.

지속가능한 성과를 달성하기 위해서는 무엇보다 비즈니스 환경과 재무적 수치에 대한 전략적 영민함이 요구된다. 전략적 영민함은 비즈니스를 통해 가치가 어떻게 창출되는지, 전략을 어떻게 수립해야 하는지, 재무적 목표치는 어떻게 설정되어야 하는지를 이해하고 이에 맞추어 조직의 미래를 만들어 나가는 방향으로, 스스로의 역할을 최적화하는 것이다.

경영 환경이 변화한다면 변화에 맞춰 자신의 리더십 역할을 바꿀 수 있어야 전략적 영민함을 입증할 수 있다. 스스로의 잠재력과 리더십 스킬이 뛰어나도 그것을 회사가 설정한 전략적 목표를 달성하는 수단으로 연결시키지 못한다면 임원 승진은 물 건너간다. 팀원들에게 리더십이 뛰어난 것으로 평가받았음에도 임원이 되지 못한 여성 리더 30%가 가진 본질적 문제다.

나는 어느 기업의 임원 컨퍼런스에서 '회사의 하이포 인재로부터 무엇을 기대할 것인가'라는 주제로 열린 토론의 사회를 본 적이 있었다. 토의를 이끌어 내기 위해 참석 임원들에게 자신의 잠재력, 팀과 협업할 수 있는 능력, 전략적 영민함이라는 리더십의 세 가지 요소를 설명했다. 임원들에게 회사의 하이포 인재로부터 가장 많이 기대하는 것을 묻자 그들은 다음과 같은 것을 인용했다.

"하이포 인재가 되려면 무엇보다도 스마트해야 하고, 열정적으로 일에 헌신하고 진실성을 보이며, 어려움이 있어도 견뎌 내는 능력을 보여야 합니다."

이어 이들에게 리더십 3요소 모형을 다시 설명하고 3요소 중 어떤 것과 일치하는지 되물었다. 당연히 개인적 잠재력을 꼽았다.

이들에게 하이포 인재들이 가진 리더로서의 잠재력 이외에 다른 요소를 추천한다면 어떤 요소를 추천할지도 물었다.

"고객과도 잘 지내고, 팀원들에게 권한을 잘 위임해 주며, 필요한 사람들과 제대로 협상할 수 있어야 하고, 갈등도 제대로 처리하며, 무엇보다 뛰어난 소통가여야 합니다."

이런 자질은 리더십 3요소 중 어떤 자질과 일치하는지 물었다. 당연히 두 번째로 지적한 요소인 다른 사람과 협업할 수 있는 능력이 거론됐다. 재차 어떤 능력이 더 필요한지 질문해 보았지만 더 이상 새로운 답이 제시되지 않았다.

더 제안이 나오지 않아 내가 다음과 같이 리더십의 세 번째 요소를 제안해 보았다.

"여러분이 하고 있는 비즈니스를 제대로 이해하며 향후 어디로 나아가야 하는지도 잘 알고 있고 자신의 역할을 여기에 맞춰 창안해 낼 수 있는 인재들이 있다면 어떨까요? 외부 환경도 주기적으로 점검해 가며 위험과 기회 요인을 잘 파악하고 그에 맞춰 전략도 수립하고, 전략을 실행하기 위한 제안을 제대로 할 줄 아는 인재는 어떤가요? 여러분의 비즈니스가 처한 재무 상태를 이해하고 이것이 의미하는 바를 구성원에게 설파하며 이를 위해 적절한 행동이나 제안을 낼 수 있는 인재는요?"

나의 제안에 참가한 남자 임원 중 한 사람이 즉각적으로 "그것은 그냥 기본이지요."라고 답했다. 남성 임원이 지적한 비즈니스의 재무적 상태를 이해하고 집행하는 능력을 다른 임원들도 하이포 인재의 기본으로 생각하고 있는지 확인해 보기 위해 그 자리에 참가한 150여 명의 여성 임원들에게 다시 질문했다.

"평소 비즈니스에 대한 재무적·전략적 영민함이 하이포 리더가 되는 데 중요하다고 생각한 분이 있다면 손을 들어 주시겠어요?"

150여 명의 여성 임원 중 오직 세 명만이 손을 들었다. 나는 지난 5년간 똑같은 질문을 전 세계의 여성 임원 포럼에서 해왔지만 이 질문에 그렇다고 응답하는 여성 임원들의 비율은 아쉽게도 다르지 않았다.

어떻게 이런 일이 벌어질 수 있었을까? 이 결과는 임원으로 승진할 수 있는 여성들에게 리더십과 경력에 관한 적절한 조언이 제공되고 있지 않았다는 증거다. 조언을 받지 못한 여성 중간관리자들이 리더십의 엉뚱한 측면에 집착하고 본질적인 것을 놓친 탓에 회사의 전략적 파트너로 발탁되지 못한 것이다.

지난 수십 년간 여성들은 회사 자원을 사용하는 결정에서 비즈니스의 재무적·전략적 성과가 얼마나 중요한지 제대로 된 조언을 듣지 못했다. 그러는 사이 이들은 자신의 잠재력 개발이나 팀원 협업에만 집중하고 이런 면에서만 우수한 평가를 얻었다. 그러나 전략적 성과까지는 연결시키지 못했기 때문에 임원으로 승진하지 못했다. 여성 중간관리자들은 자신의 잠재력을 동원하고 팀원에게 좋은 평가를 받기만 하면 뛰어난 리더라고 생각했던 것이다.

여성 중간관리자들은 두 번이나 임원 승진에서 탈락한 토냐가 들었던 똑같은 조언을 수도 없이 들었다. "자기주장을 내세워라. 자신감을 가져라. 개인의 브랜드를 만들어라. 다른 사람과 협업해라. 좋은 멘토를 구해라. 네트워크를 확장해라." 그러나 누구도 그들에게 이러한 조언을 이용하여 비즈니스의 전략적 성과를 산출해야 한다는 마지막 이야기를 해주지 않았다. 잠재력과 협업 구성 능력이 아무리 완벽해도 비즈니스 성과로 연결하지 못한다면 리더로서는 실패한 사람이라는 이야기를 해주지 않았다. 40년간 리더십 역량을 키우기 위해 그렇게 노력했음에도, 또한 리더십 평가에서 남성들보다 더 수월성을 보였음에도 불구하고 여성들이 남성들처럼 회사의 전략적 파트너 지위를 인정받지 못한 비밀이다.

이 문제는 대부분 회사의 인재 개발 시스템상의 문제이기도 하다. 대부분 회사에서 리더를 육성하는 초점을 리더로서의 잠재력을 발굴하고 팀원과 함께 일하는 능력에만 둘 뿐, 비즈니스의 성과로 연결시키는 다리에 대해서는 이야기하고 있지 않다. 리더십 잠재력과 협업 능력만 있다면 누구나 뛰어난 리더라고 가정하고 인재 개발 체계를 디자인해 왔다.

회사의 인재 육성 시스템이 그렇다면, 리더십 역량이 아무리 뛰어나도 성과를 내지 못하면 임원이 될 수 없다는 비밀을 남성들은 알고 있었을까? 이미 알고 있었으리라는 사실을 다음 두 가지 이유로 제시할 수 있다. 첫째는 똑같은 리더십 능력이라면 남성들이 여성들보다 전략적 성과를 낼 수 있는 직책에 더 보임되었다는 사실이다. 둘째는 멘토링의 문제이다. 실제 회사의 한 임원으로부터 다음과 같은 멘토링 경험을 들었다. 이분은 지난해에 두 명을 성공적으로 멘토링했는데 그 중 한 명은 여성이고 다른 한 명은 남성이었다. 그런데 멘토링을 끝내고 생각해 보니 남성을 멘토링할 때는 비즈니스에 관한 것을 중심으로 했고 여성을 멘토링할 때는 자신감 위주로 했다고 고백했다. 그러면서 자신도 멘토링에서 여성과 남성을 달리 취급해 왔다는 것을 최근에야 인지했고 이것이 문제가 된다는 것을 지금에서야 알게 되었다고 실토했다.

이런 사실은 기업이 여성과 남성의 리더십과 경력 개발에서 서로 다른 조언을 하고 있다는 것을 암시한다. 여성에게는 리더십의 문제만 해결되면 모든 것이 해결될 수 있다고 가르치는 반면, 남성들에게는 리더십 역량을 통해 성과를 내지 못하면 전략적 파트너가 될 수 없다고 제대로 된 사실을 가르친다. 이 차별적 가르침이 기업에서 30%의 여성이 임원으로 될 수 있는 길을 막고 있다.

그렇다면 이 문제를 어떻게 해결해야 할까? 여성들에게 남성들과 똑같이 가르쳐야 하는 것은 분명하다. 리더십은 스킬만이 목적이 아니라 전략적 성과를 도출하기 위한 수단이기 때문에, 리더십 스킬에서 우수해도 이를 통해 기업이 정한 성과를 달성하지 못하면 전략적 파트너가 될 수 없다는 것을 알려 줘야 한다. 더불어 습득한 리더십 스킬을 조직의 전략적 성과로 연결시키는 실질적인 방법을 가르쳐야 한다. 그러기 위해서는 조직의 나아갈 방향과 이를 실현하기 위해 여성이 리더로서 담당해야 할 역할을 심사숙고하는 법도 알려 줘야 한다. 이러한 현실적 리더십 교육만이 여성이 중간관리자에 머물지 않고 임원으로 승진하는 데 돌파구가 될 것이다.

여성들이 회사의 전략적 파트너가 되기 위해 중간관리자가 되기를 기다릴 필요도 없다. 한 첨단바이오회사에 근무하는 여성 과학자는 직급이 낮음에도 불구하고 자신이 새롭게 제안하는 과제가 회사의 재정에 얼마나 기여할 수 있는지 데이터를 제시하여 프로젝트를 성사시켰다. 그녀는 낮은 직급에도 프로젝트의 책임자가 되었다. 이 젊은 여성 과학자는 조직의 전략적 파트너가 되는 길을 영민하게 알고 있으므로 때가 되면 회사의 임원으로 승진할 것이다.

여성 중간관리자의 리더십-성과 연결 문제는 여성 스스로가 전략적 파트너에 대한 개념 및 역할, 기술을 익혀 가는 문제이기도 하지만 회사가 인재를 키우는 방식과 관련된 문제이기도 하다. 경영자라면 회사가 소정의 재무 성과를 이루도록 모든 사람을 한 방향으로 정렬시켜야 한다. 전략의 1%는 방향 설정이고 99%는 그 방향으로 정렬시키는 것에 달려 있다.

콘퍼런스 보드(Conference Board)[2]의 보고에 따르면, 모든 경영자가 위와 같은 정렬이 중요함을 인지하고 있으면서도, 37% 정도만이 경영에서 제대로 실행하고 있다. 63%의 회사가 리더십 훈련을 통해 전략적 재무 성과를 달성하는 시도에서 성공하지 못하고 있는 것이다.

매년 이사회에서 임원 충원 비율에 대해 논의가 벌어질 때 왜 여성들의 임원 비율이

---

2 미국 비영리 민간 조사연구단체

50%에 도달하지 못하는지를 전략적 관점에서 추궁해야 한다. 50%가 안 된다는 것은 남성 관리자와 같은 능력의 여성 중간관리자들이 전략적으로 정렬된 방식으로 일하지 못한다는 것을 의미한다. 또 회사의 인적자원이 전략을 이루기 위해 최적화되어 있지 못하다는 증거이다.

여성 중간관리자와 같은 비율의 여성 임원이 육성되지 못한다는 것은 성과를 책임져야 하는 CEO에게 특히 중대한 견책 사유이다. 임원 승진 후보 명단에 있는 여성 직원에 대해 HR 담당 임원이 그 여성은 아직 비즈니스 경험이 없다고 핑계를 댄다면 CEO는 이 점을 혹독하게 파고들어야 한다. 지금까지 회사에 어떤 문제가 있어서 여성과 남성에게 전략적 파트너로 성장하는 경험을 똑같이 제공하지 못했는지를 따져 봐야 할 것이다.

서두에서 언급했던 토냐의 이야기로 돌아가 보자. 두 달 전 토냐는 다시 한번 임원 승진 인터뷰를 했다고 이메일을 보냈다. 그동안 토냐는 리더십은 수단에 불과할 뿐이고 이를 통해 전략적 과제를 완수할 때 전략적 파트너가 될 수 있다는 것을 제대로 습득하고 그렇게 할 수 있도록 노력했다. 회사는 토냐가 비즈니스에 영민함을 가지고 있는지, 산업에 대한 전략적 통찰력을 가졌는지를 집중적으로 인터뷰했다. 이번 인터뷰에서 토냐도 자신 있게 자신이 왜 전략적 파트너인지를 설파했다. 그 후 토냐는 인터뷰가 끝나고 회사의 정보 책임자급에 해당하는 임원 직책을 얻었다는 메일을 보내 왔다.

콜란투오노가 전달하는 핵심적 메시지는, 회사에서 임원으로 승진했다는 것이 전략적 파트너의 지위를 충족했다는 것을 의미한다는 부분이다. 누구든 전략적 파트너로서의 능력을 가진 사람이라면 남녀를 떠나 임원이 될 수 있다는 것이다. 전략적 수행 능력이 검증되지 못한 사람을 단지 리더십 평가 점수가 높다고 해서 임원으로 승진시키는 회사는 없다. 전략적 파트너로서의 잠재력을 평가받지 못했음에도 여성 임원 숫자를 채우기 위해 임원으로 승진시키는 관행은 결과적으로 여성 인재를 육성하는 시스템에 부메랑이 되어 돌아온다. 문제의 본질은 여성 임원으로 이르는 파이프라인을 만들어 여성 임원을 밑단에서부터 제대로 육성하고 있느냐이다.

사실 콜란투오노가 제기한 문제는 전통적으로 잘못된 리더십 개념에서 기인한 것이다. 리더십이라는 것은 회사가 설정한 비전과 사명을 구현하여 변화를 만들어 내는 수단에 불과하다. 하지만 회사에서 리더십을 너무 지나치게 강조하다 보니 수단인 리더십을 목적으로 생각하는 리더십 로망스(Romance of leadership) 현상이 생겼다. 리더십 로망스는 회사에서 리더십 점수만 높으면 모두 높은 직급으로 승진할 수 있다는 착각을 가져온다.

전략적 파트너의 자리인 임원 이전까지는 리더십 점수 자체가 승진에 큰 의미를 차지하기도 한다. 하지만 본질적으로 리더십은 조직의 변화를 만들어 내는 수단이다. 이 수단에서 아무리 뛰어난 역량을 발휘했다 하더라도 이를 통해 회사가 약속한 비전과 사명을 실현시키는 변화를 만들어 내지 못한다면 리더로서 자격 미달이다.

전략적 파트너란 회사의 비전과 사명을 실현하고 회사에 실질적 변화를 주도한 사람을 의미한다. 전략적 파트너의 역량이 검증되면 여성이라고 임원으로 승진하지 못할 이유는 없다. 아무리 뛰어난 리더십 역량을 가진 남성이라 하더라도 그 역시 변화를 실현하는 데 기여하지 못한다면 임원이 될 수 없다.

여성 임원들은 여성으로서의 범주적 차이를 극복하고 회사에 차별적 성과를 만들어 낸 사람들이다. 남성들이 지배적인 조직에서 일하는 여성일수록 리더십 스킬의 수월성을 지렛대로 삼아 전략적 성과를 낼 수 있는 포지션과 과제에 더 적극적으로 접근해야 한다. 그리고 이러한 기회를 통해 자신이 전략적 파트너로서 충분한 자격이 있다는 것을 증명할 기회를 스스로 만들어야 한다.

PART 4

성다양성을 위한 과제

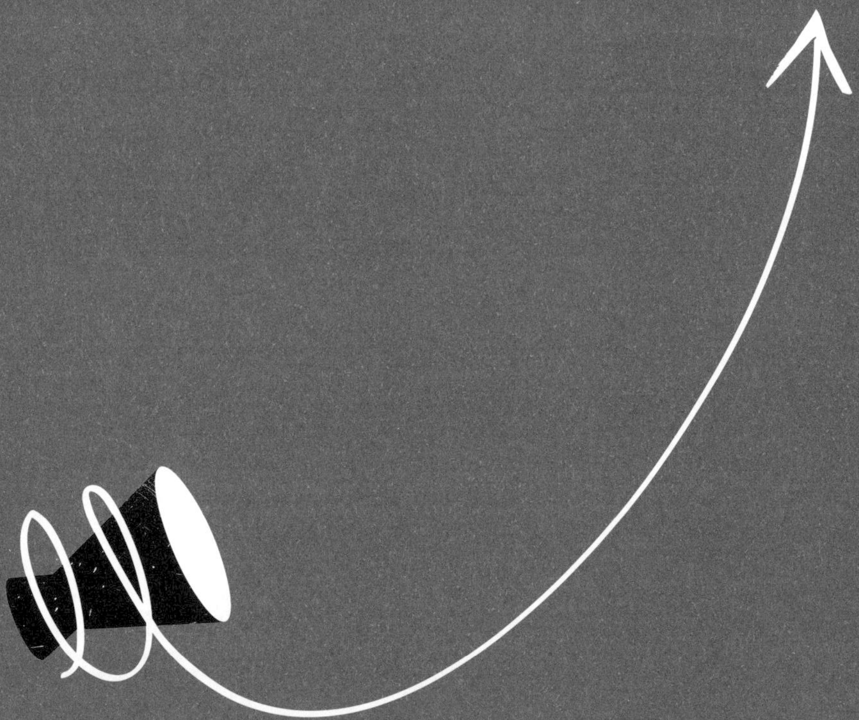

이 파트에서는 전략적 파트너를 열망하는 여성들이 유리천장을 깨고 전략적 파트너로 성장하기 위해 자신과 사회, 회사가 어떤 노력을 보여야 하는지를 설명한다. 그리고 능력 있는 여성들이 겪는 가면증후군은 무엇이고 어떻게 극복할 수 있는지, 회사와 정부는 돌봄의 사회화를 통해 여성들에게 사회적 연대의 그물망을 마련할 수 있는지, 평균의 함정이 문화적으로 여성들을 어떻게 권력 관계의 질서 속에 종속시키는지, 성다양성 실현을 꿈꾸는 사람들은 평균의 함정을 어떻게 극복해야 하는지 등을 다룬다.

11장

가면증후군

진정성이란 자신에게 진실한 상태이다.
- 윌리엄 셰익스피어(William Shakespeare)

가면증후군(Impostor syndrome)은 폴린 로즈 클랜스(Pauline Rose Clance)와 수잔 임스(Suzanne Imes)가 1978년 한 심리치료 논문에서 밝힌 심리적 병리 현상이다.[1] 가면증후군은 남들이 객관적 시각으로 봐도 뛰어난 성취를 보임에도, 본인은 유능하거나 똑똑하거나 창의적이지 않다고 믿으며 사실 능력에 있어서는 자신이 남들을 기만하는 사기꾼일 수도 있다고 믿는 현상을 말한다. 가면증후군은 실제 사기꾼과는 다른 사람들이다. 사기꾼은 자신이 가면을 쓰고 있음을 알고 있어도 다른 사람들에게는 가면을 쓰지 않았다 소구하고 연기한다면, 가면증후군의 사람

1 Clance, P. R., & Imes, S. A.(1978), 「The imposter phenomenon in high achieving women: Dynamics and therapeutic intervention」, 『Psychotherapy: Theory, Research & Practice』, 15, 3, p241~247

들은 반대이다. 남들이 보기에도 가면을 쓰지 않은 것으로 보이는데 자신만 굳이 가면을 썼다고 주장하고 본인은 이 가면이 언제 벗겨질지 몰라서 전전긍긍한다.

이런 현상은 알베르트 아인슈타인(Albert Einstein)과 같은, 뛰어난 배경을 가진 소수의 사람들이 경험하는 현상이다. 제92회 아카데미상을 휩쓴 봉준호 감독도 일시적이지만 인터뷰에서 자신이 왜 이 상을 받았는지, 자신이 진짜 자격이 있는지 모르겠다는 말을 되풀이하는 걸로 보아 비슷한 신드롬을 경험한 듯하다.

가면증후군은 소수의 배경을 가진 탁월한 능력의 사람들이 겪는 문제로 능력과 재능을 가진 여성 인재들을 집중적으로 괴롭히는 현상이기도 하다. 페이스북의 여성 임원 셰릴 샌드버그도 가면증후군으로 고생했던 경험을 고백하기도 해 세상을 놀라게 했다.

클랜스와 임스는 객관적으로 보기에도 능력이 뛰어난 150명의 여성들을 대상으로 가면증후군 연구를 진행했는데, 이들 중 30% 이상이 가면증후군으로 고생하고 있었다. 샘플에 포함된 여성들은 중서부에 있는 유명 사립대학의 학생 95명, 교수 10명, 미국 남부에 있는 유명 대학의 학부생 15명, 대학원생 20명, 교수 10명이었고 이외에도 변호사나 카운슬러, 교사와 같은 전문직에 종사하고 있는 일반인 22명을 포함하고 있다. 놀랍게도 이들은 객관적인 평가에서도 남성에 절대 뒤지지 않는 성과를 산출하는 여성들이었다.

대상자들은 대부분 자신의 객관적 성과나 능력은 잘못된 결과이며 언젠가는 진실이 밝혀질 것이라는 두려움으로 고생하고 있었다. 이들은 자신에 대한 불신 때문에 정당하게 얻은 성공이나 업적을 외재적 운으로 돌리는 성향도 강했다.

가면증후군에 갇혀 자신의 능력을 스스로 의심하게 되면 뛰어난 아이디어를 내거나 실력을 발휘할 기회가 생겨도 주도적으로 먼저 나서지 않아 능력을 인정받기 쉽지 않다. 그래서 이러한 성향은 특별한 기회가 찾아오지 않는 이상 여성들을 조직의 리더로 발탁하기 힘들게 하는 요인으로 작용한다.

유리잔을 받아들이다

벼룩은 세상에서 점프를 가장 잘하는 동물이다. 자신의 몸높이보다 몇십 배를 뛰어오를 수 있다. 그런데 벼룩을 잡아서 유리컵을 덮어씌우면 상상할 수 없는 일이 벌어진다. 벼룩은 높이 뛸 수 있다는 평소의 믿음대로 높이뛰기를 시도한다. 하지만 생각과는 달리 계속해서 거꾸로 세워 놓은 컵의 천장에 부딪힌다. 벼룩은 계속 시도해 보지만 결과는 마찬가지다. 상처만 얻고 포기하게 된다. 어느 정도 시간이 지나면 벼룩은 부딪히지 않기 위해 컵의 높이만큼만 뛴다. 이와 같은 상태로 벼룩을 가뒀다가 유리잔을 뒤집어 놓아도 벼룩은 유리컵 높이만큼만 뛰게 되어 결국 유리컵을 빠져나오지 못한다. 벼룩은 유리컵보다 훨씬 높이 뛸 수 있는 능력을 가지고 있지만 더 이상 그럴 수 없다. 자신은 유리컵 높이만큼만 뛸 수 있다는 새로운 믿음 속에 갇힌 것이다.

여성 인재가 가면증후군에 시달리는 것도 비슷한 원리다. 일정 시간이 지나면 여성들도 거꾸로 놓인 유리잔에 갇힌 벼룩 신세가 된다. 능력이 있는 여성을 데려다 남성문화가 지배적인 조직에 가둬 두면 여성은 조직에서 기대하는 것보다 더 성과를 낼 수 있지만 유리잔의 천장에 막혀 딱 그만큼만 해내는 데 적응한다. 나중에 유리천장을 벗어나도 숙련된 무능 때문에 원래 자신의 능력을 회복하지 못한다.

유리천장은 회사가 여성들을 위해 만들어 놓은 능력에 대한 기대수준을 의미한다. 유리천장 효과는 여성들에게 주로 적용되지만, 성별 이외 다른 속성과 배경이 소수일 경우에도 보편적으로 적용된다. 또한 조직에 능력보다 넘치는 자리를 차지한 무능한 상사가 있다면 이 상사에 의해 유리천장 효과가 견고하게 작용한다. 유리천장을 받아들인 여성들은 자유롭게 뛸 수 있는 환경을 구축해 주어도 자신의 역량을 모두 발휘하지 못한다. 유리천장을 받아들이는 순간 여성은 스스로 무능해진다. 자신의 능력이 자연스럽게 발현되어 성과로 이어져도 이 결과를 놓고도 가면증후군에 시달리게 된다.

사회적 지위 서열에 의해 임의로 배분된 기대의 차이에 따라 인재가 되고 못 되는 것을 설명하는 이론이 기대성과 및 지위 이론(Performance Expectation and Status Theory)이다.[2] 인재로서 임무를 잘 수행할 것이라는 주변인들의 기대가 성과 기대다. 성과 기대가 높은 사람들은 자원과 기회가 더 많이 제공됨으로써 자신들이 가지고 있던 기대를 확증하는 경향이 강하다. 또한 성과 기대가 높으면 피그말리온효과(Pygmalion effect)를 일으켜 당사자도 다른 사람보다 일을 잘 처리할 수 있다는 기대인 효능감(Efficacy)이 생성된다. 그래서 실제로 어떤 일을 맡겨도 자신감을 가지고 더 잘 처리하는 경우가 많다.

전통적 조직에서는 남성 인재에 대한 높은 성과 기대가 그들에게 자기효능감(Self-efficacy)을 불러일으키고, 이 자기효능감이 실제 성과를 높여 지위를 더 강화했다. 보통 여성과 남성이 같이 일할 때 남성이 여성보다 근거 없이 자신감이 넘치는 것도 바로 이 성과 기대 차이에서 기인한 자기효능감 때문이다. 반면 여성들은 근거 없는 무능에 시달린다. 또한 경쟁을 통해서 능력을 입증해도 자신이 만든 성과에 대한 믿음이 없기 때문에 자신의 가면이 언젠가는 강제로 벗겨질 것이라는 가면증후군에 시달린다.

남녀의 과거 학벌이나 심지어는 과거 업적에 대한 데이터가 존재하지 않는다는 가정 아래, 기대성과 및 지위 이론 연구자들이 성과에 결정적으로 영향을 미치는 변수로 발견한 것이 바로 자기효능감이다. 자기효능감은 자신에게 어떤 일을 맡겨도 수월하게 처리해 나갈 수 있다는 '자신에 대한 믿음'이다. 그래서 자기효능감이 있는 사람들은 과거나 배경의 도움을 받지 않고도 어떤 과제가 할당되든 성과를 낸다. 그리고 답이 정해지지 않는 상황에서 솔루션을 도출하는 '성과에 대한 학습 능력'이 자기효능감이 낮은 사람들에 비해 월등히 높은 것으로 나타난다.

---

2 Berger, J., Fisek, H., Norman, R. Z., & Zelditch, M., 『Status characteristics and social interaction: An expectation-states approach』, New York: Elsevier, 1977

기대성과 및 지위 이론에서 주장하는 것은 지위가 높은 사람들이 자기효능감을 차별적으로 분배하고 구성원들이 이 차별적 분배를 지지하는 과정을 통해 유리천장이 만들어진다는 것이다. 여성에게는 능력에 비해 낮은 자기효능감을 기대하고 남성에게는 상대적으로 높은 자기효능감을 기대한다. 이에 맞춰 기회를 배분하면 결국 남성들에게만 기대가 확증되고 동료들도 이 기대 차이를 지지하게 되며, 불이익의 당사자마저 이를 엄연한 현실로 받아들여 유리천장이 완성된다고 본다.

기대성과 및 지위 이론에 따르면, 어떤 사람이 뛰어난 인재가 되기를 주변에서 기대하고 있다면 이 사람이 뛰어난 인재로 성장하는 데 자신의 열망은 별로 중요한 변수가 못 된다. 확증 성향 때문에 이 가설을 확증하는 쪽으로 성공할 수 있는 기회도 차별적으로 배분되기 때문이다.

반대로 주변 사람들이 다 인재가 못 될 것이라고 기대하고 있는데 자신만 인재가 되고 싶어 안달한다면 그 사람은 인재가 되기 힘들다고 예언한다. 그가 인재가 되려는 열망과 주변 사람들의 부정적 기대의 차이가 장벽으로 작용하기 때문이다. 본인이 아무리 뛰어난 능력과 인재가 되려는 열망을 가지고 있어도 주변 사람들이 이 열망을 그대로 받아들이지 않으면 성장할 수 있는 기회를 배분받지 못하기 때문에 인재로 성장하기 힘들다. 결국 인재의 자기효능감에 대한 기대가 기회의 배분을 결정한다. 사회가 배분한 성과 기대에 대한 자기효능감을 구성원들도 마음속에 받아들이게 되는지의 여부가 인재 탄생을 가른다.

이런 맥락에서 기대성과 및 지위 이론은 여성이 아무리 개인적으로 능력이 뛰어나고 인재가 되기를 열망해도 주변 동료들과 상사들도 그렇게 기대하고 마음으로 받아들여 주지 않는다면 인재가 될 수 없다는 점을 지적한다. 또한 유리천장은 여성들에 대한 성과 기대 차이가 현실로 받아들여졌을 때 완성된다고 본다.

그리고 여성들과 남성들 사이에 리더가 양성되는 숫자가 다른 것도 성과 기대에 대한 차별 때문이라고 꼬집는다. 여성이 리더가 못 되는 것은 이들이 리더가 되려는 열망이 없어서가 아니라 열망을 받아들이는 구성원들의 기대가 뒷받침되지 않기 때문이라는 것이다.

무능한 상사에 의한 무능한 조직

여성에 대한 유리천장과 유능한 여성이 경험하는 가면증후군은 특히 무능한 상사들이 장악한 조직에서 더 극단적으로 확대 재생산되는 것으로 알려져 있다. 조직에서 구성원들은 상사의 그릇 크기만큼만 성장하는 경향이 있기 때문이다. 구성원이 상사의 그릇 크기만큼 성장한다는 것을 설명해 주는 이론이 바로 피터의 원리(Peter principle)다.

피터의 원리는 1969년 로렌스 피터(Laurence Peter)가 주창한 이론으로,[3] 이에 따르면, 직책과 승진 중심의 위계 조직에서 구성원들은 자신의 무능을 증명하는 수준까지 올라간다. 위계 조직에서는 과거의 업적을 보고 승진시키기 때문에 승진된 직책에서 더 오르지 못하고 머물고 있다면 능력에 넘치는 자리까지 오른 것이다. 무능한 사람이 자신의 능력보다 넘치는 자리까지 승진하면 조직의 비효율성이 극대화된다. 피터의 원리는 정부 조직, 노동조합, 군대, 종교 재단, 교육 기관뿐 아니라 일반 회사에도 그대로 적용된다. 직책과 승진에 의해 가동되는 조직에서 보편적으로 나타나는 문제이다.

무능을 증명하는 자리까지 승진한 사람들이 직책자로 보임하고 있다면 유능한 여성에게 특히 편파적이게 될 가능성이 높다. 이들은 정치력이 떨어지는 유능한 남성들에게도 차별적이겠지만, 무엇보다 유능한 여성을 인정해 주지 않을 개연성이 높다. 남성도 아니고 유능한 여성은 자신이 차지하고 있는 자리의 정당성을 가장 크게 위협하는 존재이기 때문이다.

---

3 Peter, L. J., & Hull, R., 『The Peter principle』, William Morrow & Co Inc., 1969

한 조직의 대표나 책임자가 무능하다면 유리천장 효과는 파괴적이다. 뛰어난 최고경영자도 많지만 최고경영자가 아닌 다른 사람이 조직을 경영한다면 조직이 지금보다는 더 성장할 수 있었을 것이라는 확신이 드는 경우가 더 많다. 이런 최고경영자는 능력이 되는 임원들을 자신의 눈높이라는 유리잔을 거꾸로 세워 가둔다. 심지어는 임원들에게도 유리천장을 씌운다. 이런 조직의 임원들을 보면 임원이라는 직책에 걸맞지 않은 무능함을 보인다. 종종 임원이라고 부르기도 민망할 수준의 임원들은 최고경영자의 유리잔 크기가 만들어 낸 것이다. 이런 최고경영자일수록 유능한 여성들을 유리잔에 가두어 유리천장을 벗어나지 못하게 한다. 그러면 유능한 여성 대부분은 회사를 이직하거나 아니면 가면증후군에서 벗어나지 못한다. 또한 가면증후군에 대한 불안 때문에 무능을 연기하기도 한다.

평평해진 운동장: 역할 중심 사명 조직

요즘 조직에서 직책을 점점 없애고 수평 조직화하는 이유도 유능한 직원들에게 씌워지는 유리천장과 관련이 있다. 직책에 대한 신봉은 구성원에게 유리천장을 만들어 구성원들의 자기효능감을 갉아먹는 요인이 된다. 직책을 쥐고 있는 사람들은 자신의 고정된 능력을 중심으로 조직 전체의 능력을 하향평준화 시킨다.

특히나 승진한 직책에서 무능함을 느낀 사람들은 자신의 무능을 숨기기 위해 부하직원들의 능력에 대한 기대수준을 자신의 키에 맞춰 하향평준화한다. 결국 부하직원들에게도 자신의 눈높이에 맞춰 역할을 수행하도록 기대하고, 이 기대를 암암리에 강요하며, 받아들이지 않을 시 인사상의 불이익을 준다. 결국 부하직원들도 승진을 좌지우지하는 상사의 기대에 따라 이들의 눈높이만큼만 능력을 보여 준다. 여성의 경우에는 이 기대에 어긋나는 행동과 태도를 보일 때 더 심각한 제재가 가해진다. 여러 차례 가해 경험을 겪은 여성들은 자신에게 씌워진 유리잔의 실체에 순응할 수밖에 없다.

최근 대부분의 회사에서는 직책을 없애고, 전문적 역할 중심으로 한 조직 구조를 설계하려 시도하고 있다. 이렇게 직책 중심 관리 형태에서 역할 중심 관리 형태를 활성화하는 기업이 늘어날수록, 능력은 있으나 여성이어서 혹은 소수 배경을 지녀 유리천장에 갇히는 문제가 점점 해결될 것으로 보인다.[4] 역할 중심 조직은 위계에 의해 통제하기보다는 조직이 정한 사명에 역할을 정렬하는 방식의 지배 구조를 구성한다. 이렇게 설계된 조직을 '사명 지향형 역할 조직'이라고 부른다.

사명 지향형 역할 조직의 초점은 역할의 전문성을 통해 조직이 정한 사명의 실현을 최적화하는 것이다. 이러한 조직은 일터를 구성원들이 자기효능감을 극대화하는 전문가들의 놀이터로 설계한다. 리더들도 직책이라는 유리잔을 거꾸로 세워 놓고 구성원을 통제하는 것이 아니라, 사명과 목적의 울타리를 만들어 구성원들이 맡은 전문적 역할 중심으로 자신의 능력을 신장할 수 있게 풀어 놓는다. 사명의 울타리와 전문성의 운동장은 플랫폼이 되어 구성원들이 역할 전문성을 기반으로 자신감을 회복하게 한다. 사명 지향형 역할 조직에서 직책은 사명이 대신한다.

사명 지향형 역할 조직이 구성원의 자신감과 자기효능감을 다시 살려 내는 원리는 다음과 같다.

첫째, 사명 지향형 역할 조직에서 리더는 직책이라는 유리잔을 거꾸로 세우는 방식으로 직원을 통제하지 않는다. 도리어 구성원들이 달성해야 할 사명이라는 망치로 기존 유리천장에 대한 믿음을 깨부순다.

둘째, 사명 지향형 역할 조직은 사명과 목적 및 가치의 울타리로 구성원들에게 자신의 전문성을 신장할 수 있는 심리적 안정 지대를 제공한다. 구성원들은 이 운동장에서 사명을 주체적으로 달성하는 어른이 되어 자신의 전문성을 신장하기

---

4 윤정구, 『황금수도꼭지: 목적경영이 만들어 낸 기적』, 쌤앤파커스, 2018, 3장

위해 최선을 다한다. 구성원들의 전문성은 피터 원리의 폐해로 지목되는 직책이 아니라 사명을 달성할 수 있는 전문적 역할의 수준으로 정의된다. 심리적 안정감을 통해 키운 전문적 역할이 이들에게 다시 과업에 대한 자신감을 회복시켜 준다.

셋째, 사명의 울타리에서 심리적 안정감을 느끼며 전문성을 신장하는 사람들 사이에서는 실수와 잘못에 대한 피드백 고리가 살아 있어 진정한 학습이 공유된다. 사명의 달성은 미래 가치를 구현하는 과정이다. 과거의 성공이 아니라 사명이라는 미래 가치를 달성할 수 있다는 믿음이 효능감이다. 사명 지향형 역할 조직이 구성원의 자기효능감을 살려 낼 수 있는 이유는, 유리천장을 제공하는 직책의 원리가 아니라 미래 가치인 사명을 달성하는 역할로 유리천장을 제거할 권한을 구성원에게 제공했기 때문이다. 구성원들은 사명의 울타리 안에서 심리적 안정감을 가지고 피드백 고리를 살리면서 역할의 전문성을 신장하는 체험을 한다.

사명 지향형 역할 조직에서 리더들은 조직이 자신에게 부여한 직책이 구성원들을 벼룩으로 생각하고 가둘 수 있는 유리잔으로 작용할 수 있다는 것을 깨닫는다. 이들이 리더로서 뛰어난 능력을 발휘하는 것은 구성원들을 유리잔에서 해방시킴으로써 이루어진다.

유리잔을 뒤집다

능력이 있는 여성들이 공통적으로 경험하는 가면증후군은 자기효능감과 조직이 기대하는 효능감 사이에 충돌이 일어나고, 이 충돌에서 조직이 거는 기대감을 더 받아들일 때 나타나는 현상이다. 조직이 가둬 놓은 유리잔을 현실로 받아들여 자신이 유리잔을 뒤집을 수 있는 힘이 없다는 것을 인정하는 것이다. 그러나 현실을 인정하는 순간, 객관적으로 멀리 존재하던 현실은 눈앞에 다가와 진짜 현실이 된다. 하지만 마지막까지 현실을 받아들이지 않는다면 어떤 일이 벌어질까?

빅터 프랭클(Viktor Frankl)은 유대인으로 홀로코스트의 생존자였으며 테레지엔

슈타트 수용소, 아우슈비츠 수용소, 카우퍼링 수용소와 투르크맨 수용소에서도 살아남았다. 프랭클은 수용소에서의 경험을 『죽음의 수용소에서』라는 저서에 기록했다.[5] 책은 죽음 앞에서도 삶의 공간을 마련하고 이를 통해 모든 것을 최적화함으로써 생존한 사람들에 대한 통찰을 담고 있다.

프랭클은 크리스마스가 되면 죽어 시체로 나가는 사람들이 현격하게 줄어들었다가 크리스마스가 끝나면 다시 원래의 숫자로 돌아오는 것에 관심을 가지고 연구를 시작했다. 연구에 대한 그의 설명은, 크리스마스가 되면 사람들은 긍정적 기대를 하게 되고 그 기대를 자신의 것으로 받아들이는 성향이 있다는 것이다. 사람들은 크리스마스가 되면 희망에 부풀어 전쟁이 끝나고 자신이 풀려날 것이라는 기대 때문에 삶에 생기가 돌고 그래서 결국 생존율도 높아졌다. 그러나 크리스마스가 지나도 전쟁은 계속되고 있고 자신들은 풀려나지 않아 실망하게 되는데, 결국 그 상황을 받아들이는 순간 어떤 계기에 노출되어 어이없이 죽게 된다.

이런 의미로 프랭클은 죽음도 선택이라고 설명했다. 결국 생존하지 못한 사람들은 시간의 흐름을 염두에 두고 삶의 공간을 마련하는 데 실패했고, 이 공간을 빼앗긴 사람들이 죽음을 선택했다고 봤다. 자살로 생을 마감하는 모든 사람들은 마지막 순간에 이르러 자신이 최소한으로 운신할 공간조차도 빼앗겼다는 사실을 인정한 사람들이다. 반면 살아남은 사람들은 암울한 상황 속에서도 삶의 공간을 만들어 내고 그 속에서 시간을 염두에 두고 수용소 생활을 최적화하는 방식을 찾아냈다.

사람은 상황이 아무리 암울해도 자신이 그 암울한 상황을 현실로 받아들일지, 받아들이지 않을 것인지 자기 태도를 선택할 자유가 있다. 상황을 받아들이는 순간, 우리는 상황의 노예가 된다. 빅터 프랭클이 홀로코스트의 생존자가 될 수 있었던 것도 마지막 순간까지 현실을 받아들이지 않는, 자기 선택권을 포기하지 않

5 빅터 프랭클 지음, 이시형 옮김, 『죽음의 수용소에서』, 청아출판사, 2005

은 사람이었기 때문이다.

암울한 상황을 이겨 낸 사람들은 그런 암울한 상황에서도 자신이 살아남아야 할 삶의 이유를 각성하고 있는 사람들이다. 이들은 자신이 살아남아야 할 이유를 기반으로 가상의 울타리를 만들고 자신만의 운신 공간을 확보하는 뛰어난 능력을 가지고 있다. 유리천장을 씌워도 유리천장의 현실을 받아들이지 않는다면 유리천장 효과가 여성들에게 적용될 수 있는 방법은 없다.

개인이 유리천장을 자신의 주관적인 현실로 받아들이지 않을 때 이 유리천장이 미치는 영향은 제한적이라는 연구도 있다.[6] 이 연구에서는 객관적 현실에 대한 강요를, 상사나 조직의 공인(Authorization)과 동료의 배서(Endorsement, 그 현실을 지지하는지의 여부)로 나누어 판단했다. 공인과 배서라는 두 개의 압력이 강할수록 구성원들은 유리천장을 객관적 현실로 받아들일 것이라고 예측했다. 실제로 직장인들을 대상으로 한 연구 결과도 이 예측을 지지했다. 위나 회사로부터의 공식적 공인과 동료로부터의 배서를 비교해 본 결과, 위로부터의 공인보다는 동료들로부터의 배서가 구성원에게 객관적 현실을 그대로 받아들이게 하는 영향력으로 작용했다.

하지만 공인과 배서가 미치는 결과는 구성원이 그 상황을 정당하게 보는지에 대한 지각인 적절성(Propriety)라는 변수를 매개 변수로 도입하자 사라졌다. 결국 공인과 배서는 적절성을 매개로 해서만 결과 변수에 영향을 미쳤다. 이 연구 결과를 해석해 보면 아무리 회사나 상사가 공식적으로 유리천장을 지지하고 동료들도 지지한다 하더라도 본인이 그것이 정당하다고 인정하지 않으면, 유리천장은 그의 현실 인식에 작용할 수 없고 결과적으로 그는 유리천장이 기대하는 행동과

---

6 Thomas의 상황 정의의 개념을 참조할 것. Thomas, W. I., 『"The Definition of the Situation," in Self, Symbols, and Society: Classic Readings in Social Psychology』, Nathan Rousseau(ed), 2002 (Lanham, MD: Rowman &Littlefield), p103~115; Yoon, J., & Thye, S. R.(2011), 「A theoretical model and new test of managerial legitimacy in work teams」, 『Social Forces』, 90, 2, p639~659

는 다른 행동을 할 수 있음을 의미한다.

문제는 유리천장의 정당성에 대한 당사자의 믿음이다. 이 믿음을 지킬 수만 있다면 유리천장이라는 객관적 현실도 결국 여성들에게 주관적 현실로 받아들여지지 않을 수 있다. 유리천장이 객관적 현실로는 존재해도 여성들이 자신의 정신 모형을 정의하는 데 영향을 주지 않는다면 여성들이 가면증후군이나 강요된 자기효능감으로 고생하는 경우를 줄일 수 있다. 주관을 포기하라는 압력에도 끝까지 버티는 여성들이 많아진다면, 유리천장의 부적절성(Impropriety)이 어느 순간 모두가 인정하는 부적절한 현실로 받아들여질 수 있는 개연성도 높아질 것이다.

여성으로서의 차별적 존재우위

에이미 커디(Amy Cuddy)는 대학생 때 차 사고로 두뇌에 손상을 입었다. 주변에서는 그녀가 대학도 제대로 졸업하지 못할 것이라는 시선을 던졌다. 그러나 커디는 모두의 예측을 깨고, 다른 사람들보다 오랫동안 다녔지만 결국 대학을 졸업하고 프린스턴(Princeton) 대학에서 심리학 박사를 취득한 뒤 하버드 경영대학원의 교수가 되었다. 그는 자신이 가면증후군을 어떻게 극복했는지를 저서 『존재감』[7]에서 밝혔다.

에이미 커디는 프린스턴 대학의 심리학과에 입학한 후 첫 세미나 발표 시간에 극심한 가면증후군에 시달린 사실을 고백했다. 그녀는 '발표를 망쳐 내가 대학에 입학 허가를 받은 것 자체가 잘못된 일이라고 교수가 이의를 제기하면 어떻게 하지?'라고 고민했다고 털어놓았다. 이런 커디가 가면증후군을 극복할 수 있었던 것은 가장 어려운 상황에서 자신의 진면목(Authentic self)을 제대로 보여 주는 훈

7 Cuddy, A., 『Presence: Bringing your boldest self to your biggest challenges』, Back Bay Books, 2018

련을 통해서였다. 커디는 남성들이 써준 여성으로서의 정체성이 아니라 스스로를 사랑하며 정체성을 회복하는 과정을 통해 자신은 인간으로 온전하게 태어난다고 보았다.

그렇다면 존재감을 제대로 표현하기 위해서는 어떻게 해야 할까? 커디는 경쟁우위를 넘어 차별적 존재우위를 구축함을 통해 해결할 수 있다고 주장하면서 존재우위를 위한 네 가지 전략을 제시했다. 첫째, 자신만의 스토리를 가지고 이 스토리에 대한 스스로의 믿음을 가진다. 둘째, 자신의 스토리에 대한 믿음을 교만하다는 느낌 없이 자신감 있게 전달할 수 있어야 한다. 셋째, 상황을 정확하게 읽고 그에 어긋나지 않도록 조화롭게 상황에 개입시킬 수 있어야 한다. 넷째, 몸으로 표현되는 언어가 호르몬에 영향을 미치고 이 호르몬이 또 행동에 영향을 미치므로 자신감을 표현하는 몸 언어를 익히고 중요한 일에서는 몸 언어를 시연해 봄으로써 자신감을 확인하는 습관을 키운다.

에이미 커디는 여성 임원이 되기 위해 여성으로서의 정체성을 버리고 남성의 정체성을 습득하는 것이 또 다른 가면증후군을 유발할 수 있다고 보았다. 여성임에도 남성의 가면을 쓰고 있기 때문이다. 유능한 여성이라면 유사 남성 혹은 유사 여성으로 행동할 필요가 없다고 강조한다. 자신의 정체성을 숨기거나 억압하기보다는 자신을 가장 진실하고 진정성 있게 표현할 수 있을 때 존재감을 극대화할 수 있기 때문이다. 또한 자신에 대한 스토리를 써 나감으로써 자신감을 표현하고, 자신감을 기반으로 존재감의 극대화를 실현할 수 있는 1인칭 역할을 쓴다면 제대로 된 성과를 얻어 낼 수 있다고 제안한다.

가장 중요한 것은 자신을 있는 그대로 존재의 수준에서 차별화할 수 있는 스토리와 이 스토리를 실현하기 위해 자신의 역할을 1인칭으로 쓰고 있는지의 문제이다. 진정성이 있는 진짜 자아를 가지고 있는지 아닌지는 자신을 존재의 수준에서 차별화하는 목적 스토리의 진실성에 의해 결정된다.

목적은 자신이 세상에 태어난 이유에 대한 스토리이다. 자신이 세상에 다녀갔기 때문에 세상이 더 깨끗해지고 행복해지고 건강해졌음에 대한 증거가 된다. 이 목적을 실현하기 위한 역할을 1인칭으로 쓰고 그 역할을 실현함으로써 내면과 외면이 통합된 온전성(Integrity)을 성숙하게 할수록 존재감은 커진다. 온전성은 어려운 일이 닥쳐도 존재 이유와 1인칭 역할에서 답을 찾아 목적이 있는 해결점을 도출하고 이 답을 실제로 실현시키는 힘이 된다. 그렇게 실현된 목적은 극성이 있는 삶의 나침반이 된다. 조직의 구성원들이 삶에 제대로 된 나침반과 이 나침반을 실현하는 1인칭 역할에 대한 믿음을 가질수록 존재감도 커진다.

커디는 직장에서 자신의 존재 이유를 세우고 실현하는 과정에서 '겸손해야 할 경우'와 '겸손하지 않아야 할 경우'를 잘 선택해야 한다고 말한다. 즉, 겸손함을 표현해야 할 때와 지배적 행동으로 주장해야 할 때를 구별하라는 것이다. 목적을 성취하고 성과를 거둔 것에 대해서는 겸손함을 견지해야 할 필요가 있지만 동료들이 단지 여성이라는 이유로 성취에 대해 기대하지 않거나 의견을 무시하려는 성향이 있을 때는 자신의 1인칭 정체성을 더 적극적으로 드러낼 필요가 있고 조언한다.

예를 들어, 여성 팀장으로서 남자 팀원들을 이끌고 있을 경우 팀원들이 단지 여성이라는 이유로 지시를 듣지 않거나 무시한다면 조직의 일을 성취하기 위해 이런 행동에 제재를 가하고 리더의 존재를 드러내는 것이 더 효과적이다. 여성이라는 이유로 팀원들이 팀장의 제안을 따르지 않으면 조직에 어떤 피해가 올지 언급하고 이런 상황들이 재현되지 않도록 정체성을 분명히 해두어야 한다.

스스로의 존재감을 제대로 표현하기 위한 세 번째 방법 또한 중요하다. 자신을 존재의 수준에서 차별화하는 방식으로 정체성을 무장하고 있다 하더라도, 역할을 통해 구성원에게 전달하지 않는다면 정체성을 세워 가며 제대로 일하기가 힘들다. 자기의 역할과 조직의 목적을 조화롭게 정렬시켜 이것이 조직의 목적을 실현하는 데 어떻게 도움이 되는지를 증명할 필요가 있다. 이를 위해 구성원들이 가진 생각을 면밀하게 검토하고 새롭게 써 나간 1인칭 역할을 여기에 제대로 개입시키는 것이 중요하다.

마지막으로 회사가 씌워 놓은 유리천장을 받아들이고 여기에 순응하기보다는 유리천장의 기대가 잘못된 것임을 깨우쳐 줄 수 있는 비언어적 행동을 일관되게 제시하는 것이 필요하다. 그러기 위해서는 미팅 전에 자신감을 표현하는 몸 언어를 지속적으로 훈련하고 이 언어가 구성원에게도 무시할 수 없는 현실로 받아들여질 때까지 노력하는 자세도 중요하다.

에이미 커디는 여성들의 유리천장은 사회제도적 노력만으로 완벽하게 해결되지 않는다고 주장한다. 여성들이 삼인칭이 아닌 주체적 1인칭 삶을 복원하고 공동체에 차별적 기여를 할 수 있는 존재우위를 체험할 수 있을 때 유리천장과 가면증후군에서 온전하게 벗어날 수 있다고 본다.

12장

돌봄의 사회화

인구 절반을 배려하지 않는 국가가
번성을 구가한다는 것은 상상할 수 없는 일이다.
- 저스틴 그리닝(Justine Greening)

여성들이 기업의 전략적 파트너로 성장하는 데 가장 큰 장애는 경력 단절이다. 경력 단절은 여성의 전문성을 약화시켜 비정규직화 및 저임금화를 촉진하는 요인이 된다. 그리고 경력 단절은 현재 우리 사회의 가장 큰 문제로 대두되는 저출산 문제와도 관련되어 있다.

정부는 비정규직화, 저임금, 저출산, 심각해지는 고령화의 문제가 여성의 경력 단절에 영향을 줄 뿐 아니라 국가의 근간을 뒤흔들 수 있는 사회문제임을 인식을 하고 있다. 그래서 육아휴직제도, 보육 지원 정책, 일·가정의 양립을 위한 제반 정책을 '돌봄의 사회화'라는 기치 아래 시행하고 있다. 다만, 돌봄의 사회화 정책이 여성을 전략적 파트너로 육성하는 일에 제대로 도움이 되는지는 평가해 볼 문제이다. 여성들이 전략적 파트너로서 성장할 수 있도록 돌봄의 사회화 정책들이 어떤 방향으로 실현되어야 하는지 제안하는 것도 바람직하겠다.

전통적으로 돌봄은 여성의 역할로 규정되어 왔다. 돌봄의 사회화란 이런 전통적 가정을 깨고 돌봄을 사회와 국가가 책임져야 할 공공재의 성격으로 규정하는 것을 의미한다.[1] 실제로 일반 국민을 대상으로 한 사회 통계에서도 노인 부양과 같은 돌봄은 가족과 정부의 공동 책임이라는 응답이 2006년 14.9%에서 2014년 35.7%로 증가했다.[2] 돌봄은 가족의 문제를 넘어서 시민의 의무이며 사회가 같이 풀어 나가야 할 책임으로 인식되고 있는 것이다. 이런 인식 전환과 함께 아이를 낳아 기르는 일, 거동이 불편한 노인이나 장애인을 돌보는 일을 국가와 사회가 공동으로 책임을 지고 해결하라는 제도적 요구도 커졌다.

그러나 돌봄이 구성원들이 함께 해결해야 할 사회적 과제라 하더라도, 이를 효율적으로 운영하는 건 또 다른 과제이다. 효율성의 문제와 노동력 창출이라는 이름으로 돌봄의 공공재를 생산하고 유통하고 관리하는 문제가 국가 주도 시스템에서 시장 중심으로 이동하는 경향이 목격되고 있다. 돌봄 서비스에 시장이 개입하면 과도한 경쟁으로 돌봄의 질이 하락하거나, 창출된 돌봄산업이 여성 중심의 저임금 노동으로 채워지는 양극화 문제가 새로운 과제로 등장한다. 또한 바우처 형식으로 제공되는 돌봄은 서비스를 제공받는 사람들을 비용으로 평가하며 이들을 비인격적으로 취급하는 문제를 야기한다. 물론 사회복지사를 기반으로 한 국가 주도 돌봄 사회화도 시장에 맡긴 돌봄의 사회화보다는 공공성 확보라는 장점이 있지만, 관계 회복이라는 목적을 제대로 살릴 수 있는지는 의문이다.[3] 시장이 주도하든 국가가 주도하든, 인간적 배려와 긍휼감이 빠진 돌봄은 상품일 뿐 진정한 의미의 공공재와는 거리가 있다.

---

1 이선미(2016), 「돌봄의 특성과 돌봄 공공성의 요건」, 『사회와 이론 11』, p223~260

2 통계청, 「2017년 사회조사결과」

3 허라금(2018), 「관계적 돌봄의 철학: 필요의 노동을 넘어 정치적 행위로」, 『사회와 철학』, 35, p67~90

유아기에는 보육, 청소년기에는 방과 후 교육 지원, 고령화된 부모가 있는 경우는 노인 수발의 문제가 여성의 경력 단절에 영향을 미친다. 전문직에 종사하는 여성들은 유아기 아이를 부모나 보육원이 책임져 주지 못하면 이주 여성들에게 맡기는 경우가 많다. 고령자 돌봄에도 이주 여성들 유입이 증가하고 있다. 그러나 한편으로는, 약속한 돌봄을 제공받지 못한다는 의심 때문에 집 안에 CCTV를 설치하는 사례가 증가하고 있다. 돌봄 서비스를 받는 사람이나 제공하는 사람들 모두에게 인권침해의 소지로 작용할 수 있다.

이런 경향들은 돌봄의 자본주의 시장화가 산출한 부작용이다. 누군가를 돌보는 사람들이나 받는 사람들이 취약해지지 않는, 제대로 된 돌봄의 사회화가 요구된다. 국가도 단지 공적 가치를 실현하기 위한 수단으로 돌봄의 사회화에 접근하기보다 인간의 존엄성을 실현한다는 목적을 살리는 돌봄의 사회화 정책에 집중할 필요가 있다.

출산과 경력 단절

한 조사 연구에 따르면[4] 출산으로 경력 단절을 경험한 여성들의 3분의 1은 이미 출산을 계획하는 단계에서 일을 그만두었다고 응답했다. 또한 정규직이었던 여성이 출산 후 다시 정규직을 유지하는 것은 28.5%에 불과했다.

경력 단절은 단순한 단절을 넘어, 여성 일자리의 비정규직화를 초래하고 있다. 육아휴직 후 복귀하였거나 출산휴가 후 복귀한 사람들은 주로 친정어머니나 친인척으로부터 양육 도움을 받았다. 보육시설에 맡긴 경우는 13% 정도로 보육시설의 기여도가 미미했다. 왜 보육시설을 기피하는지 물었을 때 믿고 맡길 수 없다는 답변이 가장 많았다. 결국 경력 단절에 보육 자체보다는 보육의 질이 더 중요

4 장지연(2010), 「여성의 경력 단절 현황과 돌봄 노동 사회화 정책의 방향성」, 『여성노동』, 12, p31~48

함을 알 수 있다.

출산휴가를 사용하는 비율도 정규직은 28%, 비정규직은 10% 정도에 불과했다.[5] 법정 기간을 다 사용하지 못하고 복귀했다는 경우를 보면 정규직은 18%, 비정규직은 27%에 달했다. 또한 출산휴가를 사용하면서 퇴직 압력을 경험했다는 비율은 비정규직이 25%를 넘었다. 법적으로 보장되어 있으나 회사의 문화나 관행 때문에 이를 실제로 사용하는 것이 현실적으로 어려웠다. 그리고 무급 출산휴가를 사용하는 경우 경제적 부담도 중요한 이유로 작용했다.

출산 및 육아와 관련해 경력 단절을 피하기 위해 받아야 할 도움의 순위로 다섯 가지를 꼽았다.[6] 첫째는 산전후 휴가 및 육아휴직을 자유롭게 쓸 수 있는 분위기, 둘째는 현실적인 국가 보육비 지원, 셋째는 믿고 맡길 수 있는 가까운 보육시설, 넷째는 자녀를 키우고 난 후 다시 일할 수 있는 여건, 다섯째는 남성의 가사 및 육아이다.

그러나 2018년 기준으로 출산휴가를 사용하는 정규직의 비율은 58.2%로 증가했지만 비정규직의 경우는 6.6%로 감소하는 현상을 보였다. 정규직과 비정규직의 격차가 벌어지고 있는 것이다. 공무원과 대기업의 사용 비율 또한 중소기업 직원들의 사용 비율과 30% 이상 차이가 있는 것으로 나타났다.[7]

OECD 통계를 보면, 돌봄의 사회화를 위한 서비스 중 보육 서비스를 국가가 직접 지원하는 방식은 여성의 경력 단절을 낮추고 있지만 아동수당은 여성의 고용 신장에 어떤 기여도 하지 않는 것으로 나타났다. 유급 출산휴가는 여성이 사용하는지 아니면 남성이 사용하는지에 따라 효과가 달랐다. 여성이 사용할 경우에는 여성의 경력 단절 문제를 해결하는 데 크게 기여하지 못했다.[8]

---

5 앞 번호와 같음

6 앞 번호와 같음

7 이지혜(2019), 「일·가정 양립 실태와 정책 함의」, 『한국보건사회연구원』, p59~72

돌봄 사회화의 평준화

우리는 지금 한 번도 경험해 보지 못했던 저출산, 고령화, 양극화, 저성장을 한꺼번에 맞는 위기를 경험하고 있다. 물론 이를 극복하기 위한 정부의 지원과 정책이 체계적으로 잘 진행되고 있는 것은 사실이다. 하지만 정부의 제도적 지원과 강제가 공기업에서는 어느 정도 작동되지만, 이윤을 창출해야 하는 사기업에서는 부담으로 작용하기 때문에 공기업만큼 작동되기 힘들다. 실제로 돌봄의 질과 양적인 수준에서 사기업은 공기업을 따라가지 못하고 있다.

지금은 사기업에 보다 많은 정부의 관심과 지원을 집중할 필요가 있다. 특히, 사기업에서 출산과 양육의 문제가 여성 전문 인력의 경력 단절을 촉발하는 가장 중요한 요인으로 밝혀지고 있는 만큼, 사기업의 출산·양육제도만큼은 공기업의 제도적·문화적 지원 수준에 맞출 수 있도록 레벨링 작업을 통한 전략적 상향평준화가 요구된다.

사기업에도 공기업 수준만큼 돌봄의 사회화[9]가 시급하게 실현되어야 하는 이유가 있다.

첫째, 기업은 우리 사회에서 가치 창출에 직접적으로 관여하는 유일한 주체이다. 정부는 창출된 가치를 분배하는 일을 담당하고 있으며 가계는 가치의 소비 주체이지 생산 주체는 아니다. 기업이 가치 생산의 주체로서 제대로 기능할 수 있을 때 정부도 나눠 줄 수 있는 재원을 제공받을 수 있고 가계도 가치를 제대로 소비할 수 있다. 사회를 역동적으로 돌아가게 하는 일은 결국은 생산 주체인 기업의 성공에 달려 있다. 기업이 생존을 넘어서 번성을 구가할 때 정부도 분배를 위한 충분한 재원을 얻을 수 있고 가계도 분배받은 가치를 소비하면서 삶을 유지할 수 있다. 기업이 이런 가치 창출의 역할을 제대로 수행하지 못할 경우, 사회의 프

8 장지연(2010),「여성의 경력 단절 현황과 돌봄 노동 사회화 정책의 방향성」,『여성노동』, 12, p31~48

9 허라금(2018),「관계적 돌봄의 철학: 필요의 노동을 넘어 정치적 행위로」,『사회와 철학』, 35, p67~90

레임은 제한된 자원을 누가 더 많이 가지게 되는지를 중심으로 한 정치적 제로섬 투쟁으로 전락한다. 결국은 기업이 충분한 가치를 창출하는 사회에서 정부도 분배를 위한 세수 자원을 얻을 수 있다.

둘째, 능력 있는 청년들이 불안한 미래를 내다보며 안정적인 직장을 찾기 위해 공무원 시험 준비에 많은 시간과 노력을 투자하고 있는 것은 돌봄의 사회화나 일·가정 친화 정책에 대한 안정적 수혜를 사기업이 아닌 공기업과 공공 기관에서만 얻을 수 있기 때문이다. 사기업에 근무하는 여성도 공기업에 근무하는 여성만큼 전문적 경력을 설계해 가며 전략적 파트너로서 지위를 획득하기 위해 노력할 수 있도록 사기업에 대한 정부의 더 많은 개입과 지원이 필요하다. 가치 창출을 선도하는 사기업에서 능력 있는 여성들이 양육과 출산 때문에 경력이 선택 사항이 되지 않도록 양육과 출산에 대한 실질적 돌봄의 사회화에 정부가 더 적극적으로 개입해야 한다.

정부가 모든 사기업에 대해 공기업처럼 돌봄의 사회화를 실현하는 것은 현실적으로 불가능할 것이다. 돌봄의 사회화를 선도할 수 있는 모범 기업들을 평가하고 여기에서 우수기업으로 선정된 기업을 중심으로 돌봄의 사회화를 레벨링하는 작업을 시작해 볼 수 있다. 성공적인 모범 사례가 만들어지면 이를 다른 사기업으로 확산하는 시도를 해볼 수 있다.

본 연구팀이 주관해 오고 있는 이화-매경 양성협업지수 연구와 협업지수 평가를 기반으로 매년 우수기업을 선정하는 이유도 이런 토대를 마련하기 위한 것이다. 여성을 기업의 전략적 파트너로 받아들이는 양성협업지수가 우수한 것으로 선정된 기업 중, 재정적인 여건이 충분하지 못한 기업을 대상으로 관련 사업을 시작해 볼 수도 있다.

우리나라에서 전문 인력으로서의 잠재력을 가진 여성들이 경력 단절을 경험하는 가장 큰 요인은 마음 놓고 산전후 휴가나 육아휴직을 사용하지 못하는 분위기이다. 육아휴직을 떠난 여성의 동료 입장에서는 자리를 비운 동료를 대신해 일을 더 떠맡아야 한다는 부담이 있고, 기업의 입장에서는 법정으로 정해진 유급휴가 비용을 지불해야 하는 재정적 손실 문제가 있으며, 육아휴직 당사자의 입장에서는 무급휴가까지 사용할 경우 급여 보전이 심각한 문제가 된다.

이런 문제를 해결하기 위해서도, 사기업에서 여성을 전략적 파트너로 육성하고 있는 모범적 기업들을 중심으로 다양한 실험을 시도해 봐야 한다. 동료의 늘어난 업무량 부담을 해소하고자 대체 인력을 고용하는 대안은 실제 훈련 기간이나 전문성 등의 문제로 실효성이 없다. 차라리 대체 인력 비용을 산정해서 일을 더 떠맡아야 하는 동료들에게 인센티브로 보전해 주는 것을 시도해 볼 필요가 있다. 지금처럼 휴가를 떠나는 사람은 죄책감으로, 고생하며 남아 있는 사람은 일에 대한 부담으로 괴로워하는 구조가 지속되는 한 공정성 문제는 해결되지 않는다. 산전후 휴가를 떠나는 사람이나 보내는 사람들이 모두 공정성에 이의를 제기하지 않을 때 제도는 실효성 있게 정착될 것이다.

산전후 휴가 후 무급휴가에 돌입한 사람들에게는 재정적 부담을 덜고 회사에 복귀한 후 재사회화하는 데 어려움을 완화할 수 있는 파트타임 재택근무를 도입해 보는 것도 방안이다. 일과 경력에 대한 감을 잃지 않게 해줄 수 있다.

또한 우수기업으로 선정된 기업들에게는 회사가 부담해야 하는 인력 손실과 경제적 비용을 세금에 대한 인센티브 형식으로 보전해 주는 정책적 시도도 필요하다. 기업이 분위기상 공개적으로 이야기하지는 못하지만 실질적으로 고민하는 문제들을 정부가 다양한 정책으로 해결해 주면 돌봄의 사회화 문제를 극복하는 모범 기업들을 만들어 낼 수 있다. 형평성 문제가 있기 때문에 이런 혜택을 보는 기업을 선정할 때는 '여성을 회사의 전략적 파트너로 육성하는 기업'처럼 명확하게 정의하고 이에 대한 지표 개발을 통해 공정한 선발과 지원이 이루어지게 해야 한다. 그래야 혜택을 볼 만한 이유가 있는 기업들이 선정되고 지원받을 수 있다.

능력 있는 여성들이 경력 단절을 겪는 또 다른 이유는 출산 후 믿을 만한 양육기관이나 서비스를 구하지 못하기 때문이다. 부모님이 대신 양육해 줄 수 있는 경우가 아니면 서비스를 찾아야 하는데, 양육 서비스 질에 대한 불확실성과 모성 특유의 죄책감까지 더해져 결국 여성들은 직장을 포기하게 된다.

수준 있는 양육을 보장하는 가장 현실적 방법은 사내 어린이집이나 사내 유치원이다. 부모가 아이와 같이 출퇴근할 수 있고 육아의 질을 수시로 점검할 수 있으며 근접해 있다는 심리적 안정감까지 더해져 최선의 방법으로 보인다. 다만 사내에 돌봄시설을 유치할 수준이 안 되는 모범 기업들이 많다. 그런 경우에는 시설 운영비를 보조해 주거나 회사와 가장 가까운 곳에 위치한 어린이집 또는 유치원과 MOU를 맺는 등 정부가 재정 지원 및 기타 다양한 지원을 해주는 방안을 생각할 수 있다.

여성의 경력 단절이 생기는 마지막 이유는 회사의 일하는 문화와 관련된 것이다. 자원 배분에 대한 전략적 의사결정이 대부분 남성들에게 집중되는 현실을 감안한다면, 돌봄 사회화에 대한 남성들의 인식 변화도 중요한 요인이다. 남성들이 여성들을 회사의 전략적 파트너로 인정하지 않는다면 돌봄의 사회화는 그냥 구호로 끝날 개연성이 높다. 여성을 전략적 파트너로 받아들여야 한다는 시대적 필연성에 대해 남성들이 진심으로 동의해야 양성이 협업하는 문화도 가능하다. 그러지 않으면 효율성을 핑계로 여성을 배제하는 문화가 지배적이게 될 것이다.

양성협업문화가 제대로 현실화되려면 정부는 사기업의 임원 비율이나 숫자에 신경을 쓰는 것만큼, 여성 임원이 배출되는 파이프라인인 양성협업에 사활을 걸어야 한다. 기업의 가치는 한 사람의 천재성에 의해 창출되는 것이 아니라 결국은 팀에 의존한다. 다양성 측면에서 상상해 볼 수 있는 가장 기본적 단위의 팀은 양성협업을 현실화하는 팀이다.

또한 지금까지 성과를 산출하는 일은 남성들 중심으로 분배되었다는 점에서 협업의 문제는 남성들이 여성들을 협업의 파트너로 초대하는지가 관건이다. 정부는 남성 중심적 기업에서 양성협업에 장애가 되는 모든 측면을 제도적으로 보완하고 협업을 장려하는 프로그램을 지원할 필요가 있다. 사기업의 양성협업이 사회를 활성화하는 에너지의 원천이라는 점을 상기해 본다면, 정부의 전략적 투자는 공기업에서 행해지는 만큼 사기업에서도 이루어져야 한다.

앞에서도 제안했듯, 모든 사기업에서 양성협업을 통한 팀워크를 발동하는 것이 힘들다면 기업들을 평가하여 이 평가를 기준으로 지원할 필요가 있다. 실효성 있는 정부의 지원으로 기업이 양성협업을 위한 제도 운용에 부담을 느끼지 않는다면 양성협업문화는 자연적으로 성숙될 것이고 여성들은 기업의 전략적 파트너로 받아들여질 것이다. 그리고 이들의 기여로 기업이 창출하는 가치는 기하급수적으로 상승할 것이다.

사기업의 돌봄 사회화

요즘 언론에서 구글(Google)이나 사스(SAS), 자포스(Zappos) 등의 회사들이 직원들의 복지에 얼마나 신경을 쓰는지 집중 조명하는 모습을 종종 본다. 이 회사들을 보면 직원용 식당도 종류별로 여러 가지인 데다 공짜이기도 하다. 겉으로 보기에는 복지 천국이다. 우려스러운 것은, 이 회사들의 복지를 소개하는 보도를 보고 많은 사람들이 복지 혜택을 많이 주면 직원들이 전부 행복해할 것이라고 믿게 되는 일이다. 그리고 더 우려스러운 것은 이런 복지 혜택이 없다면 구글 같은 좋은 회사는 절대로 만들지 못했을 것이라는 생각이다.

이런 인식이 한번 박히면, 좋은 회사가 되려면 결국 돈이 많이 들 것이라는 생각에 빠지게 된다. 이는 잘못된 믿음에 근거한 오판이다. 사기업이 복지 혜택만 가지고 직원을 유인할 경우 결국 무너지게 되어 있다. 사람들은 본능적으로 복지 혜택으로 받은 만족을 창의적이고 혁신적 일보다, 지금의 만족스러운 상태를 유지하는 데 더 활용하기 때문이다. 기업의 목적이 사라지고 복지 혜택만 많은 회사들은 보수화되고 혁신에 뒤처져 결국 경쟁 레이스에서 멀어진다.

야생오리 가족이 여행을 하다가 최적의 서식지를 발견했다. 어느 부유한 집에서 파놓은 연못이었다. 이 집의 가족들은 아침, 저녁으로 때가 되면 찾아와 먹이를 주곤 했다. 오리 가족은 사람들이 주는 먹이를 받아먹기만 하고 먹잇감을 찾는 활동을 안 하니 몸이 점점 비대해졌다. 가까운 거리도 나는 것이 힘들어졌다. 영원히 날지 못하는 집오리로 변한 것이다.

죽어 가는 오리 가족은 겨울이 되어 주인집 가족이 따뜻한 남쪽 휴양지에 있는 별장으로 이주하면서 문제가 생겼다. 먹이의 공급이 끊긴 것이다. 며칠이 지나도 사람들이 돌아오지 않자 사랑과 행복이 넘치는 '가족'으로 지내던 오리 가족에 분란이 생기기 시작했다. 분란은 점점 커졌다. 분란이 커지자 가족들은 서로를 헐뜯기 시작했다. 조그만 먹이를 놓고 신경전을 벌이고 결국에는 피비린내 나는 혈투를 하다가 죽는 일까지 벌어졌다. 그렇게 가족은 먹이를 놓고 피 터지게 싸우다 다 죽어 갔고 마지막 남은 가장 힘센 오리마저 굶어 죽었다. 영원히 행복할 것 같은 가족이 한순간에 붕괴되었다. 오리 가족을 전멸시킨 것은 아이러니하게도 호시절에 마음껏 받아먹은 풍족했던 먹이였다.

쇠얀 키에르케고르(Søren Kierkegaard)가 이야기하는 죽어 가는 새(Cool bird)와 산 새(Hot bird)의 이야기이다.[10] 뚱뚱해져 야성을 잃어버린 오리가 죽어 가는 새이다. 오리 가족의 이야기는 지금 우리 기업들이 겪고 있는 돌봄의 사회화라는 제도적 장치에도 그대로 적용된다. 사기업에서 돌봄의 사회화가 기업이 정한 목적과 사명을 혁신하는 동력으로 연결되지 못할 경우, 구성원들은 죽은 새가 된다. 어떤 기업들은 기업의 존재 이유를 모두가 가족이 되어 잘 먹고 잘 사는 것으로 규정한다. 이 목적을 달성하기 위해 돈이 생길 때마다 복지를 늘리는 데 흥청망청 쓴

---

10 사람들이 주는 먹이에 길들여져 봄이 와도 북쪽으로 날아가지 않고 안락한 생활에 정착한 야생오리를 덴마크의 철학자 키에르케고르는 '쿨 버드(Cool bird)'라고 일컬었다. 야생오리로서의 본질을 잃어버렸기 때문에 열정과 본능이 식어 버린 사람을 비유한다. '핫 버드(Hot bird)'는 야성(野性)을 잃지 않고 목적지에 도달하기 위해 끊임없이 난관에 도전하는 사람을 상징한다. 야생오리가 핫 버드로 남을 수 있는 것은 존재 이유를 규명해 주는 목적에 대한 강력한 믿음 때문이다. Garff, J., 『Søren Kierkegaard: A biography』, Princeton University Press, 2005

다. 그리고 시간 날 때마다 우리는 사랑이 넘치는 가족이니 그렇게 한다고 강조한다. 결국 정도를 넘어선 복지는 구성원을 날지 못하는 집오리로 만든다. 복지가 많아질수록 효과적으로 새로운 서식지를 찾아 먹잇감을 찾는 비행은 탁상공론이 되고 만다. 잘 먹고 잘 살고 있는데 굳이 혁신을 거론해 분위기를 망칠 이유가 없는 것이다. 혁신이 사라진 회사는 경기가 어려워지면 가족처럼 지내던 구성원들이 서로 원수지간으로 변한다.

100년간 영속하는 기업의 비밀은 경기가 어려워지면 가족 구성원들의 유대가 더 끈끈해지는 데 있다. 그들이 어려운 상황에서 유대가 더 돈독해지는 이유는, 평소 기업 리더들이 기업의 존재 목적이 가족들이 잘 먹고 잘 사는 것을 넘어 신성한 목적과 사명에 있다고 믿었기 때문이다. 가족의 생존이나 생계가 목적이 아니라 가족처럼 지내야 하는 이유가 더 높은 목적을 달성하기 위한 수단이란 생각을 가지고 있던 것이다. 그러면 목적 달성을 위해 단결하는 과정에서 가족의 존재 이유를 실제로 구현하며 구성원 간에 더 끈끈한 정을 느낄 수 있다. 또한 가족들은 목적에 가까워지는 것을 실감하며 행복을 체험한다. 이 가족에게는 행복이 저절로 따라온다.

공기업이나 정부 기관이 아닌 사기업의 경우, 돌봄의 사회화가 기업의 목적과 연결되어 혁신의 기반으로 작용하지 못하면 결국 높은 복지비용이 기업의 운용비용만 높이는 격이 되고 효율성을 떨어뜨려 기업이 어려워지는 원인이 된다. 사기업의 보편적 복지는 불만을 잠재울 수 있지만 기업의 목적에 기여하지 못할 때 혁신을 죽인다.

돌봄의 사회화가 기업의 목적을 실현하는 수단으로 연동되어 혁신의 기반으로 작용하는 기업만이 어려운 상황에서도 구성원을 가족같이 대우한다. 존경받는 영속 기업들의 존재 이유는 각자의 목적을 실현시킴으로써 이윤과 성과가 따라오게 하는 것이다. 목적이 달성되어 성과가 나기 때문에 직원 복지도 따라온다. 기본적 복지도 해주지 못하는 기업이라면 복지는 반드시 따라야 하는 게 전제지만,

부자 회사가 복지를 늘린다고 혁신이 증진되는 것은 아니다. 오히려 잘못된 경영 이슈를 잠재우기 위해 복지를 제공하면 직원의 냉소주의를 키워 부메랑으로 돌아온다.

목적을 상실한 상태에서 다 잘 먹고 잘 사는 것을 목적이라고 주장하는 회사는 위험하기 짝이 없는 회사이다. 이런 회사에서는 돌봄의 사회화를 그냥 보편적 복지의 일환이라고 생각할 것이다. 공기업에서는 이런 경영자가 문제가 되지 않을 수 있지만 사기업이라면 리더십의 핵심 이슈로 떠오른다. 사기업에서 돌봄의 사회화는 반드시 협업과 혁신을 살리는 수단이 되어야 한다.

지금까지의 실례를 보면, 제도만 마련되면 모든 것이 해결될 수 있다는 제도 만능주의가 무늬만 있고 목적이 상실된 실효성이 없는 제도를 양산하는 것으로 보인다. 제도는 조직의 목적을 실현하는 마중물로서의 역할과 새롭게 일하는 방식을 정형화하는 플랫폼으로 작용할 때 제대로 작동된다. 목적을 상실한 제도는 오리 가족을 비극으로 이끌었던 연못과 같다.

정부 시책에 따라 많은 기업이 일하기 좋은 일터를 만들기 위해 다양한 가족친화제도를 실행하고 있다. 하지만 정부와 기업이 마련해 놓은 안락한 제도 속에서 과업에 대한 도전과 성취 욕구가 감소하고 있는 것은 아닌지 살펴보아야 한다. 3장에서 제시한 스웨덴의 직장 분리 현상의 예처럼, 성평등이 정착되고 모든 것이 완벽하게 구비된 상태에서 여성들이 오히려 저임금 직업과 여성성이 부각되는 직업을 선택하는 문제를 오롯이 여성의 자발적 선택에 의한 것이라고 받아들일 수는 없다. 일과 가정 사이의 불균형을 해소하고 여성의 생물학적 어려움을 극복할 수 있게 마련한 제도가 여성들을 제도의 감옥에 가두는 결과를 초래한다면, 여성 해방은 요원한 문제가 될 수 있다.

정부가 돌봄의 사회화를 바탕으로 여성이 남성과 함께 협업함으로써 조직의 성과를 높일 수 있는 조건과 장치를 마련해 줄 수 있다면, 이제 기업은 이 환경을 여성과 남성이 실제로 협업해 가치를 창출할 수 있는 파이프라인으로 연결시키는 데 적극적인 관심을 가져야 한다. 또 여성들은 돌봄의 사회화를 혁신의 플랫폼이 아니라 복지제도로만 인식하여 이 복지제도 속에 갇혀 협업을 회피하는 우를 범하지 말아야 한다. 복지제도가 혁신 행동을 잠식하며 야생오리를 집오리로 만들어 버리지 않도록 모두 노력해야 한다.

단지 여성이기 때문에 아이 낳고 기르는 일에 더 몰입할 것이라는 고정관념을 가지고 이를 강요하여 여성에게 유리천장을 부가한다면, 여성이 회사의 전략적 파트너로 성장할 수 있는 방법이 없다. 여성이 자신의 능력과 자유의지에 따라 고정관념을 깨고 개별적으로 기여할 수 있는 환경이 만들어질 때, 비로소 성다양성의 진정한 공진화가 가능해진다.

13장

평등한 기회의 함정

꽃을 피우기 위해서는 제대로 된 씨앗뿐 아니라 제대로 된 토양도 필요하다.
- 윌리엄 번바흐(William Bernbach)

평균의 종말

1940년대 말, 미국 공군은 심각한 위기 상황에 부딪혔다.[1] 비행기에 제트엔진이 도입되면서 비행 속도가 빨라지고 비행 방식도 복잡해져 조종사들이 적응을 못하고 추락하는 현상이 속출한 것이다. 어느 날은 하루에 무려 17명의 조종사가 추락하기도 했다. 모든 사고는 조종사 과실로 기록되었다. 추락한 비행기를 수거해 검사해 보아도 기체의 결함을 발견할 수 없었기 때문이다.

공군은 이런 불의의 사고를 조종사 잘못으로 보고하지만 찜찜함을 금할 수 없었다. 살아남은 조종사들은 인터뷰에서 자신도 왜 추락했는지를 모른다는 응답을

1 토드 로즈 지음, 정미나 옮김, 『평균의 종말』, 21세기북스, 2018, p262~274

일관되게 밝혔다. 처음에야 빨라진 비행기에 적응하지 못한 것이었다지만 충분히 훈련된 조종사들도 추락을 벗어나지 못했다는 건 많은 의문을 자아냈다.

시행착오 끝에 공군이 사고 원인으로 찾아낸 것은 조종실의 설계였다. 특히 의자가 문제로 지적되었다. 조종실의 의자는 1926년 남성 조종사 수백 명의 신체 치수를 평균 내 제작되었다. 여성들은 샘플에 포함되지 않았다. 30년이 지나도록 조종석 시트의 모양이나 규격, 앞 유리의 높이, 가속페달과 기어의 배치 간격, 헬멧의 모양까지도 1926년의 평균에 맞춰서 제작되고 있었다. 그러니까 조종사들은 생사의 갈림길에서 음속보다 빠른 속도로 비행기를 조종하며 눈에 띄지도 않는 계기판을 확인하고 손에 잘 닿지도 않는 버튼을 조작해야 했던 것이다. 아무리 뛰어난 실력을 지닌 조종사가 타도 평균에 맞춘 조종실의 설계가 필연적으로 사고를 만들었다.

공군에서는 조종사들이 최적의 상황에서 비행할 수 있도록 조종실 설계를 바꾸기 위해 조종사들의 신체 치수를 다시 산정하는 과제를 발주했다. 과제의 책임자는 길버트 대니얼스(Gilbert Daniels) 중위였다. 대니얼스는 가랑이 높이, 엄지 길이, 눈과 귀 사이의 간격 등 140여 개 항목에 걸쳐 남녀 조종사들의 신체를 측정해서 항목별 평균치를 산정했다.

과제를 수행하는 동안 길버트 대니얼스는 회의적인 생각이 들었다. 키, 몸무게, 가슴둘레, 팔 길이 등 가장 중요한 항목 10개를 골라서 평균치를 산정한 뒤 조사 대상이 되는 4,063명의 조종사들 중 평균치에 해당되는 사람이 몇 명이나 되는지 조사하니 놀랍게도 10개 항목에서 평균과 일치하는 사람은 한 명도 없었다. 가슴둘레는 평균보다 넓으나 엉덩이둘레는 작은 식이었다. 항목 숫자를 줄여서 목, 허리, 가슴둘레 세 가지로 정하고 여기에 해당되는 사람을 조사해 봐도 해당되는 사람이 3.5% 정도였다.

1952년 대니얼스는 「평균적 인간」이라는 제목의 보고서에서 평균적인 조종사는 없다고 보고한다. 그는 평균에 맞춰 조종석을 설계하는 것은 결국 아무에게도 맞지 않는 조종석을 설계하는 것이라 주장하였다. 또한 새로운 설계 방안을 평균보다는 조종사들에게 맞출 것을 권고한다.

다행히 공군은 진취적이었다. 대니얼스의 제안을 받아들여 설계자들에게 새로운 설계 패러다임을 제시했다. 즉, 평균에 맞춰 시스템을 설계하는 것에서 개인에 맞춰 시스템을 설계하도록 지침을 내린 것이다. 지침을 전달받은 엔지니어들은 초기에는 난색을 표했지만 이내 길버트 대니얼스의 주장에 설득당했다. 그렇게 새로운 지침에 따라 경이로운 설계 방안들이 마련되었다. 예를 들면, 모든 것이 조절 가능한 설계다. 지금은 모든 자동차에 도입되는 조절식 의자도 이때 처음으로 시도되었다. 높이 조절이 가능한 가속페달도 만들어졌다. 헬멧도 조절 가능하게 만들어졌고, 의복도 조절이 가능하게 제작되었다.

새로운 설계 시스템 덕분에 비행사들의 조종 능력이 비약적으로 신장되었고 미군은 세계 최고의 공군을 보유하게 되었다.

미 공군의 에피소드는 50년이 지난 2003년에 있었던 이라크 전쟁에 참여했던 캠벨(Campbell) 대위로 이어진다.[2] 미 제3보병연대는 티그리스 강의 북바그다드 다리로 접근하던 중 매복한 적에게 로켓포 기습공격을 받는다. 보병연대는 공군에 도움을 요청했고 공군은 캠벨 대위에게 임무를 부여한다. 캠벨 대위의 별명은 '킬러 C'이다. 이 무서운 별명에 맞지 않게 캠벨 대위는 왜소한 체구를 가졌다. 왜소한 조종사는 가장 첨단의 괴물 전투기로 알려진 A10 워트호그를 몰았다.

캠벨 대위는 이라크 수비대에 무자비한 공격을 쏟아부었다. 그런데 갑자기 후미에 지대공 미사일 공격을 받고 꼬리 동체 수평안전판이 파괴된 상태로 비행을 하게 된다. 모든 조종장치에 빨간 불이 반짝였다. 비행기는 바그다드 한복판으로 곤두박질쳤다. 캠벨 대위는 최후의 수단으로 낙하산 탈출을 생각했지만 그 경우,

---

2 『평균의 종말』 속 스토리를 본 저서에 맞춰 다시 각색함. 토드 로즈 지음, 정미나 옮김, 『평균의 종말』, 21세기북스, 2018, p262~274

도시 한복판 쪽으로 비행기를 내모는 것이어서 파장을 감당할 수 없었다. 마지막 순간, 캠벨 대위는 수동 조종장치로 시스템을 전환했다. 수동으로 조종한다는 것은 방향타와 보조날개에 고정된 와이어를 팔 힘으로 직접 당기면서 조정하는 것을 의미했다. 문제는 이 방법이 너무 위험해서, 공군에서는 조종사들에게 수동 조종을 딱 한 번만 훈련시켰다는 점이었다. 수동으로 착륙하는 것은 더 위험해서 가르치지도 않았다.

캠벨 대위는 비행기의 무게를 가볍게 하기 위해 모든 무기를 버렸다. 그러다 기체 무게의 불균형으로 비행기가 빙글빙글 회전하기 시작했다. 상황은 라이트 형제가 썼던 조종 방식으로 거대한 괴물 비행기를 조종하는 것과 비슷하게 전개되었다. 다행히 추락 직전, 캠벨 대위는 비행기의 균형을 잡는 데 성공했다. 비행기를 제어할 수 있게 되자 캠벨 대위는 기수를 쿠웨이트의 미군기지로 돌렸다. 돌아가기까지 한 시간이 소요되었다. 한 시간 동안 캠벨 대위는 맑게 갠 하늘을 비행하며 마음의 평화를 누릴 수 있었다.

그러나 비행장이 가까워지자 그는 다시 중대한 결정을 내려야 했다. 비행기를 버리고 탈출해야 하는지 수동 착륙을 시도해야 하는지를 결정해야 한 것이다. 공군 역사상 이 괴물 비행기를 수동 착륙시키는 방법을 훈련받은 조종사는 없었다. 하지만 캠벨 대위는 수동 착륙을 결정하고 성공적으로 비행장에 내렸다. 이를 지켜본 대원들은 캠벨 대위의 수동 착륙은 자동 착륙보다 더 부드러웠다고 했다. 대위는 십자무공훈장을 수여받았다.

캠벨 대위가 자신의 결정에 자부심을 느낀 것은 그날 공격을 받던 제3보병연대의 한 병사로부터 다음과 같은 편지를 받았을 때다.

"그날 우리 목숨을 구해 주셔서 정말 감사합니다."

전쟁 영웅으로 추앙받는 캠벨 대위의 체구는 키 160cm에 몸무게 54kg이다. 사람들이 흔히 생각하는 조종사의 평균적 체격과는 거리가 멀다. 그리고 또 하나, 캠벨 대위는 여성이다.

"저는 워트호그에 탑승하면 좌석 높이를 최대한 높이고 페달은 끝까지 젖혀야 했지만 결국에는 가장 편안한 자세를 찾아 조종할 수 있었습니다."

킴 캠벨(Kim Campbell) 대위의 고백이다. 조종사를 전투기에 맞추는 전략이 아니라 전투기가 조종사에 맞추게 하는 공군의 전략이 없었다면 그날 바그다드에서는 전투기 추락으로 수많은 민간인이 죽어 나가는 장면을 목격했을 것이다.

소멸시킨 차이와 생성시킨 차이

캠벨 대위의 사례는 성다양성의 측면에서 고려할 수 있는 세 가지 차이를 다시 생각하게 한다. 첫째는 거시적 차이로 여성과 남성 간의 생물학적 차이다. 둘째는 질 들뢰즈의 주장대로 여성과 남성 안에 존재하는 N개의 성이다. N개의 성은 거시적 여성과 남성 속에 중범위로 내재하는 다양한 성을 지칭한다. 마지막은 N개의 성 안에 있는, 다시 개별적 인간으로서 현재의 상황을 극복하고 만들어 낸 더 나은 차이의 가능성이다.

인간이 가장 높은 수준으로 진화할 수 있는 조건은 마지막 차이를 만들어 내는 데 거시적 차이나 N개의 성이 구속력을 행사하지 않고 오히려 가능성의 플랫폼으로 작용할 때이다. 그러면 첫째와 둘째의 차이가 서로 대립하는 것이 아니라 연결과 관계 맺음을 통해 새로운 태피스트리를 구성하고 이 태피스트리를 통해 더 높은 곳에 평평한 운동장이 만들어진다. 이 평평한 운동장에서 성에 제약을 받지 않고 각 개인이 더 나은 차이를 만들어 낼 수 있을 때 다양성은 사회의 부채에서 사회적 자산으로 변모한다. 더 높은 곳에 만들어지는 새로운 운동장이 전제되지 않은 평등은 뺏으려는 사람과 뺏기지 않으려는 사람들 간 갈등, 분열, 상처로 인한 피가 흐르는 협곡을 만들어 사회를 퇴보시킨다.

역설적이게도 성숙과 새로운 차이가 전제되지 못한 평등은 다양한 소수 배경의 사람들이 주역이 될 수 있는 기회를 스스로 박탈한다. 다양한 배경의 사람들이 더 높은 운동장에서 더 나은 사회를 위해 협업할 수 있는 상태가 성숙한 사회의 민주화이다. 협업의 운동장에서 더 나은 차이가 만들어지는 경험을 공유할 때 새롭게 만들어진 운동장은 더 단단해지고 이 운동장은 새로운 정상으로 정착한다.

조종사의 신체 조건을 남성의 평균에 맞춰서 선발하고 전투기도 이에 맞춰 설계했다면 캠벨 대위는 존재할 수 없었다. 여성에게도 조종사가 되는 것을 허락했다 하더라도 캠벨 대위가 이성애자가 아니라 레즈비언이었다면 조종간을 잡지 못했을 것이다. 이성애자가 지배적인 평균으로 작동하고 이에 맞춰서 훌륭한 조종사들의 규범들이 설정되었을 것이기 때문이다. 이성애자만 조종사가 되도록 설계되어 있다면 비행을 한 가지 색안경만 끼고 이해하는 국면을 벗어나지 못한 것이다. 조종사들이 공동으로 비행할 경우, 안전한 비행을 수행한다는 목적을 염두에 두고 서로가 다양한 색안경을 끼고 있다는 사실을 간주관적으로 인정하면 자신의 색안경으로 보지 못한 비행이라는 조망을 더 깊고 더 높고 더 포괄적으로 이해할 수 있다.

캠벨 대위가 완벽에 가까운 비행을 할 수 있었던 것은 여성과 남성의 생물학적 차이와 N개의 성들이 만들어 낸 다양한 맥락이 새로운 정상으로 받아들여졌기 때문이었다. 생물학적 범주의 남녀 평균에 집착해서 우열을 가리던 패러다임이나 N개의 성 범주에 대한 평균을 산정해야 한다는 패러다임에서 벗어나, 각각의 범주가 만들어 내는 생산적 차이에 초점을 두었기 때문에 캠벨 대위는 자신에게 할당된 성 범주를 초월해 능력을 최대한 발휘하여 구성원들의 목숨뿐 아니라 무고한 시민들의 생명을 구할 수 있었다.

성다양성의 문제를 해결하기 위해서 지향해야 할 종착역은 동일성을 전제로 한 기회의 평등이 아니라 더 높은 협업의 운동장을 통해 차이가 소멸되고 차이가 소멸된 운동장에서 새로운 차이를 만들어 내는 경험이다. 1950년대식 전투기를 비행할 수 있는 능력을 추출해서 우수한 비행사의 선발 기준을 만든 뒤, 그에 따라 조종사 선발 시험을 실시한다면 당연히 남성 조종사 후보들만 선정될 것이다.

이것이 기회평등의 역설이다.

교조적 기회의 평등은 남성 조종사들만 선발된 것이 공정한 기회를 통한 것이니 정당하다는 논리로 작용한다. 설사 소수의 여성이 선발되었고 이들에게 공평한 훈련 절차를 제공했다 하더라도, 첫 단추나 다름없는 선발 단계에서 잘못된 공정성이 반영되었으므로 이는 진실로 공정한 것이 아니다. 또한 이후 단계에서는 잘못 반영된 공정성을 고칠 방법이 없다.

절차 공정성에 문제가 없는 것으로 상부에 보고되면, 결과에 대한 더 강력한 정당성이 부가되어 절차 공정성은 불평등을 강화하는 부조리로 작용한다. 이렇게 해서 육성된 조종사들은 비행의 목적을 위해 최선을 다하더라도, 2020년대에 맞춰 설계된 전투기의 성능을 최대한 살려 기존의 비행과는 수준이 다른 차별적 비행을 달성해 낼 수 없다.

2020년대 만들어진 운항 설계는 여성과 남성을 구별하는 생물학적 기준이나 여성과 남성의 비행 데이터들이 빅 데이터로 제공되어 의사결정의 편향성을 제거하기 때문에 남녀 간 성차 때문에 생긴 편향이 미치는 범위가 최소화된다. 이원론적 성 범주가 생성했던 차이가 의미 없는 것으로 소멸된 것이다. 1950년대식 전투기가 아니라 2020년대식 전투기의 조종사를 선발하는 기준으로 맞추어 기준을 업그레이드한다면 여성과 남성 간 생물학적 성이나 생물학적 성 안에서의 다른 젠더들은 변수가 되지 않는다. 대신 다양한 관점 속에서 최고의 비행을 위한 차별적 능력만이 중요 변수로 떠오른다.

이런 새로운 기준에 맞춰서 과거의 생물학적 기준이나 젠더 기반의 조종사 선발 기준들을 해체시킬 때 능력에 따른 기회의 확장을 체험할 수 있다. 또한 이처럼 기회가 확장되는 것을 전제로 할 때, 기회의 평등도 불평등을 정당화하는 논리로부터 해방될 수 있다. 기회의 확장이라는 지평 속에서만 성다양성 문제가 제로섬의 정치적 논쟁을 벗어나 생산적 논의로 나아갈 수 있다.

기회의 확장 속에서 조종사를 선발한다면 어떤 결과가 나올까? 남녀를 떠나 가장 비행 능력이 탁월한 개인에게 전투기를 조종할 수 있는 권한이 주어질 것이다. 그리고 선발된 인원을 성에 따라 분류해 보면 남성이 선발될 확률과 여성이 선발될 확률이 비슷할 것이다. 그때부터는 더 이상 성다양성이 문제가 되지 않을 것이다.

초연결 시대가 요구하는 성의 새로운 맥락

본 연구진 중 한 사람은 『개별화된 세상에서의 사회적 헌신』이라는 저서에서[3] 미래의 초연결 디지털 사회에서는 로봇의 발달과 AI의 상용화로 물리적 경계가 해체될 뿐 아니라, 여성과 남성, 가진 사람과 못 가진 사람, 나이 든 사람과 젊은 사람, 지위가 높은 사람과 낮은 사람 등과 같은 사회적 범주의 양극화에서 파생된 편파적 의사결정의 한계점들이 극복되는 지점이 올 것이라고 말했다. 또한 초연결 디지털 사회에서는 모든 것이 개인의 능력과 욕구를 최적화하는 마이크로 소사이어티(Micro society)로 변모할 것임을 예고했다.

책의 저자는 이런 사회에서 인류가 공진화하기 위해, 모든 인간을 똑같은 잣대로 이해할 수 있다는 동일성을 전제로 한 도구를 만들어 평균을 측정하는 관행을 벗어나야 한다고 주장했다. 그리고 사회적 범주를 나누는 과정에서 만들어진 이원론적 서열과 편견을 해체하고, 이 범주들을 씨줄과 날줄로 연결해 시대와 공진화할 수 있는 태피스트리로 진화시킬 수 있어야 한다고 제안했다. 그러면 사회가 자동화하고 개별화된 마이크로 소사이어티로 전환될수록 그간 이원론적 범주로 심각하게 다뤄졌던 여성과 남성의 요인들이 해체되는 수순을 경험할 것이며, 사회적 범주에서 해방된 개개인은 공동체 목적을 위해 얼마나 차별적으로 기여하

3 Lawler, E. J., Thye, S. R., & Yoon, J., 『Social commitments in a depersonalized world』, Russell Sage Foundation, 2009

는가, 혹은 다른 개인들과 얼마나 효과적으로 협업할 수 있는가에 따라 평가받을 것이라고 말했다.

성다양성에 대한 논의도 예외가 아니다. 가장 해체가 어려워 보이는 성에 대한 이슈도 시대적 조류에 따라 해체의 수순을 밟을 것이고 이에 따른 성다양성에 대한 새로운 내러티브가 마련될 것이다.

마이크로 소사이어티의 특징은, 평균의 욕구를 충족시키기 위해 효율성이란 이름으로 조직되던 생산·분배·소비의 구조와 기능이 개인 간 맞춤형 욕구를 충족시킬 수 있는 모듈로 대체되는 것이다. 요즘 소위 기업과 산업에서 회자되는 디커플링(Decoupling)도 획일적으로 통합된 구조와 기능이 모듈로 해체되는 경향을 이해하기 위해 사용된 용어이다.

마이크로 소사이어티에서는 3D 프린팅과 이를 팩스처럼 전송하는 시스템이 활성화됨에 따라 제품 제조가 자본과 기술과 공장을 가진 사람들만이 할 수 있는 일에서 모든 개인이 할 수 있는 일로 대체된다. 한마디로 생산의 민주화이다. 생산이 민주화되면 모든 개인은 생산자이자 소비자이자 유통업자가 될 수 있다. 자신의 것을 맞춤형으로 생산하다가 주변 사람에게 반응이 좋으면 많이 만들어서 온라인 플랫폼을 통해 판매할 수도 있다.

이처럼 마이크로 소사이어티에서는 평균을 중심으로 사회를 조직하는 지배구조가 사라지고 개인들 간 의미 있는 차이와 변이를 누가 만들어 낼 수 있는지에 따라 새 지배 구조의 표준이 설정된다. 들뢰즈가 예측하고 있듯,[4] 개인은 자신과 다른 사람들과의 차이를 극대화하기 위해 끊임없이 자신을 변화시키고 업그레이드하는 과정에서 다양한 지형을 경험한다. 그러면 개인의 취향을 중심으로 급격한 사회적 해체가 진행된다. 개인이 만들어 내는 차이를 중심으로 국가도, 사회도, 조직도 해체된다. 여성과 남성이라는 생물학적 범주나 사회적 범주도 예외는

---

4 질 들뢰즈 지음, 김상환 옮김, 『차이와 반복』, 민음사, 2004

아니다.

언론도 마이크로 소사이어티 경향에 의해 해체되는 수순을 경험할 것이다. SNS의 발달로 독자들이나 시청자들은 거대 언론이 만들어 내는 담론을 더 이상 일방적으로 받아들이지 않는다. 이미 사람들은 유튜브가 선도하는 SNS를 통해 스스로가 기자이고 제작자가 될 수 있다는 사실을 알았다. 독자 스스로 정보를 생산해 내고 소비하고 전파한다는 것은 정보 생산과 유통이 완전히 민주화되었다는 의미다.

이런 경향을 이해하지 못하고 있는 곳은 거대 방송사나 신문사뿐이다. 아직도 많은 신문기자들이나 방송기자들만이 정부의 발표나 다른 정보 기관의 발표를 어린애처럼 받아쓰기하며, 본인들이 아직도 유일한 정보 생산자라고 착각하고 있다. 그렇게 더 이상 사람들이 보지도 않고 읽지도 않는 죽은 매체를 통해 메시지를 내보낸다. 그러나 요즈음 젊은이들은 조간신문이나 정해진 시간에 하는 뉴스, 드라마 본방송을 시청하지 않는다. 차라리 포털사이트에서 제공하는 뉴스 플랫폼에서 필요한 뉴스만 선택해 편한 시간에 소비한다.

소통이 개별화되고 민주화되는 경향이 심화되면, 사회적 약자의 지위에 있던 사람들의 소통이 활발하게 개진되기 시작한다. 누구라도 자유롭게 스스로가 기자, 프로듀서가 되어 자신의 정체성을 표현하고 지적하는 주체로서의 지위를 획득할 수 있다. 한 예로, 여성에 의한 소통의 민주화 시대를 예고하는 사건에 미투 운동을 들 수 있다.

소통의 민주화는 생물학적 성이나 젠더가 논쟁거리가 될 수 없는 사회로의 물꼬를 틔워 줄 것이다. 여성들이나 양성에 포함되지 않는 사람들도 자신의 배경을 넘어서서 사회를 위해 개별적으로 기여한 바에 따라 기여도가 평가되는 국면으로 사회를 진화시킬 것이다.

대학교도 마이크로 소사이어티에 예외가 될 수 없다. 생산하고 가르치는 교수와 배우는 학생들이 일정 기간을 이수하면 졸업장을 수여하는 전통적 대학 형태는 마이크로 소사이어티의 경향과 역행한다. 사실 대학에서 교수가 가르치는 내용은 구글에 더 잘 나와 있다. 대부분의 교수들은 더 이상 지식의 생산자가 아니다. 그럼에도 불구하고 고등교육과 기득권은 졸업장을 미끼로 다른 곳에 이미 다 나와 있는 내용을 비싼 돈을 주고 계속 사도록 강요한다.

이른바 명문대의 졸업장을 가지고 있다고 해서 마이크로 소사이어티로 변화한 직장의 직무를 제대로 수행해 낸다는 보장은 없다. 미네르바 대학과 같은 마이크로 대학들이 대학들을 해체하는 선봉에 서게 될 것이다.[5] 직장에서 요구하는 직무를 제대로 제시할 수 있는 대학은 살아남아 마이크로 대학 형태로 스스로를 해체할 것이다. 그리고 이 해체된 것들을 모듈로 엮어서 플랫폼으로 제공하는 마이크로 대학이 늘어날 것이다. 마이크로 대학에서 가르치는 모든 내용은 마이크로 러닝이다.

대학을 졸업한 사람들도 성별을 떠나 개인이 사회나 회사를 위해 기여할 수 있는 차별적 역량이 무엇인지에 따라 평가받고 선발될 것이다. 여성과 남성이라는 사회적 범주에 따른 평가는 그 영향력이 지속적으로 감소할 것이다. 기업에서 여성과 남성이 차지하는 비율은 처음부터 정해 놓은 남녀 비율이 아니라 사회적 기여에 누가 더 많이 기여하는지에 대한 우연성에 기반을 둔 확률에 의해서 무작위로 결정될 것이기 때문이다.

정치 영역도 블록체인이 활성화되면 마이크로 정치화가 가속화될 것이다. 모든 사안에 대해 즉시적 직접선거가 가능해지므로 굳이 대표자를 뽑아 나 대신 이익을 대변해 달라고 할 이유가 없다. 정치적 브로커 역할을 해왔던 정치가라는 직업이 해체되는 것은 시간문제다. 실제로 디지털 선진국에서는 국회의원들의 권한이 해체되고 이들의 지위가 예전과는 달라지고 있다.

정치도 사회적 범주의 요구를 직접 반영하게 됨에 따라 기존의 불균형이 해체

---

5 미네르바 대학에 관해서는 홈페이지를 참조(www.minerva.kgi.edu)

되는 수순을 밟는다. 그러면 여성들이 정치에서의 마이크로 소사이어티 경향의 가장 큰 수혜자가 될 것이다. 또한 여성의 요구를 제대로 반영하는 게 당연시되면 여성과 남성을 거론하는 일이 정치에서 중요한 변수가 되지 못할 것이다.

마이크로 소사이어티의 경향은 사회적 범주의 불균형을 시정하는 쪽으로 진화하다가 불균형이 해소되면 범주 간 협업을 통해 둘 사이를 연결하는 플랫폼을 만들어 낼 것이다. 이 플랫폼은 특정 집단의 평균이 아니라 자신의 역량을 드러내는 체험이 표준이 되는 사회를 구성한다.

이를 위해 모든 것의 생산과 소비와 분배는 욕구의 주도권을 가진 개인들을 중심으로 민주화된다. 또한 사회의 리더 자리는 개인이 사회적 범주를 넘어 자신의 차이를 제대로 표현하고 이를 통해 자신만의 존재 이유를 차별화할 수 있는 방안을 제시할 수 있는 사람이 차지할 것이다.

PART 5

한국 사회의 다양성 위기를 어떻게 극복할까?

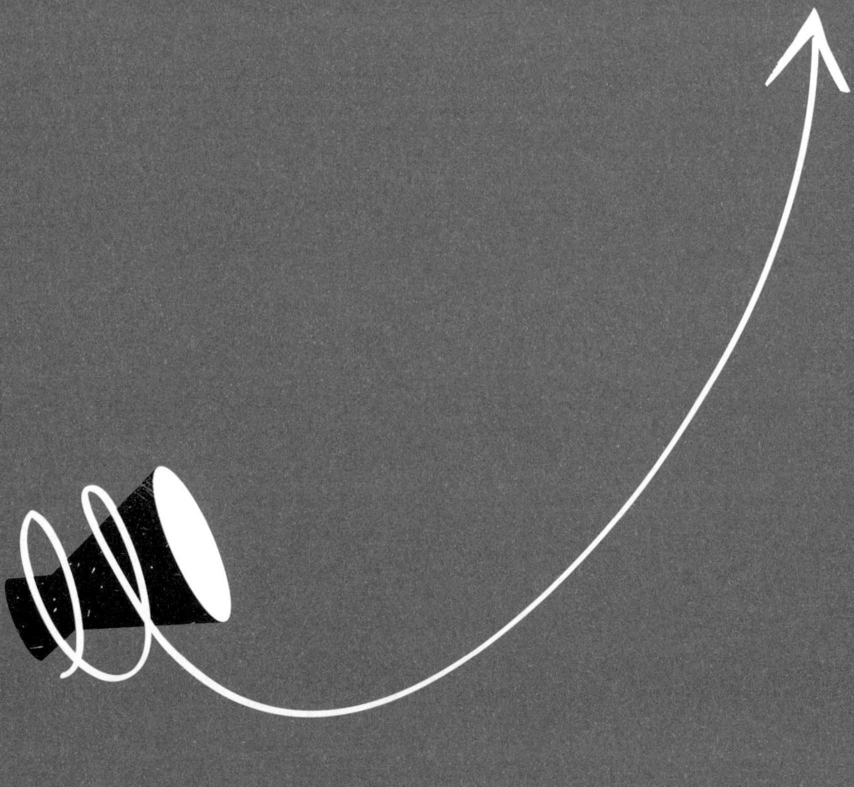

5부에서는 성다양성의 새로운 플랫폼으로 제시된 성협업이 한국 기업에서 어느 수준으로 실행되고 있는지 진단하고, 이에 대한 앞으로의 방향성을 제시한다. 더불어 기업에서의 성다양성 문제에 대한 실마리가 마련되어 성다양성이 실현되었을 때 성소수자가 사회에서 어떻게 자신의 차별적 능력을 자유롭게 펼칠 수 있는지를 서술한다. 이를 통해 대한민국이 진정 다양성을 포용하는 나라가 되고, 나아가 번성을 구가하는 미래 사회로 발전하도록 다짐과 약속을 점검한다.

14장

한국 기업들 양성협업의 현주소

진정한 성다양성이 실현된 사회는 '젠더'라는 말이 없고
모든 인간이 자기 자신으로 대우받는 세상이다.
- 글로리아 스타이넘(Gloria Steinem)

우리 연구진은 기업에서 성다양성 문제가 실질적으로 해결되는 때를 성 범주적 차이가 씨줄과 날줄로 결합하여 소멸되고 이 범주적 차이가 소멸된 운동장에서 개인들이 협업을 통해 더 나은 차이를 생성해 낼 때로 규정한다. 여성과 남성이 생물학적 분업의 상태를 넘어 서로가 서로의 씨줄과 날줄이 되어 양성협업이라는 새로운 태피스트리를 운동장으로 구성하고, 이 운동장에서 서로를 전략적 파트너로 받아들여 회사가 정한 목적과 사명에 기여하는 새로운 차이를 만들 수 있을 때라고 할 수 있다.

본 저서는 범주적 차이로 갈기갈기 찢겨진 성이나 또는 여러 다양성 요소들을 결합해 새로운 태피스트리를 가진 운동장으로 진화시키기 위한 초기값으로 양성협업을 제안한다. 본 저서의 성다양성 모형에서 양성협업은 다른 다양성의 문제

를 해결하기 위한 돌파구이다.

우리는 실제로 양성협업이 대한민국에서 성다양성의 새로운 운동장으로 작동할 수 있는지를 평가하는 연구를 수년간 수행해 왔다. 세계 최대 규모의 브랜드 컨설팅 회사인 인터브랜드(Interbrand)가 선정한 브랜드 가치 순위 50위권에 속한 대한민국 기업들을 모집단으로 하여, 이들 회사의 인사담당자와 직원을 대상으로 양성협업지수를 평가하고 시상해 왔다.[1] 연구진이 인터브랜드 50위권의 회사를 모집단으로 선정한 이유는 회사의 브랜드 가치 순위와 양성협업지수 순위에는 어떤 상관이 있는지를 알아보기 위함이었다.

연구에서는 성다양성의 문제를 양성협업으로 극복하는 회사가 비교 기업들에 비해 여성 인재 파이프라인을 제대로 가동하고 있는지를 평가했다. 또한 양성협업을 통해 새로운 운동장을 마련한 기업들의 경영성과가 비교 기업들에 비해 높은지를 살펴보았다. 양성협업지수 이외에도 가족 친화적 기업이라는 명목으로 행해지는 많은 제도적 장치가 양성협업을 촉진하는지에 대해서도 진단했다. 이런 진단을 통해 가정친화적제도가 협업을 증진하여 성과를 산출하는지 아니면 직원들을 제도화의 철창에 가두는지를 평가했다.

양성협업의 수준

여성과 남성이 협업을 통해 실질적으로 성과에 기여할 수 있게 만들어진 태피스트리를 다섯 가지 국면으로 평가했다. 양성경영, 배려경영, 포용경영, 정도경영, 참여경영이 그것이다. 각각의 경영 요소는 여성과 남성이 실질적으로 기업 가치를 높이기 위한 협업을 가능하게 만드는 운동장이다.

---

1 우리 연구진은 수년간 이화여자대학교를 대표해, 고용노동부와 여성가족부의 후원을 받아 『매일경제』와 공동으로 한국 기업들의 '양성협업지수'를 평가 및 발표하는 연구를 진행해 왔다. '매일경제-이화여대, 대한민국 양성협업 우수기업 11곳 선정', 『매일경제』(2019.11.20.)

양성경영은 리더의 역할이 생물학적 성을 넘어서서 남성성과 여성성 모두 가진 인재들에게 할당되는 정도이고, 배려경영은 일하는 과정에서 남성은 여성을, 여성은 남성을 정당한 인격체로 존중하는 정도이다. 정도경영은 회사가 천명한 가치·사명·윤리를 설정하는 일에 여성과 남성이 협업하는 정도이다. 포용경영은 학벌, 인맥이나 배경에서 소수가 차별받지 않도록 여성과 남성이 협업하는 정도이고, 마지막으로 참여경영은 전략적으로 의미 있는 회사의 중요한 프로젝트에 여성과 남성이 같이 참여하고 몰입하는 정도이다.

양성협업 수준이란 여성과 남성이 상대를 성과를 위한 진정한 협업의 파트너로 받아들이고 서로의 역량을 서로의 수준에 맞추어 성장시키기 위해 노력하는지의 점수다. 우리나라 기업들은 100점 만점에 평균 52점 정도를 받았다. 인터브랜드 50위권에 해당되는 기업 중 가장 높은 점수를 얻은 기업은 73점을 받았다. 우리나라에 들어와 있는 글로벌 기업의 양성협업지수가 80점대라는 점에서 국내 기업의 양성협업 수준은 많이 미흡한 편이다.

양성경영

양성성(Androgyny)은 그리스어의 하나로 남성을 뜻하는 안드로스(Andros)와 여성을 뜻하는 진(Gyne)이 결합된 용어로, 한 개인 안에 소위 남성적인 특성과 여성적인 특성이 함께 존재하는 것을 말한다. 이를테면 자기주장이 강하거나, 지배적이고, 리더십이 있는 동시에 온화하고, 동정심 넘치며, 따뜻한 성품을 가진 것이다.

본 연구에서는 벰이 제시한 목록을 토대로 구성원이 판단한 '상사의 양성성'을 활용한다.[2] 사실상 인간이라면 누구나 근본적으로 양성성의 특징을 모두 지니지

---

2 Bem이 개발한 Bem-Sex-Role-Inventory(BSRI)와 Spence, Helmreich, & Stapp가 공동 개발한 Personal Attributes Questionnaire(PAQ) 참조

만 후천적 사회화의 결과로 남성은 여성성을, 여성은 남성성을 다소 억압함으로써 이들의 상대성을 활용하는 데에 소극적이게 된다. 그러나 현 조직 상황은 양성성을 필요로 하고 있다. 여성과 남성의 전통적 성역할을 벗어난 양성형 인재가 새로운 시대를 리드할 수 있다.

양성형 리더라는 것은 성별과 상관없이 리더십에 여성성과 남성성이 높은 수준으로 함께 내재화되어 있다는 의미다. 여성 리더가 지나친 남성성을 보이는 것이나 남성 리더가 지나친 여성성을 보이는 것은 양성 리더의 개념과는 다르다.

조사 결과, 인터브랜드 50위권 기업들의 양성경영 점수는 43점이었다. 이 점수는 조사 대상 기업들이 리더십을 규정하는 데 있어 여성성과 남성성을 높은 수준에서 협업의 대상으로 새롭게 맥락화하는 양성성이 아닌, 남성성을 우위에 두고 구성하는 경향이 있음을 의미한다. 한국의 대기업들은 여성이 리더로 성장하기 위해서 여성의 고유한 정체성을 살리기보다 남성적인 리더십이 필요하다고 강요하고 있는 듯하다. 실제로 성공한 여성 임원 중에는 남성의 정체성을 자신의 정체성으로 채택하고 심지어는 목소리 톤까지 바꾼 경우도 허다하다.

배려경영

배려경영을 측정하고 있는 관계적 투명성은 미션과 비전을 구현하기 위해 조직에서 여성과 남성이 서로를 존재론적으로 대하는 정도를 보여 준다. 따라서 배려경영 점수가 높다는 것은 여성도 남성을 동등한 직원으로 인정하고 남성도 여성을 동등한 파트너로 인정하고 받아들인다는 의미다. 이에 본 연구에서는 여성들도 남성을 동료로 생각하고 있고 남성들도 여성을 동료로 생각하고 있는지, 이에 대한 남성들의 평가와 여성들의 평가에서는 차이가 없는지를 분석했다.

상대를 존재론적으로 존중하는 성향인 관계적 투명성이 높은 조직은 목적을 달성하는 과정에서 구성원들을 동원할 수 있는 능력이 탁월했다.

조사된 기업들의 배려경영 평균 점수는 48점이었다. 양성경영의 43점보다는 높지만 좋은 평가의 기준에는 절대적으로 미달하는 점수이다. 이는 아직까지 우리나라 대기업에서는 여성을 존재론적 파트너로 받아들이기보다 남성이 수행하는 일을 보조하거나 남성이 달성하려는 성과의 수단으로 취급되고 있다는 것을 의미한다.

포용경영

배려경영이 순수하게 관계적 측면에서 남녀가 서로를 존재론적 파트너로 생각하는지를 평가했다면, 포용경영에서는 남녀를 포함한 소수의 다양성을 경영에서 중요한 요인으로 고려하고 있는지 아닌지를 평가한다. 포용(Inclusion)의 의미는 조직 내 학벌, 지연, 혈연, 나이 등에서 소수 그룹에 속한 구성원이라도 조직의 성과를 위한 프로젝트 등에서 동일한 기회를 얻는 것이다. 즉, 분리와 비분리, 주류와 비주류의 벽이 약한 정도를 의미한다. 또는 성을 넘어선 다양성의 관리로 볼 수 있으며 여러 개인과 직무에 대한 다양성을 수용하고 통합하는 정도이다.

포용경영에서 높은 점수를 받았다는 것은 소수 배경을 가지는 사람들에게 주어지는 기회와 다수 배경에게 주어지는 기회가 균등하다는 것이다.

조사 기업들의 포용경영의 점수는 51점이다. 양성경영과 배려경영 점수보다는 높으나 만족할 만한 수준의 점수는 아니다. 한국 기업들이 성별뿐 아니라, 가족배경, 지연, 학연, 나이 등에서 다양성 감수성이 떨어지고 있음을 말해 준다.

정도경영

정도경영은 비지니스를 수행함에 있어 사명, 비전, 정체성 등으로부터 도출된 전략적 의도에 의해 비즈니스 모형을 정하고 사업을 진행하는 정도다. 회사가 설정한 목적이나 사명의 진정성과 신실성을 남녀 직원이 평가하고 이 점수의 평균과 차이를 반영해서 표준화한 것이다. 정도경영을 측정하기 위해 회사가 홈페이지에 표명한 비전과 전략과 가치대로 비즈니스를 수행하고 있는지, 아니면 홈페이지에 있는 내용은 고객에게 잘 보이기 위한 포장이고 본인들이 비즈니스를 하는 방식은 따로 있는지를 남녀 직원들에게 물었다. 높은 점수를 받았다는 것은, 회사가 홈페이지에 공표한 사명과 목적대로 신실하게 경영하고 있다고 남녀 직원 모두가 동의한다는 의미다.

전통적으로 정도경영은 남녀 사이에 생길 수 있는 갈등뿐 아니라 다양한 조직 내 정치적 갈등 요소에 대해 최고의 중재자 역할을 수행하는 것으로 알려져 있다. 정도경영을 한다는 것은 여성과 남성 사이의 협업 과정에서 생길 수 있는 다양한 긴장과 갈등도 더 큰 기업의 목적과 가치의 입장에서 조율한다는 뜻이다.

정도경영의 점수는 51점이다. 이는 한국의 기업들이 기업에서 추구하는 사명이나 가치보다는 전략적 목표에 치중하고 있고, 이런 목표 중심의 경영전략으로 회사에서 생기는 정치적 갈등을 더 높은 차원에서 중재하고 해결할 완충장치를 갖추지 못했다는 것을 의미한다.

참여경영

참여경영은 구성원이 자신의 업무에 대하여 정력적으로 헌신하고 몰두하고 몸과 마음을 바쳐 참여하고 있는 열의의 정도를 의미한다. 열의란 남녀 구성원이 일에서 느끼는 활력(Vigor), 헌신(Dedication), 몰입(Absorption)의 세 하위 개념으로 측정한다. 회사 일을 할 때 에너지가 넘치는지(활력), 인내심을 가지고 업무를 진행하는지(헌신), 자신이 하는 업무에 자부심이 있는지(몰입)를 남녀 직원에게 평가받아 이들의 평균점과 차이점을 반영해서 표준화했다. 참여경영에서 높은 점수를 받았다는 것은 조직 내에서 남녀 모두 일에 의미를 느끼며 활력에 차 일한다는 의미다.

참여경영의 점수는 협업의 차원 중 가장 높은 57점을 보였다. 이 점수는 참여경영이 양호한 수준이나 역시 우수한 수준에는 도달하지 못하고 있음을 의미한다.

양성협업과 경영성과

기업의 성과는 운영성과와 혁신성과로 나눠서 측정했다. 운영성과는 회사 내에서 행해지는 업무의 질, 양, 수, 작업 수월성, 목표 달성도, 효율성을 평가했다. 혁신성과에서는 회사가 미래지향적으로 선제적 업무 개선을 위해 노력한 정도, 새로운 업무 방법을 제시한 정도, 창의적 문제 해결을 시도한 정도, 실질적 업무 개선을 이룬 정도 등을 평가했다.

모든 양성협업의 다섯 가지 태피스트리들은 전부 성과에 유의미한 영향을 미치고 있는 것으로 판명되었다. 가중치의 측면에서 살펴보면 회사의 실질적인 운영성과나 혁신성과를 합한 경영성과에 가장 중요한 영향을 미치는 것은 정도경영과 참여경영이고 그다음으로 양성경영, 포용경영, 배려경영의 순이었다.

산술적으로 정도경영을 통해서 남녀 간 협업을 증진하려는 100만큼의 노력을 보일 경우, 경영성과는 39단위만큼 증가하는 것으로 나왔다. 참여경영을 위해 100단위만큼 남녀가 협업할 때, 경영성과는 26단위만큼 신장될 수 있고, 포용경영에서 여성과 남성의 100단위 협업을 하면 9단위만큼 경영성과를 신장시킬 수 있다. 양성경영 배려경영은 각각 9단위와 3단위만큼 경영성과를 신장시킬 수 있다.

경영성과에 가장 큰 영향을 미치는 양성협업지수는 정도경영과 참여경영이다. 정도경영의 측면에서, 남녀 직원이 똑같이 '우리 회사는 사명과 가치를 바로 세우고 대내외적으로 일관성 있게 경영한다'고 믿는 문화가 형성되어 있을 때 회사의 성과가 크게 증가했다. 이는 회사의 사명과 가치가 여성과 남성뿐 아니라 다양한 소수와 다수 간의 다양성 정치 갈등을 중재하는 가장 강력한 힘으로 작용하고 있다는 점을 시사한다.

참여경영의 측면에서도 비슷한 결론을 내릴 수 있다. 회사에서 남녀 직원이 협업을 통해 활력, 헌신, 몰입을 많이 경험할수록 회사의 성과는 크게 증가된다. 리더십의 역할을 수행할 때 여성성과 남성성의 한쪽을 택하는 것이 아니라 이들을 씨줄과 날줄로 통합시키는 맥락이 강조될 경우에 소수에 대해서도 다양성 정책이 펼쳐졌다. 이런 소수에 대한 참여 정책이 경영성과를 실질적으로 증진시킬 수 있음을 알 수 있었다.

여성과 남성 직원이 서로를 존재론적 파트너로 대하는 배려경영의 성향은 다른 차원에 비해서 성과에 미치는 역할이 크지 않았다. 아마도 우리나라 기업들의 현 성숙도가 서로를 존재론적 파트너로까지 대하는 성숙한 관점이라기보다는 분업을 기반으로 한 성역할 수준에 머물고 있기 때문인 것으로 보인다.

제도화의 철장

우리 연구진은 본 연구를 통해 각 기업들이 협업의 기반이 될 수 있는 가정친화적제도를 얼마나 구비하고 제대로 운용하고 있는지도 조사했다. 조사한 제도는 자녀출산지원제도(산전후 휴가, 배우자 출산휴가, 임신 중 유해·위험한 사업 근로의 제한 등), 양육지원제도(위탁보육, 육아휴직, 보육수당 지원 등), 유연근무제도(탄력적 시간근로제, 재택근무 등), 가족 친화적 조직문화 조성제도(정시 퇴근, 가족 휴양시설 제공, 가족 참여 프로그램 운영 등), 양성 친화적 조직문화 조성제도(여성 멘토링 및 네트워크 제도, 경력 단절 여성 채용 등) 등이다. 조직의 인사 담당자에게 각 제도를 실시하고 있는지의 여부와 이를 실제로 충분히 활용하고 있는지를 질문했다.

양성협업의 점수는 낮아도 양성협업을 촉진하는 제도적 장치를 도입했는지 분석한 결과, 인터브랜드 50위권에 편입된 대부분의 한국 기업들은 만점대의 점수를 획득했다. 제도의 유무뿐 아니라 가정친화적제도들을 마음껏 이용하도록 독려하는 분위기도 양성협업의 정도와는 상관관계가 존재하지 않았다.

자료를 보다 심층적으로 분석한 결과, 조사 대상 회사들에서는 대부분의 제도적 장치를 복지적 측면만을 부각해서 받아들이고 있었다. 이렇게 복지적 측면만을 강조한 제도적 개입은 양성협업을 통해 기업의 성과를 향상시키는 것과는 무관했다. 제도적 복지 측면만 부각해서 접근한 대부분의 한국 기업들은 제도적 개입을 재무 성과로 연결시키지 못했다. A기업의 경우 사기업 중 가장 많은 제도를 구비하였으나 양성협업의 순위에서는 최하위를 점하고 있었다. 반면 B기업은 제도의 구비 정도가 6번째에 불과했지만 협업 순위에서는 수위를 차지했다.

가정친화적제도나 복지 수준이 높다는 것 자체가 고성과나 구성원의 만족을 보장하는 것은 아니었다. 결과적으로 가정친화적제도 보유 및 이용 여부가 구성원의 양성협업, 직장 만족, 고성과 창출의 여부와 관련이 없는 것으로 나타났다.

회사의 입장에서는 제도적 장치를 도입했는데 직원들이 이를 복지로 이용만 하고 여기에서 충전된 에너지를 업무와 연동시키지 못한다면, 제도 운영비용만 높아지는 부담스러운 상황에 놓인다. 반면 직원들이 제도적 혜택을 이용해 회사에 더 몰입하고 기회를 더 창출하여 성과로 연결시킨다면, 회사는 여기에 드는 돈을 투자라고 생각할 것이다.

안타깝지만, 우리나라 대부분의 기업에서는 직원과 심지어는 회사조차도 가정친화적제도에 투자를 해도 성과나 혁신이 늘어나기보다 이용만 하고 끝내는 개인주의자만 키워 낸다고 생각하는 경향이 강하다. 그리고 실제로 이런 복지제도가 야생오리들을 집오리로 만들어 혁신을 죽이는 경우로 사용되고 있었다.

성과와 간접적으로만 관련이 있는 가정친화적제도는 잘못 운영되면 야생오리를 잡아서 집오리로 길들이고 심지어는 뚱뚱해져 날지도 못하는 오리로 전락시킨다. 오리에게나 오리 주인에게나 비극이다. 결국 성과를 내는 기업들의 특징은 제도적 개입이 복지를 넘어 일에 대한 직접적 동기를 자극할 수 있도록 설계한 회사들이다. 목적이 회사의 미래를 이끄는 드라이브로 명시화되어 있고 모든 제도나 일들이 이 목적을 달성하기 위해 정렬되어 있는 것이다. 회사가 성과를 못 내는 이유는 인센티브나 복지가 부족해서라기보다 일하는 이유를 일과 과제를 추동하는 동인(드라이브)으로 설정해서 일과 자원과 제도를 목적에 정렬시키지 못하기 때문이다.

똑같은 제도적 장치를 가지고 있으면서 성과로 연동시키는 기업과 그렇지 못한 기업의 차이는, 기업의 목적과 사명이 앞에서 끌게 하고 복지나 제도 등은 뒤에서 밀어 주는 형태로 조직을 설계했는지에 있다. 한국 회사들 대부분 인센티브나 제도가 앞에서 끌고 주어진 과제를 완수하게 하는 직접 동기는 오히려 뒤에서 밀어 주는 구조로 조직이 설계되어 있다.

회사가 제도화의 함정을 피할 수 있는 방법은 구성원이 제도적 도움을 받아 전문성을 신장하여 더 나은 목적 상태로 커가는 성장 체험을 하는 것이다. 성장 체험은 변화를 전제로 하기 때문에 절대로 제도화되지 않는 인센티브이다. 또한 성장 체험은 긍정적 경험이어서 이를 체험한 사람들은 비슷한 기회가 생기면 금전적 보상과 같은 외적 인센티브가 없어도 저절로 다시 몰입한다. 또한 더 나은 상태로의 변화를 통해 성과가 자연스럽게 따라온다. 회사 차원에서 할 일은 이 성과에 대해 공정하게 평가해서 보상하는 일이다.

물론 제도를 복지 증진을 위해 활용하는 것이 나쁘다는 것은 아니다. 그러나 제도를 위한 제도만이 존재하고, 조직들은 제도적인 함정에 빠져 '제도를 갖추었으니 우린 할 일은 다 했다'는 인식에 머문다면 큰 문제이다. 이런 경우 회사들이 도입하는 가정친화적제도는 동형화의 위험을 감수해야 한다. 동형화란 여러 회사가 대내외적 정당성을 확보하기 위해 여타 기업의 제도를 모방하면서 서로 유사한 제도를 갖게 되고, 그 내용도 동일해지는 현상이다. 제도가 동형화되면 처음에 어떤 목적을 위해 그 제도가 만들어졌는지는 잊히고, 그저 다른 경쟁사들이 도입했거나 정부가 도입을 법으로 정했기 때문에 무조건 도입하는 상황만 남는다. 타 기업의 가정친화적제도나 복리후생 정책과 관련된 제도를 모방하고 벤치마킹하는 것이 문제되는 것은 아니나, 동형화가 제도의 목적을 죽이는 것이 문제이다. 결국 이러한 맹목적 따라 하기는 구성원들을 목적을 실현하기 위한 혁신으로 이끌기보다 제도의 철창에 가두는 부작용을 낳는다.

양성협업 연구는 한국에서 뜨거운 이슈로 떠오른 가족 친화적 기업이나 일·가정 균형, 40시간 근로제에도 시사점을 주고 있다. 이런 제도들은 문제 해결의 시작점에 불과할 뿐이지 해답은 아니다. 제도적 장치를 통해서 얻은 여력이 여성과 남성이 일을 통해 협업할 수 있는 문화로 승화되지 못한다면, 제도적 장치는 조직이 부담해야 할 순수 복지비용이나 운영비용으로 전락할 뿐이다. 게다가 구성원들을 제도적 감옥에 가두어 혁신을 멈추게 만들기도 한다.

인사 담당자들과의 인터뷰를 통해서도 정부의 지원과 기업의 제도만으로는 양성협업의 운동장을 만들거나 여성 인재 파이프라인을 구축하는 데 한계가 있음을 확인했다. 남성 직원들과 동일한 경쟁을 거치는 입사 출발선은 같았지만, 여성 직원들은 회사 내에 복잡하고 다양한 HR의 파이프라인이 막혀 결국은 유리천장을 경험한다. 이렇게 리더십 파이프라인이 막히는 이유는 제도적 미비 때문이기도 하지만 여성 인력에 대한 문화적 편견과 낮은 기대 때문이기도 하다.

따라서 회사가 여성을 협업의 파트너로 인식하고 대우하려는 다양성문화를 정착하는 것이 시급하다. 또한 다양성문화가 정착되도록 유리천장을 제거하고, 설사 다양성을 위한 시도가 잘못되더라도 여성들이 낙오의 미궁에 떨어지지 않게 보호해 주는 안전망을 만드는 등 다양한 정책이 시도되어야 한다. 유리천장이 제거되고 안전망이 있어서 여성들이 마음 놓고 경력에 몰입할 수 있다면, 여성도 성을 넘어서 조직의 사명과 목적에 기여할 수 있는 진정한 파트너로 받아들여지기 시작할 것이다.

글로벌 컨설팅 업체인 맥킨지&컴퍼니와 비영리단체 린인(LeanIn)이 발표한 「2018년 직장 내 여성 보고서」에 따르면 조직 내 성별 격차는 채용에서부터 시작되며 승진으로 이어진다. 여성이 남성보다 지난 수십 년간 더 많은 학사학위를 받았지만 채용될 가능성은 물론 채용 후 첫 관리직으로 승진할 가능성 역시 남성보다 낮은 것으로 나타났다.[3] 이런 현상은 채용과 승진에서 남녀 근로자를 직급으로

---

3 LeanIn.Org and Mckinsey(2018), 「Women in the Workplace study」

분리해서 관리하는 관행에서 생겼다.

따라서 보고서는 젠더화된 조직 내에 직급별 여성 근로자 비율을 높이는 정책은 채용 절차부터 승진 후보자가 되는 과정 전반을 타깃으로 해 관리해야 한다고 지적한다. 직급별로 여성 근로자 비율을 할당해 관리하면 각 직급 단계마다 여성 근로자들이 조직에서 이탈하게 되는 요인들을 더 구체적으로 파악할 수 있고 현실성 있는 이탈 방지장치가 마련됨으로써 막힌 파이프라인을 효과적으로 뚫을 수 있다. 또한 이런 요인들을 종합해 여성 근로자의 근속을 돕는 제도를 만들 수 있고, 승진에 있어 뿌리 깊이 박힌 여러 차별적 요인을 제거하는 노력에서도 성과를 기대할 수 있다. 각 직급과 역할에 절대적인 여성 근로자 수가 보장되어야 결국은 양성협업도 가능해진다.

유리천장을 뚫은 여성들은 파이프라인 구축을 위한 가장 중요한 인적 자본이자 사회적 자본이다. 이들의 숫자는 양성협업이 실제로 성공했는지를 판가름하는 가장 현실적인 숫자이다. 그리고 파이프라인을 지나고 있는 여성들은 이들을 현실적인 역할 모형으로 삼을 수 있다.

그러나 이토록 중요한 인적·사회적 자본임에도 불구하고 성공한 여성 리더들이 오히려 파이프라인을 막는 경우도 보고되고 있다. 따라서 이들이 양성협업의 역할 모형으로 기여하기 위해서는 다음과 같은 유의점들을 보완하는 멘토링 프로그램을 가동해야 한다.

첫째, 여성 임원 자리에 힘겹게 오른 만큼 여성 임원으로서의 가치가 희소할수록 자신의 가치가 더 높아진다고 생각하는 여성 리더가 있을 수 있다. 이 경우 그들은 적극적으로 후배들을 양성하지 않는다. 아마도 우리나라 500대 기업에서 3.6%(2018년 기준)밖에 되지 않는 여성 임원들은 자신들을 적극적으로 이끌어 주는 멘토나 연줄의 도움 없이 홀로 유리천장을 깼을 것이다. 그래서 자신의 정체성을 지키기 위해 여왕벌(Queen bee)[4]처럼 다른 여성들을 적대시하고 파이프라인을 막고 사다리 차기(Kicking the ladder)를 할 개연성이 있다. 이런 여성 리더가 많아진다면 여성 임원을 육성하기 위한 파이프라인은 꽉 막혀 버릴 것이다. 따라서 파이프라인을 지나 유리천장을 깬 전임자들이 적극적으로 나서서 자신이 걸어온 힘든 과정을 후배들에게 제대로 공유하고, 여성의 정체성을 지키며 어려움을 극복한 노하우를 조언해 줄 수 있는 자세가 절대적으로 필요하다.

둘째, 유리천장을 직접 깨본 여성 리더가 자신이 경험한 불공정성과 애로 사항을 이야기할 때, 이들의 이야기는 더 설득력 있고 효과적일 것이다. 그러므로 여성 리더의 입으로 불공정한 관행을 언급해야만 제도적 보완장치가 마련될 개연성이 높다. 하지만 임원으로 승진한 후 후배들을 위해 불공정성을 언급한 여성 리더가 있었던 반면, 어떤 여성 리더들은 후배들에게도 자신과 똑같은 어려움을 극복할 것을 요구하는 경우가 있었다. 유리천장을 극복한 경험이 있는 여성들이 불공정에 대한 목소리를 높여 제도적 보완장치들이 생성되면 후배 여성 리더들이 개인기에 의존하여 살아남을 필요가 없다.

셋째, 대부분 임원으로 승진한 여성들은 여성성을 죽이고 남성성을 취해 승진했다고 말했다. 하지만 임원이 된 이후에는 여성성을 숨기거나 억압하지 않았으며 이러한 여성성의 표출이 성과 창출에 유리하다는 것을 깨달았다고 고백했다. 그러면서 임원이 되기 전에도 여성성과 남성성을 결합한 성정체성을 보여 주지 못한 것을 후회했다. 따라서 자신이 느낀 바와 같이, 후배들에게도 회사에서 살아남기 위해 여성 정체성을 버리고 남성 정체성으로 승부할 필요가 없음을 지도해 줄 필요가 있다.

양성협업은 기업이 성과를 내고 사회적 가치를 창출하는 방식이 팀을 통해서 이뤄지고 있다는 현실을 인정한다면, 팀을 구성하는 최소 단위에 다양성이 반영되도록 남녀를 팀 협업의 파트너로 참석하게끔 구성해야 한다는 제안이다. 남녀

4 Derks B., Van Laar, C., & Ellemers, N.(2016), 「The queen bee phenomenon: Why women leaders distance themselves from junior women」, 『The Leadership Quarterly』, 27, 3, p456~469

가 한 팀에서 협업의 파트너로 일할 수 있을 때 여성과 남성은 서로의 성에 대한 역할기대를 제대로 습득하여 성 고정관념을 넘어 더 높은 수준에서 기여할 수 있는 성다양성 맥락을 만들어 나갈 수 있다. 그리고 이 새로운 맥락을 기반으로 성 고정관념을 넘어설 수 있을 때 여성과 남성은 성을 넘어서서, 인간으로서 가진 강점을 동원해 조직의 가치 혁신에 기여할 수 있다.

양성협업은 성 고정관념을 극복하고 성의 새로운 다양성 맥락을 구성하는 핵심적인 기제이다. 양성협업이라는 제도적 혁신을 통해 여성들도 자연스럽게 남성들과 같은 비율로 조직의 파트너 지위를 인정받는 임원의 자리에 오를 수 있다. 여성과 남성이 협업의 파트너로 공고하게 자리 잡고 성과를 내는 순간, 학벌, 지연, 혈연, 세대 차 등 다른 차원의 다양성 문제도 양성협업이라는 새로운 맥락에 자연스럽게 반영되어 다양성문화가 뿌리를 내릴 수 있을 것이다.

원활한 양성협업을 위해서 생각해 볼 수 있는 제도적 혁신으로는 능력이 있는 여성들이 사회적 돌봄의 문제 등으로 경력에 균열이 생겨도, 다시 일을 시작할 수 있는 안전망을 만들어 주는 것과 유리천장을 제거하는 제도이다. 안전망이란 임신과 출산이라는 생물학적 제약 조건 때문에 여성들이 남성들과 같은 수준에서 협업에 동참하지 못하는 경우가 생기지 않도록 지원해 주는 제도이다. 가정친화적제도를 제대로 설계해서 경력을 쌓고자 하는 여성들이 임신과 출산 때문에 불이익을 당하지 않도록 제도적으로 막아 주고 보호해 줄 수 있다. 경력에서 이탈한 여성들은 퇴사하지 않고 다시 안전망을 딛고 일어서서 협업을 통해 경력을 이어갈 수 있다. 이를 통해 여성들도 남성들과 같은 지위에서 다시 협업에 참여할 수 있는 조건이 만들어진다.

유리천장 제거는 여성들이 진정한 협업 파트너가 되지 못하게 하는 조건들이 있다면 이를 제거하자는 취지이다. 안전망과 제거된 유리천장을 이어 주는 것이 파이프라인이다. 파이프라인의 목적은 경력 주기 동안 여성들이 자신의 개인기에 의존하거나 사적 자원에 의존하지 않고 제도적 장치를 통해 경력 개발과 조직 성과에 기여할 수 있는 일을 하게 만드는 것이다.

영국의 사회학자 앤서니 기든스(Anthony Giddens)에 의하면 제도는 양면성이 있다.[5] 대부분의 법제도처럼 행동을 규제하고 질서를 만들어 나가는 측면도 있는 반면, 제도가 존재해서 불가능했던 일을 가능하게 만들어 주는 혁신 플랫폼 측면도 있다는 것이다. 혁신의 가능성을 놓치고 질서와 규제만 강조하는 제도는 구성원들을 제도의 감옥 속에 가둔다. 잘된 제도적 장치는 질서를 넘어서 불가능했던 일이 가능해지게 만들어 주는 혁신의 플랫폼으로 작용하는 것이다. 유리천장을 제거하고 안정망을 제공하는 다양한 제도적 장치들이 실험될 필요가 있다.

---

5 Giddens, A., 『Capitalism and modern social theory: An analysis of the writings of Marx, Durkheim and Max Weber』, Cambridge University Press, 1971

15장

다양성이 뉴 노말이다: 시민사회로의 민주화 선언

물고기를 나무 타는 능력으로 평가한다면
물고기는 평생 자신을 바보라고 생각할 것이다.
- 알베르트 아인슈타인(Albert Einstein)

영어 표현 중에 'All means All'이란 말이 있다. 누구를 특별하게 차별하지 않고 모든 기회가 누구에게나 열려 있다는 뜻이다. 누구는 예외적으로 배제하는 게 아니라 '진정' 모든 사람을 차별하지 않는다는 것이다. 다양한 사람들에게 제공되는 균등한 기회에 대한 약속이 공언으로 끝나는 것이 아니라 실천으로 이어지게 하겠다는 다짐이기도 하고, 누구나 배울 수 있는 기회를 제공받고 벌 받을 일을 하면 지위고하를 막론하고 다 똑같이 벌받는다는 의미이기도 하다. 그러니까 'All means All'은 우리가 사는 사회가 진실한 약속과 믿을 수 있는 기회의 땅이라는 선언이다.

그렇다면 대한민국은 일반 사람들이 'All Means All'을 믿을 만큼 소수의 다양성이 존중되는 사회일까? 그간 존재한 많은 연구 문헌 자료를 살펴봐도 또는 실

제로 소수의 배경을 구성하는 사람들을 인터뷰해 봐도 한국은 다양성이 존중되는 사회와는 거리가 먼 것 같다. 우리나라는 다양성 논의가 수면 위로 올라오는 것을 분란을 조장하는 것으로 규정하고 터부시한다. 대신 강한 자의 힘의 논리가 지배적 규범으로 작동한다.

최근에도 정상 또는 표준이라고 규정한 '몸'에 대한 논의가 뜨거운 감자로 떠올랐다. 남성으로 태어났지만 수술로 법적 여성을 선택했다 전역당한 변희수 하사, 숙명여대 법학과에 합격했다 입학을 포기한 A씨는 다른 여성의 공간과 기회를 빼앗는다는 명분으로 차별을 감내해야 했다. 생각해 보면 어떤 몸을 정상적이라고 규정할 권리를 가진 사람들은 항상 기득권 세력이었다. 기득권 백인들이 흑인 몸이 정상인지 질문했고, 기득권 남성들이 여성 몸이 충분히 고등교육을 감내할 수 있는지를 질문했다. 지금은 여성과 남성의 몸이라는 기득권을 가진 사람들이 성 소수자의 몸이 정상인지를 질문한다. 차이와 다양성을 받아들이는 것이 오히려 정상이고 표준으로 취급되는 국면까지는 가야 할 길이 멀고도 험하다.

대한민국에서 'All Means All'은 'All Means All'이 아니다. 최소한 우리가 표준으로 삼고 있는 OECD국가 수준에 근접하려면 한참을 더 가야 한다.

사회영역의 민주화 운동

다양성은 사회적 범주화를 통해 소수로 분류되어 참여의 기회조차 부여받지 못한 소수들에 의한 민주화 운동의 영역이다. 정치민주화나 경제민주화의 토대를 구성하고 있는 것은 사회민주화이다. 능력과 재능이 있어도 사회적 범주 분류에 따라 자신과 공동체의 목적을 구현하는 일에 참여를 제한받는다면 이 차별은 그대로 이들의 경제활동 제약과 정치활동의 제약으로 연결되어 대물림된다. 다양성 문제의 해결은 경제민주화나 정치민주화의 기반이어서 다양성을 통한 사회민주화가 미진하다면 항상 민주화의 시계는 원점으로 돌아올 수밖에 없다.

한국에서 성에 대한 논의와 더불어 다양성 논의가 제기되는 대표적 범주는 학연, 혈연, 지연, 세대에 관련된 영역이다. 한국에서 학벌은 다양성을 침해하는 가장 중요한 변수다. 능력과 별개로 좋은 학벌을 획득하면 죽을 때까지 이 학벌을 임대해 가며 먹고살 수 있다. 지연은 한국에서 참신하게 새 정치를 하려는 사람들에게는 피할 수 없는 다양성의 적이다. 집안 배경은 필연적으로 흙수저 대 금수저 논쟁을 불러일으킨다. 장관 딸의 대학 특례 문제나 국회의원 딸의 대기업 입사 논쟁도 우리나라에서 집안 배경이 얼마나 중요한 변수인지를 일깨워 준다. 세대 간 다양성의 부재는 기득권 세대와 밀레니얼 세대의 갑질 논쟁을 불러일으켰다. 이에 정부는 갑질 금지법까지 제정했다.

한 사회가 얼마나 다양성의 사명을 잘 구현하는지를 판별해 보려면 법원의 판결을 봐야 한다. 한국 법정의 판결을 보면 기회가 특정인에게 집중되고 죄를 지어도 유전무죄라는 말이 통용될 정도로 소수에 대한 존중과는 거리가 멀다.

다양성의 침해가 가져오는 가장 부정적 결과는, 주류가 씌운 유리천장에 갇힌 소수 집단의 구성원들이 스스로의 능력으로 자신감 있게 과업을 수행할 수 있다는 자기효능감을 손상받는 것이다. 한국 사회에서 비주류에 속한 사람들은 컵에 갇힌 벼룩이다. 대한민국에서는 여성에게도 유리천장이 씌워져 있고 학벌이 낮은 사람에게도 유리천장이 씌워져 있다. 흙수저 가족의 배경도 유리천장이고, 지역에서 힘이 있는 사람과 경쟁해야 하는 타 지역 출신 사람에게도 유리천장이 작용한다.

씌워진 유리천장을 받아들이도록 지속적으로 강압당하면, 어느 순간 당사자도 이를 현실로 받아들인다. 본인이 유리천장을 받아들이면 유리천장이 완전히 실현되어 나는 이 정도밖에 안 되는 사람이라고 스스로 한계를 만든다. 실제로 가지고 있는 능력을 모두 발휘해도 문제를 창의적이고 효과적으로 해결할 수 없는 상황에서, 임의로 자기 효능감에 대한 제한을 받아들인 사람들은 문제를 효과적으로 해결하기가 낙타가 바늘구멍에 들어가는 것보다 힘들다.

유리천장은 조직이나 사회가 동원할 수 있는 인적자원의 잠재력 최대치를 갉아먹는 암 덩어리다. 개인의 효능감이 침해되면 개인들은 다양한 협업을 통해 새로운 기회를 창출하지 못한다. 새로운 기회가 창출되지 못하면 가치가 창출되지 못하고 사회는 정체된다. 사회가 정체되면 기존의 기회를 가지고 나누는 정치적 싸움에 몰입하게 되고 사회는 갈등에서 벗어나지 못한다. 이 제로섬의 정치적 싸움에서 승자는 항상 주류 기득권 세력들이다.

다양성은 사회 범주로 갈기갈기 찢어져 반목하는 사회영역에서의 민주화에 대한 갈망이다. 다양성은 사회적 약자들에게도 그들의 재능과 능력에 따라 사회의 목적을 실현하는 주체로 참여할 수 있는 기회를 부여하는 사회민주화의 핵심이다. 사회적 약자(소수자)들이 운명으로 받아들이는 범주적 제약을 해체시키고 이들의 자기효능감을 높이는 일이 급선무이다.

사회는 주류와 비주류를 구성하는 범주를 씨줄과 날줄로 엮은 새로운 운동장을 만들어야 할 것이다. 이 운동장에서는 그 누구라도 자신의 전문성을 토대로 더 나은 차이를 만들 수 있다는 자신감을 회복할 수 있으며 이때 사회영역의 민주화가 실현됨으로써 갈등과 반목, 차별이 사라질 것이다.

다양성의 시작은 환대이다

최근 방영된 드라마 '슬기로운 의사생활'에서 재현된 환대가 사회적 이슈가 되고 있다. 병원(Hospital)의 존재 이유는 환대(Hospitality)다. 드라마는 역설적으로 병원에서 가장 먼저 환대가 고갈되기 시작했다는 문제를 제기하고 환대를 다시 복원하는 이야기를 담고 있다. 따지고 보면 환대의 고갈은 병원만의 문제가 아니다. 우리 사회 전체가 앓고 있는 열병이다. 다양성에 대한 무관심과 냉담이 초래한 결과이다.

대한민국 어디를 가든 우리는 환대는 고사하고 등급으로 분류된 물건 취급을 받는다. 등급은 동일성을 전제로 한다. 동질성의 잣대로 측정해서 평균을 내고 평균을 중심으로 범주를 분류한다. 병원을 가도 우리는 범주로 분류된 고장 난 기계일 뿐이지 고통받는 인간은 아니다. 고장 난 기계도 등급을 평가해 치료의 순서나 질이 결정된다. 환자 체험이라는 고상한 말은 병원의 마케팅 전략일 뿐이다.

백화점에서 아무리 VVIP 등급을 가지고 있어도 우리는 존엄성을 가진 인간으로 환대받지 못한다. 이들은 우리에게 환대를 흉내 내 한정적으로 체험시켜 준 대가로 돈을 요구한다. 돈을 내지 못하면 내 환대 등급은 VVIP를 유지하지 못한다. 결국 내가 인간으로 존엄성을 인정받았던 것이 아니라 내가 낼 수 있는 돈으로 환대를 조건적으로 샀을 뿐이다.

이런 조건적 환대와 구별되는 진정한 환대는 다양성이 복원되어야 가능하다. 진정한 환대는 가진 사람이 못 가진 사람에게 행해질 때만 나타난다. 힘 있는 다수가 소수를 위해 보여 주는 환대가 절대적 환대이다. 사회적 소수도 나와 같은 고통을 가진 인간으로 생각하고 이들의 고통을 해결하기 위해 손을 맞잡는 긍휼감이 전제된 환대가 진정한 환대다. 따지고 보면 지금까지 우리는 가족을 제외한 누구로부터도 진정으로 환대받지 못하고 있었다.

다양성은 힘 있는 다수가 소수에게 자신의 범주적 차이를 스스로 소멸시키고 상대를 더 나은 차이를 위한 협업에 초대하는 행위에서 시작된다. 범주적 차이를 소멸시키고 공동체를 위한 더 나은 차이를 만들어 내는 다양성의 원리가 제대로 복원되지 못한다면 환대는 남의 나라 이야기일 뿐이다. 범주적 차이로 상대를 대상화하지 않고 자신과 같은 인간으로 환대하는 행위가 반드시 필요한 이유다.

협업을 통해 찾아낸 다양성 세상

다양성의 손상이 가져오는 또 다른 문제는, 불확실성이 증폭되는 사회적 국면에서 문제를 제대로 해결하지 못하고 모두가 손실을 당하는 집단사고에 처할 개연성이다. 다양성의 부재는 환경에서 오는 기회와 위기를 제대로 읽지 못하게 해 결국 잘못된 대안과 의사결정으로 집단사고에 이르게 한다. 즉, 불확실성이 증폭되는 상황에서 집단사고가 심각해지면 조직과 사회를 무너뜨리는 의사결정과 행동에 돌입하게 되는 것이다. 이처럼 다양성의 부재는 한 사회나 조직의 존망을 결정한다.

조직의 경영이든 사회의 경영이든 경영의 문제는 환경, 시스템, 사람 간의 상호작용의 측면에서 설명할 수 있다. 모든 조직과 사회는 환경에서 오는 불확실성의 문제를 극복하고 이것을 기회로 이용할 때, 생존을 넘어 번성을 구가할 수 있다.

이때 시스템은 과거의 문제를 가장 효율적으로 해결하는 알고리즘일 뿐이다. 미래의 환경은 예측가능하지 않기 때문에 시스템이 해결할 수 없는 불확실성을 해결하려면 결국 사람이 나서야 한다. 불확실성을 제대로 해결할 수 있는 것은 시스템이 아니라 불확실성 속에서 통찰력을 가지고 본질을 찾아내 유연하게 대체할 수 있는 인간의 능력뿐이다.

초연결 디지털 혁명 시대로의 진입과 함께 환경의 예측불가능성은 점증하고 있다. 초연결 디지털 혁명 시대는 소위 뷰카(VUCA, Volatility 폭발적이고, Uncertainty 불확실하고, Complexity 복잡하고, Ambiguity 애매모호함)로 표현된다. 이런 세상에서 변화는 상수가 되어 시스템을 비효율적으로 만든다. 불확실성이 증폭되고 있는 세상에서 불확실성을 제대로 대응할 수 있는 방법은 사람들이 나서서 사람 간의 관계인 사회적 자원을 동원해 대응하는 것이다.

이때 같은 배경을 가진 사람들만 모여 있다면 이들이 아무리 지능이나 능력이 뛰어난 사람들이라 해도, 수집된 자료는 전체를 담지 못하고 편협하게 수집된다. 이렇게 수집된 자료는 아무리 뛰어난 지능을 발휘해서 가공해 봐도 편협한 대안만 산출할 수밖에 없다. 부실한 자료는 이를 처리하는 알고리즘이 뛰어나다 하더라도 부실한 결론을 낳는다. 결국 불확실한 상황이 가속되면 집단사고는 필연적으로 도래한다.

뷰카 세상 속에서 번성하는 조직과 사회는 다양성을 가진 사람들이 모여 다양한 시각으로 정보를 수집하고, 이 수집된 정보를 통해 질적으로 높은 수준의 대안을 만들어 낼 수 있을 때 완성된다.

이와 같은 다양성의 원리는 지구 곳곳에 흩어져 있는 과학자들이 협업을 통해 블랙홀을 찾아낸 원리와 비슷하다. 2019년 과학자들은 지구 여러 곳에 흩어져 존재하는 8개의 전파 망원경을 연결해 지구 전체에서 우주를 관측할 수 있는 가상 망원경을 만들어 냈다. 그리고 이 망원경으로 블랙홀을 찾아냈다. 이번에 관측한 블랙홀은 5500만 광년 거리에 있는 처녀자리 블랙홀이다.

불확실성 속에서도 진화하는 사회나 조직은 다양한 시각을 가진 사람들이 이들 간 범주적 차이를 극복해 차이를 소멸한 조직이다. 이들은 자신들을 분열시키는 범주적 차이를 씨줄과 날줄로 엮어 협업의 운동장을 만들어 낸다. 우리가 겪는 불확실성은 한 명의 뛰어난 천재나 카리스마를 지닌 리더가 극복할 수 있는 수준을 넘어선 지 오래다. 우리는 다양한 배경을 가진 사람들이 범주적 차이를 극복하기 위해 협업의 운동장에서 목적 달성에 필요한 협업을 수행하는 비범함만이 차별화되는 시대를 살고 있다.

기업에서의 다양성

대한민국을 다양성이 공진화하는 기회와 약속의 땅으로 만드는 일은 어디서부터 시작해야 할까? 본 저서의 연구진들은 기업 현장에서 성다양성을 증진하여 해결의 물꼬를 마련해 보라고 권고한다.

기업 현장이 중요한 이유는 기업이 사회의 번성을 위해 필요한 가치를 창출할 수 있는 주체이고, 또 그런 역량을 가장 많이 보유한 곳이기 때문이다. 정부나 가계에서 성다양성의 문제가 해결되었다 하더라도 가치 창출을 책임지고 있는 기업에서 성다양성 문제를 전향적으로 해결하지 못하면, 결국 성다양성 문제는 제로섬 개념으로 프레이밍된다. 그리고 가계와 정부는 성다양성의 부메랑을 맞을 수 있다. 기업에서 성다양성이 실질적으로 고양되어야 다양성의 중요성이 사회 각층으로 전파된다.

기업에서의 성다양성 문제는 사회의 다른 영역에서 논의되는 성다양성보다 복잡한 제도적·문화적 구조를 가지고 있다. 아무리 성다양성에 대한 사회적 합의가 이뤄졌다 하더라도 기업에서 성다양성을 통해 실제로 가시적 성과를 창출하지 못하면 다양성은 사회에서 받아들여지지 않는다.

또한 성다양성에 대한 사회적 합의가 이뤄졌어도 기업은 채용, 배치, 활용, 유지, 평가, 보상 등 다양한 국면에서 성다양성에 대한 복병들을 마주한다. 즉, 기업에서 성다양성을 자연스럽게 받아들인다는 것은 성다양성에 대한 검증이 끝났다는 것을 의미한다. 기업의 HR 관행 속에 숨어 있는 대부분의 복병들을 극복하고, 다양성을 통해 실질적으로 성과를 냈다는 것이다.

결국 기업에서 성다양성의 공헌을 인정받았다는 것은 성다양성의 존재 이유에 대해 가장 보수적인 검증 과정을 통과한 것이다. 이런 엄격한 검증 과정을 통과해서 성다양성의 기여에 대한 믿음이 전파된다면 다른 사회적 영역에서 성다양성을 채용하지 않을 이유가 없다. 기업에서 먼저 성다양성에 대한 잘못된 믿음을 기각하고 제대로 된 믿음을 검증받는 것이 중요하다.

기업에서 성다양성의 공헌을 검증한다면 다양한 교육과정에 절대적 영향을 줄 것이다. 교육 현장은 성뿐 아니라 다양한 차원의 다양성 문제에 대한 민감도를 높일 수 있는 제도적 장치이다. 그 사회가 얼마나 건강한지의 척도는 학교가 다양성의 사명을 얼마나 제대로 수행하고 있는지에 달려 있다.

건강하지 못한 사회가 운영하는 최악의 학교는 부모의 계층을 그대로 물려주는 회전문 학교다. 다양성이 무너져 능력이나 재능과 무관하게 부모의 계층이 자식에게 대물림될 때 사회는 동맥경화 상태가 되고 급속하게 창의성이 고갈된다. 건강한 사회의 건강한 학교는 부모의 계층 사다리와 상관없이 재능에 따라 자신이 잘할 수 있는 영역을 찾아서 부모의 운명과는 독립적으로 자수성가할 수 있는 기회를 부여받는 터전이다.

기업에서 성다양성 검증은 다양성에 미온적이던 교육 현장을 근원적으로 바꿔 놓을 개연성이 높다. 학교는 기업이 필요한 인재를 기업의 요구에 맞춰 공급해야 할 의무가 있기 때문이다. 결국 기업에서 시작된 다양성에 대한 강력한 요구는 다양성을 신장시키는 교육에 대한 요구로 반영될 것이고, 학교는 다양성에 대한 제도적 압력을 수용할 것이다. 그리고 학교에서 성다양성에 대한 정당성을 인지하면 사회의 다양한 영역에서도 성다양성에 대한 정당성을 강화할 것이다.

그간 한국의 학교는 부모의 지위와 상관없이 용을 찾아서 길러 내는 개천의 역할을 빼앗겼다. 한마디로 다양성을 상실한 것이다. 학생들을 제대로 길러 내는 기능을 빼앗겼을 뿐 아니라 학원에서 가르쳐 준 것을 공식적으로 확인하고 공인해 주는 시험 성적 인증 기관으로 전락했다. 가르치는 무기조차도 학원에 빼앗긴 선생님들은 성적표에 확인 도장을 찍는 행정 공무원의 역할만 하도록 강요받고 있다. 교육부 공무원들은 자신의 밥그릇에 문제가 생기지 않는 한 사교육에 교육의 기능을 빼앗기는 현장을 방관해 왔다. 학부모들은 내 아이가 혼자 손해 볼 수 없다는 생각에 울며 겨자 먹기 식으로 사교육에 무리하게 돈을 쓰면서 공교육이 무너지는 것에 일조했다. 이렇게 교육의 사명인 다양성을 잃어버린 학교는 지배계

층을 재생산하는 회전문일 뿐이다.

기업에서 다양성의 중요성이 실감되고 다양성을 통해 창의적 성과가 높아지는 것을 체험한다면 학교도 이에 맞춰 비슷한 사명으로 무장한 학생들이 배출되기 시작할 것이다. 이들은 기득권 세력이 학벌, 지연, 혈연, 성연, 세대를 내세워 사회의 다양성을 침해하면 공동으로 맞서 싸울 것이다. 이들이 사회의 주류가 되는 날, 한국 사회는 다양성과 창의성과 역동성과 약자를 위한 보살핌이 상식이 되는 사회가 될 것이 자명하다.

성다양성의 새로운 운동장

성다양성이 최고로 고양된 상태는 성이 더 이상 공동의 목적을 달성하는 데 장애가 되지 않는 상황이다. 더 정확히 말하자면 성다양성에 대한 인정과 지지가 새로운 정상으로 정의되고 이 새로운 정상이 플랫폼으로 구성될 때, 성적 지위와 상관없이 인간으로 고유하게 공동의 목적을 위해서 기여하고 이 기여가 평가되어 사회적 지위가 배분될 때이다.

이와 같은 성다양성은 성에 대한 분업을 넘어서 협업을 통해 달성된다. 즉, 협업을 통해 상대의 성에 대한 맥락화가 완성되어 성이 더 이상 제약 요인으로 작동하지 않을 때를 의미한다. 여성과 남성이라는 몸의 이원론에 의해 배분되지 않는 성정체성을 가진 사람들이 자신들의 성정체성을 넘어서 개인의 능력과 공헌에 따라 존경받는 사회가 성다양성이 완성된 사회이다. 또한 개인이 자신의 성에 의해 구속받지 않고 자신의 성을 자유롭게 표현할 수 있으며 이를 통해 인간으로서 존재의 차별성을 실현하여 사회에 기여할 수 있는 기회가 진정 'All Means All'이 구현된 사회다. 다양성 사회는 차이에 대한 포용과 지지가 새로운 정상으로 규정된 사회다.

글로벌 기업의 성다양성 정책

미국의 경제지 『포춘』은 조직 내 성별 다양성과 인종 다양성 관리에서 탁월한 성과를 보이는 기업을 매년 선정하여 발표하고 있다. 본 저서에서는 2018년에 선정된 기업들의 구체적인 성다양성 정책을 소개하고자 한다.[1]

▍힐튼(Hilton, 호텔서비스업)[2]

버지니아 주 맥클린에 본사를 두고 있는 세계적인 호텔 체인인 힐튼은 『포춘』이 선정한 다양성 관리(Workplace for diversity) 부문에서 1위를 차지했다. 힐튼은 2013년부터 본격적으로 다양성과 포용문화를 키우기 위한 노력을 시작했으며 2017년도 14위에 편입된 이후 괄목할 만한 발전을 보이고 있다. 이사회의 50%, 고위관리자의 29%, 전 직원의 50% 이상이 여성으로 구성되어 있으며 조직 내 여성 리더를 양성하기 위한 정책을 다음과 같이 실시하고 있다.

1) 최고경영자층이 주도하는 다양성과 포용 조직문화 구축

- 힐튼의 CEO는 힐튼경영진포용위원회(EIC, Hilton Executive Inclusion Council)를 설립함으로써 고위관리자들에게 다양성과 포용문화를 강조하고 있다.
- 여성 관리자 비율에 대한 목표치를 3년마다 세우고 이를 달성하기 위한 구체적인 전략을 수립한다. 분기별 다양성 진행 상황표와 평가표를 만들어 모든 고위

---

1 Fortune(2018), 「Fortune The 100 Best Workplaces for Diversity」

2 힐튼(2018), 「2018년도 힐튼 다양성과 포용 보고서(2018 Diversity & Inclusion at Hilton)」
Julianne Slovak, '왜 힐튼은 최고의 다양성기업으로 선정되었는가(Why Hilton Was Just Named the Best Workplace for Diversity)', 『포춘』(2018.12.06.)

관리자들과 공유하고 있다.

- 힐튼의 모든 관리자들은 각자에게 할당된 다양성 목표를 달성해야 하며 이를 성과에 반영하고 있다.
- 전체 구성원 중 50%가 여성으로 이루어져 있는 이사회를 중심으로 조직 내 다양성 관리가 잘되고 있는지 정기적으로 점검하고 있다.

2) 승진 대상자 인재풀에 대한 다양성 관리

- 채용과 승진에 있어 남녀 직원 모두에게 평등한 기회를 주기 위해 2013년 호텔 업계 최초로 2명의 여성을 이사회 위원으로 선발했으며 2014년부터는 UN(유엔)이 제정한 '여성역량강화원칙(Women's empowerment principles)'에 서약함으로써 여성의 권리 신장을 위해 노력하고 있다. 또한 부장급 이상으로의 승진 시, 소수 인종 비율과 여성 비율이 각각 30% 이상 되어야 한다는 규칙도 재정했다.
- 고위관리자의 책임하에 3년마다 다양성을 반영한 리더 발굴에 나서고 있으며 여성의 35% 이상, 소수 인종의 20% 이상이 리더가 될 수 있도록 관리한다.

3) 여성 직원들을 위한 리더십 교육, 멘토링, 네트워크 기회 제공

- 여성 리더를 양성하기 위해 버지니아 주립대학의 다든 경영대(Darden business school)와 함께 2014년부터 '다든여성리더십프로그램(Darden Women's leadership program)'을 진행하고 있다.
- 이제 막 힐튼에서 커리어를 쌓기 시작한 여성 직원들을 대상으로 멘토링 프로그램을 제공하고 있다.
- 2013년 영국의 힐튼에서 시작된 '여성팀재원그룹(Women's team member resource group)'을 전 세계적으로 확대시킴으로써 힐튼의 모든 여성 직원들이 서로 협력적 네트워크를 맺을 수 있게 돕고 있다.
- 최고경영자급이 될 수 있는 후보들을 교육하는 '경영진개발프로그램(Executive

development program)'을 통해 힐튼 내 고위관리자들과의 네트워킹과 멘토십을 가능하게 할 뿐 아니라 여성 관리자들이 고위관리자가 되기 위해 갖추어야 하는 역량을 훈련시켜 유능한 여성 직원들이 고위관리자로 성장할 수 있도록 돕고 있다.

▎세일즈포스(Salesforce, IT서비스업)[3]

미국 캘리포니아 주에 본사를 두고 있는 세일즈포스는 클라우드 컴퓨팅 서비스를 제공하는 기업이다. 세일즈포스의 설립자이자 CEO인 마크 베니오프(Marc Benioff)는 평등(Equality)을 기업의 핵심 가치로 세우고 있다. 세일즈포스는 웹사이트를 별도로 만들어 조직 구성원들의 평등 수준(성별, 인종별 비율 등)을 공시하고 있을 뿐 아니라 성별 임금 격차 수치 또한 매년 공개하고 있다.

공개적으로 평등을 실현하려는 노력의 결과, 세일즈포스 내 여성 비율은 33%로 매년 꾸준히 증가하고 있다. 이는 미국 내 IT 분야의 평균 여성 비율이 25%라는 점에서 매우 고무적이다. 세일즈포스는 유능한 여성 인재를 확보하기 위해 'STEM'이라고 불리는 과학, 기술, 공학 및 수학(Science, Technology, Engineering, & Math) 분야 교육 기관에 장학금을 제공하는 등 여성 인재의 채용부터 입사 후까지의 리더십 파이프라인 전반에 세일즈포스의 핵심 가치인 평등을 실현하고자 노력하고 있다.

그 결과, 세일즈포스는 2017년 『포춘』이 선정한 가장 혁신적인 기업 1위로 편입되었으며 인터브랜드가 평가하는 브랜드 가치는 2017년 5,224백만 달러에서 2018년 6,432백만 달러, 2019년 8,004백만 달러로 꾸준히 증가하고 있다.

---

3 세일즈포스 공식 홈페이지 & 블로그; 세일즈포스(2018), 「2018년도 이해관계자 영향 보고서(2018 Stakeholder Impact Report)」; 인터브랜드(2018), 「2018년도 인터브랜드 베스트 브랜드(2018 Interbrand Best Brand)」

1) 포용적인 비즈니스 관행(Inclusive business practice) 도입

- 평등하고 공정한 채용을 위한 '객관적채용지표(Objective hiring criteria)'를 공표하고 5가지 채용 평등 원칙에 따라 채용을 실시하고 있다. ①지원 분야에 가장 적합한 역량을 갖춘 사람을 채용한다. ②지원자풀이 그 지역사회에 거주하고 있는 다양한 사람들(성별, 인종 등)을 대표하도록 노력해야 한다. ③공정하고 평등하게 채용한다. ④지원자의 핵심 역량이 회사가 추구하는 가치와 맞는지 확인해야 한다. ⑤채용 인터뷰를 통해 지원자들이 세일즈포스의 핵심 가치인 평등을 경험할 수 있게 해야 한다.
- 팀장급 관리자들에게 포용적인 팀문화를 구축하는 방법과 관리자들 평상시에 가질 수 있는 무의식적 편견을 없애기 위한 교육을 실시하고 있다.

2) STEM 분야의 성별, 인종별 평등 교육을 위한 지원

- 차세대 인력을 양성하는 것이 세일즈포스의 사회적 책임이라고 공표함으로써 세일즈포스 직원들이 직접 지역 학교를 방문해 STEM 과목을 가르치는 자원봉사를 실시하고 있다. 또한 직업 훈련 프로그램을 만들어 지역사회와 적극적으로 교류 중이다. '세일즈포스 비영리단체(Salesforce.org)'에 따르면 세일즈포스는 STEM 분야의 인재 양성을 위해 2018년 샌프란시스코와 오클라호마의 교육기관에 총 1,550만 달러를 지원했다고 한다.

3) 동맹(Ally)문화 조성

- 조직 내 평등을 확산시키기 위해 동맹문화를 조성하고 전 직원의 참여를 독려하고 있다. 포용적인 조직문화의 핵심은 공감(Compassion)이라고 믿고 2017년부터 동맹캠페인을 시작했다. 인종과 성별에 있어서 마이너리티(Minority)를 구성하는 직원들이 적극적으로 의견을 표출할 수 있도록 서로를 응원하고 이를 경청하자는 메시지를 담고 있는 캠페인이다. '알리십(Allyship)'이라 일컫는 동맹

관계를 맺어 성별과 인종을 떠나 모두가 협업하여 일할 수 있는 조직문화 조성에 힘쓰고 있다.

❙ 컴캐스트 엔비씨유니버셜(Comcast NBCUniversal, 방송통신업)[4]

미국 필라델피아에 본사를 두고 있는 컴캐스트 엔비씨유니버셜은 2018년『포춘』선정 다양성 관리 부문 2위를 차지한 기업이다. 이 회사는 56년 전 회사 설립 이래 다양성과 포용을 핵심 가치로 삼고 있다. 그래서 다양성을 관리하는 다양성 책임자(Chief Diversity Officer, CDO)를 임명해 조직 내 다양성과 포용을 위한 정책과 결과를 CEO에게 직접 보고하도록 하고 있다.

현재는 직급별로 여성 비율 50%를 목표로 삼고 있다. 2018년 기준, 컴캐스트 엔비씨유니버셜의 여성 직원 비율은 38%이며 부사장급 여성 비율이 39%다. 이러한 다양성 비율은 2010년 대비 70%나 증가한 수치이다.

1) 기술 분야에 파이프라인별 여성 지원자를 늘리기 위한 캠페인 진행

- 조직 내 여성 비율이 특정 부서에 집중되는 것을 지양하고 여성 비율이 현저히 낮은 기술 분야의 여성 관리자 비율을 늘리기 위해 별도의 웹사이트를 만들어 캠페인을 진행하고 있다. 이 웹사이트에서는 컴캐스트 엔비씨유니버셜 내 커뮤니케이션 기술직 분야 채용 관련 정보뿐 아니라 커뮤니케이션 기술자로 일하고 있는 현직 여성 직원들의 인터뷰 동영상을 제공한다. 이를 통해 컴퓨터공학을 전공한 여성들이 자신의 커리어를 지속적으로 유지하고 성장시킬 수 있도록 돕는다.

---

4 컴캐스트 엔비씨유니버셜 공식 홈페이지; 컴캐스트 엔비씨유니버셜(2018),「2018년도 컴캐스트 엔비씨유니버셜 다양성과 포용 보고서(2018 Diversity & Inclusion Report)」

2) 테크우먼 플랫폼 (TECHWomen platform) 활성화

- 2014년 여성 기술자를 위한 네트워킹 플랫폼을 설립한 이래 현재는 2,500명 이상의 여성 기술자들이 참여하여 정보를 교환하고 있다. 테크우먼 플랫폼은 컴캐스트 엔비씨유니버셜 내에서 뿐만 아니라 모든 기술 분야의 여성 대표성 제고를 위해 매년 포럼을 연다. 여기서 여성 기술자들이 성장하는 데 당면한 문제와 그에 대한 해결을 위한 토론이 진행된다. 또한 각 지사별로 리더십 개발 프로그램 및 지역사회와 연계된 워크숍을 개최 중이다.

▎워크데이(Workday, IT서비스업)[5]

캘리포니아 주에 본사를 두고 있는 워크데이는 '소속감과 다양성 팀(Belonging & Diversity team)'을 운영함으로써 직원들이 회사로부터 존중받고 있다는 믿음을 주고 소속감을 느낄 수 있는 조직문화를 조성하기 위해 노력하고 있다. 워크데이의 조직문화 핵심은 일명 '바이브(VIBE)'로 표현되는데, 이는 가치(Value), 포용(Inclusion), 소속감(Belonging), 공평(Equity)을 의미한다. 성별 임금 격차 해소를 위한 노력뿐 아니라 다른 기업들도 다양성을 적극적으로 관리할 수 있도록 IT서비스 프로그램을 제공하고 있다.

워크데이는 소속감과 다양성을 중시하는 그들의 조직문화가 혁신성과와 긍정적인 상관관계가 있음을 인지하고 있으며 실제로 2018년도에는 『포춘』이 선정한 '가장 혁신적인 기업 50'에 1위로 선정되었다. 2018년 기준으로 워크데이 임원의 38%, 중간관리자의 40%, 전체 직원의 42%가 여성이다.

---

5 워크데이 공식 홈페이지 & 블로그; 워크데이(2017·2019), 「2017 & 2019년도 워크데이 글로벌 영향 보고서(2017 & 2019 Global Impact Report)」

1) 워크데이 여성 리더들이 직접 주도하는 컨퍼런스 개최

- 워크데이의 C레벨 고위관리자 중 4명이 여성이다. 이 4명의 여성 리더들은 IT 산업군에서 여성의 지위를 신장하는 활동을 하도록 회사로부터 적극적인 지원을 받는다. 특히 컴퓨터공학을 전공한 여성들의 단체인 '그레이스 호퍼(Grace hopper)'와 함께하는 컨퍼런스를 지원하고 있으며 자신들의 직장뿐 아니라 전체 IT산업군 내에서 서로 협력하는 네트워킹을 통해 커리어를 개발할 수 있는 장을 마련하고 있다.

2) 여성 직원들의 장기 근속을 위한 네트워킹과 멘토링 제공

- 2017년부터 여성 중간관리자들의 롤모델 부재를 극복하기 위한 중간관리자 멘토링 프로그램 'LEAP'을 시작하였으며 이 프로그램을 통해 여성 중간관리자들이 경력 단절 없이 리더로 성장하도록 돕고 있다.
- 여성들이 경력 단절 없이 지속적으로 일을 하고 커리어에 대한 열정을 이어 가기 위해서는 동료와의 관계가 매우 중요하다고 보고, '우먼@워크데이(Women@Workday)' 동료 그룹을 만들어 여성 동료들 간 커리어 개발에 도움이 되는 관계 형성을 지원하고 있다.
- 가정이 있는 여성들이 회사 일에 전적으로 몰입할 수 있도록 '케어닷컴(Care.com, 육아, 노인 간호, 특별 간호, 과외, 반려동물 간호, 가사도우미 등을 찾아주는 서비스)'이라는 회사와 파트너십을 맺고 있으며, 육아와 출산으로 인한 이직을 방지하기 위해 출산휴가 기간을 늘리고 가정 대소사가 있을 때 유급휴가를 추가적으로 주는 등의 복지제도를 시행하고 있다.

3) 다양성 관리를 위한 시스템 개발

- '다양성 대시보드(Diversity dashboard)'라는 다양성 프로그램을 만들어 판매하고 있다. 다양성 대시보드는 실시간으로 조직 구성원의 다양성을 보여 주는 프로

그램으로 성별, 인종, 연령, 신입 직원 비율 등을 기준으로 다양성 정도를 보여준다. 워크데이 내에서도 이를 활용해 매일매일 다양성 정도를 확인하고 적극적으로 관리하고 있다.

❙ 시스코(Cisco, IT서비스업)[6]

시스코의 CEO 존 챔버스(John Chambers)는 2013년 페이스북(Facebook)의 최고운영책임자(Chief Operation Officer, COO)였던 셰릴 샌드버그와의 만남 이후 조직 내 다양성 비율의 중요성을 깨닫고 모든 사업 부분의 관리자를 만나 여성 관리자 비율을 높이는 것을 최우선 과제로 삼으라고 지시했다. 그 후 모든 채용 과정에서 면접관 중 최소 한 명은 여성 관리자로 구성하는 등 채용부터 여성 지원자가 면접관의 무의식적 고정관념으로 인해 탈락되는 것을 방지했다.

시스코 이사회 내 여성 비율은 27%이며 고위관리자 내 여성 비율은 IT산업군 중 가장 높은 50%이다. 시스코는 남성 직원들에게도 조직 내 성별 다양성 촉진에 참여하도록 '멘스 포 인클루젼(Men's for inclusion)'이라는 단체도 만들어 지원하고 있다. 이러한 노력으로 시스코는 2018년 『포춘』이 선정한 다양성 관리 부문 7위를 차지했다.

1) 직급별 여성 리더십 개발 프로그램 제공

- 사원급 여성 직원을 대상으로 회사 생활에 대한 교육을 제공하는 '데어(DARE)' 프로그램을 운영함으로써 초급 관리자가 되기 위한 준비를 지원한다.
- 중간관리자급 여성 직원을 대상으로 진성 리더십, 전략적 사고방식 등 고위관

6 시스코 공식 홈페이지 & 블로그; 시스코(2018), 「2018년도 시스코 사회적 책임 보고서(2018 Social Responsible Report)」

리자에게 필요한 여러 가지 직무 역량을 키울 수 있도록 '점프(JUMP)'라는 교육 프로그램을 제공하고 있다. 이를 통해 직원들이 자신의 강점을 알고 잘 활용하여 커리어를 개발할 수 있도록 적극적으로 지원한다.

2) 시스코 EWN(Cisco Empowered Women's Network) 시행

- 시스코는 남성 비율이 절대 우세한 IT산업군에서 여성의 권위를 신장시키기 위해서는 여성 스스로의 노력도 매우 중요하다고 말한다. 그래서 시스코 EWN를 시행해 여성 직원들이 서로 교류하며 함께 성장할 수 있도록 다양한 네트워킹 기회를 제공하고 있다.

❙ 애브비(AbbVie, 바이오 제약)[7]

미국 시카고에 위치한 애브비는 바이오 제약회사로 오랫동안 여성 평등과 다양성 및 포용의 조직문화를 조성하기 위해 노력해 왔다. 자발적으로 평등, 다양성 그리고 포용에 대한 헌신을 서약하는 성명서를 발표했고 CEO와 고위관리자급 모두 평등, 다양성, 포용 정책의 결과에 대한 책임을 지고 있다.

애브비 내 여성 직원 비율은 2016년부터 지금까지 50% 이상을 차지하고 있고, 2018년 기준 관리자급의 47%, 임원급의 35%가 여성이다. 이사회 내 여성 비율 역시 꾸준히 증가하여 2018년 기준으로 약 27%를 보이고 있다.

1) 조직문화 관리 전담팀 구성

- 지속적으로 다양성과 포용문화를 관리하기 위해 2018년에 전담팀을 만들었다.

---

7 애브비 공식 홈페이지; 애브비(2018), 「2018년도 애브비 사회적 책임 보고서(2018 Social Responsible Report)」

조직문화 전담팀의 관리자는 부사장급으로 임명하였으며 CEO에게 직접 다양성 관리 현황을 보고하고 있다.

2) WLJ(Women's Leadership Journey) 프로그램 시행

- 고위관리직으로 승진할 수 있는 중간관리자 여성들을 훈련하는 WLJ 프로그램을 도입하였다. 여성 고위관리자들이 직접 이 프로그램을 진행하고 있기 때문에, 여성 중간관리자들은 여성 고위관리자들과 네트워킹을 형성할 수 있다. 또한 여성 고위관리자와의 멘토링도 1년간 제공함으로써 여성들이 여성들의 성장을 적극적으로 돕게 하고 있다.

▎피앤지(P&G, 제조업)[8]

피앤지는 직장 내 성역할 고정관념으로 인한 여성에 대한 무의식적 편견과 차별을 없애기 위해 캠페인을 적극적으로 실시한 결과, 2019년 미국 국무장관이 선정한 최고기업상(2019 Secretary of State's Award for Corporate Excellence, ACE)을 수상하였다.

1) WeSeeEqual 프로그램 시행

- 광고, 교육, 직장 등 세 가지 측면에서 조직 안과 밖에서 젠더 평등을 위해 노력하고 있다. 우선 여성과 남성의 성역할 고정관념을 조장하는 콘텐츠를 지양하고 젠더 편견을 없애는 메시지를 담은 광고 컨텐츠를 만들고 있다.
- 모든 사람들이 균등한 교육 기회를 제공받아야 한다는 이념하에 경제적으로 어려운 국가와 지역사회에 재정적 지원과 함께 피앤지 제품을 기부하고 있다.

---

8 피앤지 공식 홈페이지; 피앤지(2018), 「2018년도 피앤지 기업시민보고서(Citizenship report)」, p66~84

• 직장 내 젠더 평등을 위해서는 '신화 vs. 현실(Myths vs. Reality)' 캠페인을 만들었다. '남성에 비해 여성의 리더십이 약하다' 등과 같이 무의식적으로 가지고 있는 여성에 대한 성역할 고정관념을 구체적으로 제시하고 이러한 편견을 없애기 위한 실질적인 액션을 취하고 있다.

2) 마크(MARC, Male Advocating Real Change) 프로그램 시행

• 마크는 남성 비율이 우세한 조직에서 젠더 평등을 이루기 위해서는 남성 리더들의 참여가 절대적으로 필요하다고 간주함으로써 2018년 기획된 성평등 프로그램이다. 이 프로그램을 통해 남성이 가진 무의식적 편견이 여성의 커리어와 성장을 얼마나 막고 있는지 남성 직원들에게 알린다. 매년 15개국의 800명이 넘는 남성 관리자들이 이 프로그램에 참가하고 있다. 피앤지 직원뿐 아니라 『포춘』 500대 기업의 남성 관리자들도 참석할 수 있기 때문에 조직 내부를 넘어 외부에서도 젠더 평등이 실현될 수 있다.

3) CWLT(Corporate Women's Leadership Team) 프로그램 시행

• 직급별 여성 비율을 높이기 위해 만들어진 프로그램으로 여성 직원들에게 리더십 개발 교육 및 멘토링을 제공한다.

▎코카콜라(Coca-Cola Company, 제조업)[9]

코카콜라는 다양성과 포용을 지속가능성을 위한 중요한 가치라고 생각하면서 젠더 평등을 위해 적극적으로 노력하고 있다. 젠더 평등을 위한 전략을 수립하고 글

9 코카콜라 컴퍼니 공식홈페이지; 코카콜라 컴퍼니(2018), 「2018년도 코카콜라 컴퍼니 지속가능경영 보고서(2018 Business & Substantiality Report)」, p33~38

로벌 인사 전반에 걸쳐 다양성과 포용 기준을 지키도록 한다. 고위관리자들로 하여금 분기별로 다양성과 포용 전략 과정을 점검하게 하고 이에 대한 책임을 묻고 있다.

2018년 기준, 코카콜라의 여성 직원 비율은 48%이며 중간관리자의 45%, 고위관리자의 32%가 여성이다. 여성 승진 비율도 꾸준히 증가하고 있으며 2018년에는 3명의 여성이 임원으로 승진하였다.

1) 젠더 평등을 위한 전략적 접근

- 직급별 남녀 비율 50:50을 목표로 여성 직원들에게 리더로 승진할 수 있는 기회를 제공하고 있다.
- 조직 내 우수한 여성 인재를 인터뷰하고 그들의 커리어 스토리를 공유함으로써 여성 직원들에게 롤모델을 제공하고 있다.
- 젠더 평등과 다양성, 포용의 문화를 촉진하는 데 남성 직원들도 적극적으로 참여하도록 독려하고, 이를 통해 무의식적인 편견을 없애기 위해 노력하고 있다.

2) 5by20 프로그램 시행

- 2010년에 만들어진 '5by20프로그램'은 2020년까지 전 세계적으로 500만 명의 여성 기업가를 키우겠다는 목표를 가지고 있다. 직원들이 직접 여성 기업가의 사업 현장에 나가거나 온라인으로 그들에게 경영 기초 지식을 가르치고 멘토링도 제공한다. 이러한 외부 활동은 직원들에게도 회사가 우선시하는 가치가 무엇인지 알게 함으로써 조직 내 젠더 평등과 다양성, 그리고 포용의 가치를 확산시키는 데 긍정적인 역할을 하고 있다.

❙ 얼라이언스 데이터(Alliance Data, 마케팅&광고 서비스업)[10]

미국 텍사스 주에 본사를 둔 얼라이언스 데이터는 신용카드 정보 데이터를 관리하고 고객 로얄티 프로그램을 만들어 유통사에게 제공하는 업체이다. 2018년『포춘』선정 다양성 관리 100대 기업에 선정되었으며 2019년에는 블룸버그(Bloomberg)가 '조직 내 젠더 관리를 투명하게 하고 여성의 동등한 권리를 권장하는 기업' 중 하나로 선정하기도 하였다. 블룸버그에 따르면 얼라이언스 데이터의 양성평등지수(Gender-Equality Index, GEI)[11]는 2018년 대비 2배 가까이 높아졌다.

얼라이언스 데이터 전체 직원 2만 명 중 54.3%가 여성이다. 또한 고위관리자급 여성 비율은 2014년 30%에서 2018년 기준 35%로 증가했으며 중간관리자 및 하위관리자급에서도 여성 비율이 50%를 차지하고 있다.

1) 경력 단절 여성 채용

- 추천 제도를 활용하여 육아로 인한 경력 단절 여성들을 채용하고 있다.
- '그녀에게 직업을(Job for her)' 프로그램 운영하여, '쉬 라이즈(She Rises)'라는 조직과 2017년에 파트너십을 맺고 커리어를 다시 시작하고 싶은 경력 단절 여성 10명을 뽑아 인턴십 기회를 준다. 4개월 동안의 인턴십 과정을 통해 성과가 좋은 사람들을 정직원으로 채용하고 있다.

2) 무의식적 편견 제거 노력

- 채용 단계부터 승진 대상자 선정까지 무의식적 편견으로 인해 발생할 수 있는 평가 오류를 방지하기 위해 노력한다.

---

10 얼라이언스 데이터 공식 홈페이지; 얼라이언스(2018),「2018년도 얼라이언스 지속가능경영 보고서(2018 Substantiality Report)」, p40~46; 블룸버그 양성평등지수(Bloom bergGEI)

11 블룸버그 양성평등지수는 기업들의 환경·사회·지배 구조 측면에서 경영 현황에 대한 정보를 투자자들에게 알려 주기 위해 발표하고 있는 지수다.

3) WIL(Women in Leadership) 프로그램 시행

- 초급관리자 이상의 여성 직원들이 매달 모여 현재의 비즈니스 이슈에 대해 토론하고 리더십 개발과 변화 관리를 배우는 WIL 프로그램을 시행하고 있다.

❙ 씨티그룹(Citigroup, 금융업)[12]

씨티그룹은 미국 은행 최초로 2019년에 여성 CEO를 임명하였다. 그만큼 젠더평등을 조직 내에서 실현하기 위해 오랫동안 노력해 왔다. 그 바탕에는 씨티그룹이 강조하는 기업 시민의식(Corporate citizenship)이 있는데, 그들 자신을 조직이 속한 사회의 시민으로 인식하고 여러 사회적 이슈를 해결하려고 적극적으로 노력하고 있다. 특히 젠더평등, 좋은 일자리 제공과 경제 성장 등 UN에서 지속가능한 발전을 위해 목표로 삼고 있는 여러 사회적 이슈 해결을 위해 앞장서고 있다.

현재는 젠더 임금 불평등 이슈를 해결하기 위해 남녀 직원의 임금 격차 현황을 공개적으로 밝히고 격차를 줄이기 위해 노력하고 있다. 인력 구성에 있어서도 다양성을 추구한 결과, 전체 임직원의 50% 이상이 여성이고 중간관리자급의 여성 비율은 46%, 임원급은 약 33%가 여성이다.

1) 씨티 WLD(Citi Women's Leadership Development) 프로그램 시행

- 성과가 좋은 이사급 여성 관리자에게 네트워킹과 교육 기회를 주는 프로그램으로, 전 세계적으로 800명 이상의 여성 리더들이 참여하고 있다.
- 국가별 특성을 고려하여 지사별로도 여성 리더십 개발 프로그램을 운영하고 있다. 그중 아시아태평양 지역에서는 '엣지(EDGE)'라는 여성 리더십 개발 프로그

12 씨티그룹 공식 홈페이지 & 블로그; 씨티그룹(2018), 「2018년도 씨티그룹 글로벌 시티즌십 보고서(2018 Global Citizenship Report)」

램을 운영하고 있는데, 엣지는 6개월 동안 퍼스널 브랜딩, 네트워킹, 일과 생활의 균형, 효과적인 의사소통 방법 등을 훈련시켜 직급별 여성 직원들의 리더십 역량 강화를 돕고 있다.

2) WIFP(Women in Finance Program) 프로그램 시행

- WIFP은 여성 고위관리자 양성을 위해 핵심 사업 부분인 금융산업에 대한 교육이 제공되는 프로그램으로, 실제 이 프로그램에 참여했던 15명 중 2명이 이사에서 상무로 승진했으며 다른 2명도 부사장에서 수석부사장으로 승진했다.

3) 임원 성과 평가에 다양성과 포용 항목 포함

- 씨티그룹은 다양성과 포용의 조직문화 구축을 위해 최고경영진의 적극적인 참여를 이끌어 내고 있다. 임원들의 성과 평가 항목 중에는 다양성과 포용에 대한 내용이 있다. 또한 조직 내 여성을 포함한 소수 그룹과 인종 비율의 증감에 따라 평가를 받고 있으며 실제로 그 결과에 따라 연봉이 책정된다.

❙ 메리어트 인터내셔널(Marriott International, Inc., 호텔서비스업)[13]

미국 메릴랜드 주에 본사를 둔 메리어트 인터내셔널은 호텔산업군에서 다양성과 포용문화를 조성하기 위해 가장 먼저 공식적인 프로그램을 만든 기업이다. 뿐만 아니라 20년 전부터 여성 리더십 개발 프로그램을 만들어 직원들에게 제공하고 있다.

메리어트 인터내셔널은 고객의 절반 이상이 여성인 것에 비해 여성 관리자가

13 메리어트 인터내셔널 공식 홈페이지; 메리어트(2018), 「2018년도 메리어트 사회적 책임 보고서(Corporate Social Responsibility Report)」, p9~11

부족하다는 것을 깨닫고 여성 리더를 키우기 위해 직급별 다양성 비율을 관리하기 시작했다. 처음에는 최고경영자급에 집중하고 점점 중급관리자급까지 확대하였다. 그 결과, 2018년 기준 메리어트 인터내셔널의 임직원 중 50% 이상이 여성이며, 이사회 내 여성이 13명이다. 또한 CEO에게 직속 보고하는 관리자급의 50%가 여성이며 이는 『포춘』 선정 다양성 관리 100대 기업 중 최고의 비율이다.

1) WLDI(Women's Leadership Development Initiative) 프로그램 시행

- 1999년부터 시작된 이 프로그램은 주요 의사결정권을 가진 최고관리자 내 여성 비율을 높이고 여성 직원들의 커리어 개발 프로그램을 개선할 목적으로 만들어졌다.
- 여성 네트워킹과 멘토링 기회를 제공하고 여성 직원들이 리더로 성장할 수 있도록 돕는 기업 정책을 만든다.

▎얼티밋 소프트웨어(Ultimate software, IT서비스업)[14]

2019 『포춘』 선정 '여성들이 일하기 좋은 기업' 2위에 편입된 얼티밋 소프트웨어는 인적자원 관리를 위한 프로그램을 제공하는 기업이다.

얼티밋 소프트웨어는 1990년 창업 당시 여성 2명과 남성 2명으로 시작했고 지금도 여성 인력이 전체 직원의 50% 이상을 차지하고 있다. 뿐만 아니라 2018년 기준으로 여성 임원이 36%, 초·중급 관리자의 약 50%를 여성이 차지하고 있다.

1) WIL(Women in Leadership)

- 2015년에 만들어진 프로그램으로 직급별 여성 직원들의 리더십 개발을 돕고

---

14 얼티밋 소프트웨어 공식 홈페이지 & 블로그

직무 역량을 키울 수 있게 도와주는 다양한 교육 콘텐츠를 제공한다.

- 여성 네트워크와 멘토십 프로그램도 함께 진행하고 있다.

2) WIT(Women in Technology)

- 과학기술 분야의 여성들에게 다양한 기술교육 프로그램을 지원하고 네트워크와 멘토링 프로그램도 함께 제공하고 있다.

참고문헌

강민정(2014), 「여성 고용 확대가 기업의 경영 성과에 미치는 효과」, 『여성가족부 여성정책전략센터』 2014년 정책 리포트 제3호

김민정, 문지선, 권소영, 김양희, 방세린(2018), 「기업 내 여성 임원 비율 확대를 위한 전략연구」, 『한국여성정책 연구원 보고서』

김문주, 윤정구(2011), 「팀 다양성 수렴 메커니즘이 팀 성과에 미치는 영향에 관한 이론적 연구」, 『경영학연구』, 40, 1, p97~137

김문주, 윤정구(2012), 「교육적 배경 다양성이 의사결정의 질과 팀 성과에 미치는 영향에 관한 연구: 지위다양성 이론을 중심으로」, 『인사조직연구』, 20, 1, p129~176

김은주 지음, 『여성-되기: 들뢰즈의 행동학과 페미니즘』, 에디투스, 2019, 2장, 3장, p167

김혜숙, 『新음양론: 동아시아 문화 논리의 해체와 재건』, 이화여자대학교출판문화원, 2014, p253~282

곽삼근, 조혜선, 윤혜경(2005), 「생애주기별 성역할 발달 및 갈등」, 『한국여성학』, 21, 2, p147~179

도널드 시먼스 지음, 김성한 옮김, 『섹슈얼리티의 진화』, 한길사, 2007, 6장과 7장

들뢰즈, G., 카타리, F. 지음, 김재인 옮김, 『천개의 고원』, 새물결, 2001

로지 브라이도티 지음, 박미선 옮김, 『유목적 주체: 우리시대 페미니즘 이론에서 체현과 성차의 문제』, 여이연, 2004, p59~60

마가렛L, 앤더슨, 『성의 사회학』, 이화여자대학교출판문화원, 1987, p106

박창증, 강웅구(2018), 「진화정신의학: 진화심리학의 개념 및 진화적 정신병리학」, 『Journal of Korean Neuropsychiatric Association』, 57, 2, p157~172

빅터 프랭클 지음, 이시형 옮김, 『죽음의 수용소에서』, 청아출판사, 2005

앨런 S. 밀러, 가나자와 사토시 지음, 박완신 옮김, 『처음 읽는 진화심리학』, 웅진지식하우스, 2007, p23~46

우은복(2002), 「성역할 고정관념과 양성평등사회 실현의 과제」, 『한국교육연구』, 8, 1, p83~106

윤정구, 『황금수도꼭지』, 쌤앤파커스, 2018, 3장, 6장, 14장

이재옥(1999), 「유아교사의 성역할 인식과 양성평등교육 요구에 관한 연구」, 『한국교원교육연구』, 16, 2, p217~237

임정빈, 정혜정, 『성역할과 여성』, 학지사, 1997, p74~77, p83

이선미(1995), 「부모 자녀의 성역할 태도에 관한 연구-주부의 취업여부를 중심으로」, 전남대학교 대학원 석사학위논문

이선미(2016), 「돌봄의 특성과 공공성의 요건」, 『사회와 이론 11』, p223~260

이순희(2003), 「반편견 역할극 활동이 유아의 성역할 고정관념에 미치는 영향」, 충남대학교 교육대학원 석사학위논문

이지혜(2019), 「일·가정 양립 실태와 정책 함의」, 『한국보건사회연구원』, p59-72

이하나(2018), '여성 임원 늘리면 기업 성과 좋아진다', 『여성신문』(2018.01.15일자)

장지연(2010), 「여성의 경력 단절 현황과 돌봄노동 사회화 정책의 방향성」, 『여성노동』, 12, p31~48

전중환(2010), 「진화심리학의 이론적 토대와 쟁점들」, 『한국심리학회지, 일반』, 29, 4, p747~766

전중환, 『진화한 마음』, 휴머니스트, 2019, p13~48, p97~107

제리 포더 지음, 김한영 옮김, 『마음은 그렇게 작동하지 않는다』, 알마, 2013

질 들뢰즈 지음, 김상환 옮김, 『차이와 반복』, 민음사, 2004

토드 로즈 지음, 정미나 옮김, 『평균의 종말』, 21세기북스, 2018, p262~274

허라금(2018), 「관계적 돌봄의 철학: 필요의 노동을 넘어 정치적 행위로」, 『사회와 철학』, 35, p67~90

Abramov, I., Gordon, J., Feldman, O., & Ch 「Temperament dimensions: Description, convergent validation correlations, and comparison with the Big Five」' 『Frontiers in Psychology』, 6, Article 1098

Acker, J.(1990), 「Hierarchies, jobs, bodies: A theory of gendered organizations」, 『Gender & Society』, 4, 2, p139~158

Andersen, S. M., & Bem, S. L.(1981), 「Sex typing and androgyny in dyadic interaction: Individual differences in responsiveness to physical attractiveness」, 『Journal of Personality and Social Psychology』, 41, 1, p74~86

Bem, S. L.(1974), 「The measurement of psychological androgyny」, 『Journal of Consulting and Clinical Psychology』, 42, 2, p155~162

Bem, S. L., Martyna, W., & Watson, C.(1976), 「Sex typing and androgyny: Further explorations of the expressive domain」, 『Journal of Personality and Social Psychology』, 34(5), p1016~1023

Bem, S. L., & Lenney, E.(1976), 「Sex typing and the avoidance of cross-sex behavior」, 『Journal of Personality and Social Psychology』, 33, 1, p48~54

Benard, Stephen and Shelley J. Correll. 2010. 「Normative discrimination and the motherhood penalty」, 『Gender & Society』, 24, p616~646

Berger, J., Fisek, H., Norman, R. Z., & Zelditch, M., 『Status characteristics and social interaction: An expectation-states approach』, New York: Elsevier, 1977

Birkinshaw, J., & Gupta, K.(2013), 「Clarifying the distinctive contribution of ambidexterity to the field of organization studies」, 『The Academy of Management Perspectives』, 27, 4, p287~298

Block, J. H.(1976), 「Issues, problems, and pitfalls in assessing sex differences: A critical review of the psychology of sex differences」, 『Merrill-Palmer Quarterly of Behavior and Development』, 22, 4, p283~308

Braidotti, R., 『Metamorphoses: Toward a materialist theory of becoming』, Polity, 2002, p11~12

Breakwell, G. M., & Beardsell, S.(1992), 「Gender, parental and peer influences upon science attitudes and activities」, 『Public Understanding of Science』, 1, 2, p183~197

Buss, D. M.(1995), 「Evolutionary psychology: A new paradigm for psychological science」, 『Psychological inquiry』, 6, p1~30

Butler J.(1988), 「Performative acts and gender constitution: An essay in phenomenology and feminist theory」, 『Theatre Journal』, 40, p519~531

Campbell, A.(2006), 「Sex differences in direct aggression: What are the psychological mediators?」, 『Aggression and Violent Behavior』, 11, 3, p237~264

Campbell, A.(1999), 「Staying alive: Evolution, culture, and women's intrasexual aggression」, 『Behavioral and Brain Sciences』, 22, 2, p203~214

Charan, R., Drotter, S., & Noel, J, 『The leadership pipeline: How to build the leadership powered company』, John Wiley & Sons Inc, 2011

Chodrow, N., 『The reproduction of mothering』, Berkeley: University of California Press, 1978, p92~108

Chopra, T.(2019), 「Why diversity in the workplace pays dividends」, 『Communication World Magazine』, Mar, p1~3

Christiansen, L., Lin, H., Pereira, J., Topalova, P., & Turk, R.(2016), 「Gender diversity in senior positions and firm performance: Evidence from Europe」, 『IMF Working Paper』

Clance, P. R., & Imes, S. A.(1978), 「The imposter phenomenon in high achieving women: Dynamics and therapeutic intervention」, 『Psychotherapy Theory. Research & Practice』, 15, 3, p241~247

Collins, J., & Porras, J., 『Built to last: Successful habits of visionary companies』, HarperBusiness, 1994

Conger, J. A, & Fulmer, R. M.(2003), 「Developing your leadership pipeline」, 『Harvard Business Review』, 81, 12, p76~84

Connellan, J., Baron-Cohen, S., Wheelwright, S., Batki, A., & Ahluwalia, J.(2000), 「Sex differences in human neonatal social perception」, 『Infant Behavior & Development』, 23, 1, p113~118

Conyon, M. J., & He, L.(2017), 「Firm performance and boardroom gender diversity: A quantile regression approach」, 『Journal of Business Research』, 79, C, p198~211

Correll, S. J., Benard, S., & Paik, I.(2007), 「Getting a job: Is there a motherhood penalty?」, 『American Journal of Sociology』, 112, p1297~1338

Correll, S. J.(2013), 「Minimizing the motherhood penalty: What works, what doesn't and why?」 in Gender and Work: Challenging Conventional Wisdom, edited by Robin J. Ely and Amy J. C. Cuddy. 『Harvard Business School』

Cosmides, L., & Tooby, J.(2005), 「Neurocognitive adaptations designed for social exchange」, In D. M. Buss (Ed.), 『The handbook of evolutionary psychology』, p584~627 Hoboken, NJ, US: John Wiley & Sons Inc.

Cuddy, A., 『Presence: Bringing your boldest self to your biggest challenges』, Back Bay Books, 2018

Daily, C., & Dalton, D.(2003), 「Women in the boardroom: A business imperative」, 『Journal of Business Strategy』, 24, 5, p8~9

Dawson, J., Kersley, R., & Natella, S.(2016), 「The CS gender 3000: The reward for change」, 『Credit Suisse Research Institute』

Derks B., Van Laar, C., & Ellemers, N.(2016), 「The queen bee phenomenon: Why women leaders distance themselves from junior women」, 『The Leadership Quarterly』, 27, 3, p456~469

Derven, M.(2016), 「Diversity and inclusion are essential to a global virtual team's success」, 『Talent Development』, 70, 7, p54~59

Eagly, A. H., & Karau, S. J.(1991), 「Gender and the emergence of leaders: A meta-analysis」, 『Journal of Personality and Social Psychology』, 60, p685~710

Eagly, A. H., Karau, S. J., & Makhijani, M. G.(1995), 「Gender and the effectiveness of leaders: A meta-analysis」, 『Psychological Bulletin』, 117, p125~145

Eagly, A. H., Makhijani, M. G., & Klonsky, B. G.(1992), 「Gender and the evaluation of leaders: A meta-analysis」, 『Psychological Bulletin』, 111, p543~588

Eagly, A. H., & Mladinic, A.(1994), 「Are people prejudiced against women? Some answers from research on attitudes, gender stereotypes, and judgments of competence」, In W. Stroebe & M. Hewstone(Eds.), 『European review of social psychology』(Vol. 5, p1~35). New York: Wiley

Eagly, A. H., Wood, W., & Diekman, A. B.(2000), 「Social role theory of sex differences and similaritiesties: A current appraisal」 In T.Eckes & H. M. Trautner(Eds.), 『The developmental psychology of gender』(p123~173). Mahwah, NJ: Erlbaum

Eastman, M. T., Rallis, D., & Mazzucchelli, G.(2016), 「The tipping point: Women on boards and financial performance」, 『Morgan Stanley Capital International』

Falk, A., & Hermle, J.(2018), 「Relationship of gender differences in preferences to economic development and gender equality」, 『Science』, 362, 6412, p.eaas9889

Fisher, H. E., Island, H. D., Rich, J., Marchalik, D., & Brown, L. L.(2015), 「Four broad tavarga, A.(2012), 「Sex and vision II: Color appearance of monochromatic lights」, 『Biology of Sex Differences』, 3, 1, p21~35

Foschi, M.(2000), 「Double standards for competence: Theory and research」, 『Annual Review of Sociology』, 26, p21~42

Fry, S., Peterson, J., Dyson, M., & Goldberg, M., 『Political correctness gone mad?』, Oneworld Publications, 2018.

Garff, J., 『Søren Kierkegaard: A biography』, Princeton University Press, 2005

Garter, D. A., D'Souza, F., Simkins, B. J., & Simpson, W. G.(2010), 「The gender and ethnic diversity of US boards and board committees and firm financial performance」, 『Corporate Governance: An International Review』, 18, 5, p396~414

Gibson, C. B., & Birkinshaw, J.(2004), 「The antecedents, consequences, and mediating role of organizational ambidexterity」, 『Academy of Management Journal』, 47, 2, p209~226

Giddens, A., 『Capitalism and modern social theory: An analysis of the writings of Marx, Durkheim and Max Weber』, Cambridge University Press, 1971

Gino, F., & Brooks, A. W.(2015), 「Explaining gender differences at the top」, 『Harvard Business Review』, 23 Sep.

Herzberg, F., Mausner, B., & Snyderman, B., 『The motivation to work』, New York: John Wiley, 1959

Hoffman, L. W.(1977), 「Changes in family roles, socialization, and sex differences」, 『American Psychologist』, 32, 8, p644~657

Hunt, V., Prince, S., Dixon-Fryle, S., & Yee, L(2018), 「Delivering through diversity」, 『McKinsey & Company』 www.mckinsey.com/featured-insights /gender-equality/women-in-the-workplace-2018

Hyde, J. S., & Jaffee, S.(1998), 「Perspective from social and feminist psychology」, 『Educational Research』, 27, 5, p14~16

Jackman, M. R., 『The velvet glove: Paternalism and conflict in gender, class, and race relations』, Berkeley and Los Angeles: University of California Press, 1994

Joshi, A., Son, J., & Roh, H.(2015), 「When can women close the gap? A meta-analytic test of sex differences in performance and rewards」, 『Academy of Management Journal』, 58, 5, p1516~1545

Jurij Fedorov, 「Hjernevask (Brainwash) 1/7 - The Gender Equality Paradox - (Eng. sub - HQ)」

Kanter, R. M., 『Men and women of the corporation』, Publishers of New York, 1978, p245~266

Kaletsky, A., 『Capitalism 4.0: The birth of a new economy in the aftermath of crisis』, New York, NY: PublicAffairs, 2010

Kanazawa, S.(2004), 「The Savanna principle」, 『Managerial and Decision Economics』, 25, 1, p41~54

Keo-Meier, C., & Ehrensaft, D., 『The gender affirmative model: An interdisciplinary approach to supporting transgender and gender expansive children』, American Psychological Association, 2018, p4

Lakshmi & Shrivastav 2017; Pletzer, Nikolova, Kedzior & Voelpel 2015; Post and Byron, 2015; Joshi, Son, & Roh, 2015; Conyon and He, 2017

Lavy, V., & Sand, E.(2018), 「On the origins of gender gaps in human capital: Short-and long-term consequences of teachers' biases」, 『Journal of Public Economics』, 167, p263~279

Lawler, E. J., Thye, S. R., & Yoon, J.(2008), 「Social exchange and micro social order」, 『American Sociological Review』, 73, 4, p519~542

Lawler, E. J., Thye, S. R., & Yoon, J., 『Social commitments in a depersonalized world』, Russell Sage Foundation, 2009

Leaper, C., & Ayres, M. M.(2007), 「A meta-analytic review of gender variations in adults' language use: Talkativeness, affiliative speech, and assertive speech」, 『Personality and Social Psychology Review』, 11, 4, p328~363

Lester, J.(2008), 「Performing gender in the workplace gender socialization, power, and identity among women faculty members」, 『Community College Review』, 35, 4, p277~305

Linda-Eling Lee(2016), 「The tipping point: Women on boards and financial performance」, 『Morgan Stanley Capital International』

Lippa, R. A.(2009), 「Sex differences in sex drive, sociosexuality, and height across 53 nations: Testing evolutionary and social structural theories」, 『Archives of Sexual Behavior』, 38, p631~651

Lorenzo, R., 「How diversity makes teams more innovative」 TED Talk, 2017

MacGiolla, E., & Kajonius, P. J.(2018), 「Sex differences in personality are larger in gender equal countries: Replicating and extending a surprising finding」, 『International Journal of Psychology』, 54, 6, p705~711

March, J. G.(1991), 「Exploration and exploitation in organizational learning」, 『Organization Science』, 2, 1, p71~87

Metz, J. A., Nisbet, R. M., & Geritz, S. A.(1992), 「How should we define fitness for general ecological scenarios?」, 『Trends in Ecology & Evolution』, 7, 6, p198~202

Mulligan-Ferry, L., Friedrich, M., & Nathanson, S.(2011), 「Catalyst census: financial post 500 women board directors」, 『Catalyst』

Noland, M., Moran, T., & Kotschwar, B.(2016), 「Is gender diversity profitable? Evidence from a global survey」, 『Peterson Institute for International Economics』

O'Reilly III, C. A., & Tushman, M. L., 『Lead and disrupt: How to solve the innovator's dilemma』, Stanford University Press, 2016

O'Reilly III, C. A., & Tushman, M. L. (2004), 「The ambidextrous organization」, 『Harvard Business Review』, 82, 4, p74~81

O'Reilly III, C. A., & Tushman, M. L.(2013), 「Organizational ambidexterity: Past, present, future」, 『Academy of Management Perspectives』, 27, 4, p324~338

Peter, L. J., & Hull, R., 『The Peter principle』, William Morrow & Co Inc., 1969

Pearce, C. L., & Sims, H. P., Jr.(2002), 「Vertical versus shared leadership as predictors of the effectiveness of change management teams: An examination of aversive, directive, transactional, transformational, and empowering leader behaviors」, 『Group Dynamics: Theory, Research, and Practice』, 6, 2, p172~197

Pletzer, J.L., Nikolova R., Kedzior, K. K., & Voelpel, S. C.(2015), 「Does gender matter? Female representation on corporate boards and firm financial performance: A meta-analysis」, 『PLoS ONE』, 10, 6, e0130005

Post, C., & Byron, K.(2015), 「Women on boards and firm financial performance: A meta-analysis」, 『Academy of Management Journal』, 58, 5, p1546~1571

Redman, E.(2015), 「Gender balance buys better results」, 『Eureka Report』

Reinert, R. M., Weigert, F., & Winnefeld, C. H.(2016), 「Does female management influence firm performance? Evidence from Luxembourg banks」, 『Financial Markets and Portfolio Management』, 30, 2, p113~136

Ridgeway, C.(2001), 「Gender and status, and leadership」, 『Journal of Social Issues』, 57, p637~655

Ridgeway. C.(2001), 「The social construction of status value: Gender and other nominal characteristics」, 『Social Forces』, 70, p367~386

Ridgeway, C.(1997), 「Interaction and the conservation of gender inequality: Considering employment」, 『American Sociological Review』, 62, p218~235

Ridgeway C., & Smith-Lovin, L.(1999), 「The gender system and interaction」, 『Annual Review of Sociology』, 25, p191~216

Ridgeway, C., & Berger, J.(1986), 「Expectations, legitimation, and dominance behavior in groups」, 『American Sociological Review』, 51, p603~617

Ridgeway, C., Johnson, C., & Diekema, D.(1994), 「External status, legitimacy, and compliance in male and female groups」, 『Social Forces』, 72, p1051~1077

Rosenthal, R. & Jacobson, L., 『Pygmalion in the classroom: Teacher expectation and pupils' intellectual development』, Irvington Publishers, 1992

Schiebinger, L., Klinge, I., Sánchez de Madariaga, I., Schraudner, M., and Stefanick, M. (Eds.) (2011-2013). Gendered Innovations in Science, Health & Medicine, Engineering and Environment. http://genderedinnovations.gister.re.kr

Sizonenki, P. C.(2003), 「Human sexual differentiation」, 『Geneva Foundation for Medical Education and Research』

Spence, J. T., Helmreich, R., & Stapp, J.(1975), 「Ratings of self and peers on sex-role attributes and their relation to self-esteem and conceptions of masculinity and femininity」, 『Journal of Personality and Social Psychology』, 32, p29~39

Stoet, G., & Geary, D.(2018), 「The gender-equality paradox in science, technology, engineering, and mathematics education」, 『Psychological Science』, 29, 4, p581~593

Tajfel, H.(1974), 「Social identity and intergroup behavior」, 『Social Science Information』, 13, 2, p65~93; Turner, J. C.(1978), 「Social categorization and social discrimination in the minimal group paradigm」, p235~250 in Tajfel (ed.). 『Differentiation between social groups: studies in the social psychology of intergroup relations』. London: Academic Press

Tenenbaum, H. R., & Leaper, C.(2003), 「Parent-child conversations about science: The socialization of gender inequities?」, 『Developmental Psychology』, 39, 1, p34~47

Thomas, W. I., 『"The Definition of the Situation," in Self, Symbols, and Society: Classic Readings in Social Psychology』, Nathan Rousseau(ed), 2002 (Lanham, MD: Rowman &Littlefield), p103~115

Todd, B., Fischer, R., DiCosta, S., Roestorf, A., Harbour, K., & Barry, J. A.(2017), 「Sex differences in children's toy preferences: A systematic review, meta-regression and meta-analysis」, 『Infant and Child Development』, 27, p1~29

Tomova, L., von Dawans, B., Heinrichs, M., Silani, G., & Lamm, C.(2014), 「Is stress affecting our ability to tune into others? Evidence for gender differences in the effects of stress on self-other distinction」, 『Psychoneuroendocrinology』, 43, p95~104

Tony Porter, 「A call to men」 (www.ted.com/talks/tony_porter_a_call_to_men/transcript#t-639738)

Tushman M. L., & O'Reilly III, C. A.(1996), 「The ambidextrous organization: Managing evolutionary and revolutionary change」, 『California Management Review』, 38, p1~23

Trivers, R. L. (1972), 「Parental investment and sexual selection」, In B. Campbell (Ed.), 『Sexual selection & the descent of man』, p136~179 Chicago: Aldine de Gruyter.

Wahid, A. S.(2019), 「The effect and the mechanisms of board gender diversity: Evidence from financial manipulation」, 『Journal of Business Ethics』, 159, 3, p705-725

Wagner, D. G., & Berger, J.(1997), 「Gender and interpersonal task behaviors: Status expectation ac counts」, 『Sociological Perspectives』, 40, p1~32

Williams, J. C., 『Reshaping the work-family debate』, Harvard University Press, 2010, p77~108

Wittenberg-Cox, A., & Maitland, A., 『Why women mean business: Understanding the emergence of our next economic revolution』, John Wiley & Sons Ltd., 2012

Yoon, J., & Thye, S. R.(2011), 「A theoretical model and new test of managerial legitimacy in work teams」, 『Social Forces』, 90, 2, p639~659

Zhang, L.(2020), 「An institutional approach to gender diversity and firm performance」, 『Organization Science』, 31, 2, p439~457

Zillman, C.(2019), 「The Fortune 500 has more female CEOs than ever before」, 『Fortune』

언론매체 및 기타

'2018년 매출액 500대기업 여성 임원 비율 공표', 『여성가족부』(2019.07.25.)

'30대 그룹 여성 임원 비중 첫 3% 돌파… '톱3'은 유통그룹', 『연합뉴스』(2019.05.16.)

다음백과 https://100.daum.net/encyclopedia/view/b12s0600b

네이버 지식백과 영양학 사전 https://terms.naver.com/list.nhn?cid=56739&categoryId=56739

'매일경제-이화여대, 대한민국 양성협업 우수기업 11곳 선정', 「매일경제」(2019.11.20.)

메리어트 인터내셔널 공식 홈페이지; 메리어트(2018), 「2018년도 메리어트 사회적 책임 보고서(Corporate Social Responsibility Report)」, p9~11

'미투확산·펜스룰 확산… 직장인 절반, "직장 내 '유리천장' 존재"', 『파이낸셜 뉴스』(2018.03.26.)

'성평등 역설 "성평등성이 높은 국가의 여성, 이공계 진출 낮아"', 『더사이언스플러스』(2020.01.30.)

시스코 공식 홈페이지 & 블로그; 시스코(2018), 「2018년도 시스코 사회적 책임 보고서(2018 Social Responsible Report)」

세일즈포스 공식 홈페이지 & 블로그; 세일즈포스(2018), 「2018년도 이해관계자 영향 보고서(2018 Stakeholder Impact Report)」

씨티그룹 공식 홈페이지 & 블로그; 씨티그룹(2018), 「2018년도 씨티그룹 글로벌 시티즌십 보고서(2018 Global Citizenship Report)」

애브비 공식 홈페이지; 애브비(2018), 「2018년도 애브비 사회적 책임 보고서(2018 Social Responsible Report)」

얼라이언스 데이터 공식 홈페이지; 얼라이언스(2018), 「2018년도 얼라이언스 지속가능경영 보고서(2018 Substantiality Report)」, p40~46; 블룸버그 양성평등지수(Bloom bergGEI)

얼티밋 소프트웨어 공식 홈페이지 & 블로그

'여성 관리자 비율 높을수록 기업 성과도 높아', 『여가부정책뉴스』(2014.08.22.일자)

'유리천장 깬 임원, 그들의 이야기는?' 『KBS 뉴스』(2019.07.26.)

「이념 갈등 위에 젠더 갈등, 현 정부서 6배로」, 『중앙일보』(2019.04.17.)

인터브랜드(2018), 「2018년도 인터브랜드 베스트 브랜드(2018 Interbrand Best Brand)」

위키피디아 https://en.wikipedia.org/wiki/Sex

'자산 2조원 이상 상장사 10곳 중 8곳은 여성이사 없어', 『매일경제』(2020.01.19.)

'조직의 미래, 여성이 답이다', 『이코노미조선』(2019.07.04.)

컴캐스트 엔비씨유니버설 공식 홈페이지; 컴캐스트 엔비씨유니버설(2018), 「2018년도 컴캐스트 엔비씨유니버설 다양성과 포용 보고서(2018 Diversity & Inclusion Report)」

코카콜라 컴퍼니 공식 홈페이지; 코카콜라 컴퍼니(2018), 「2018년도 코카콜라 컴퍼니 지속가능경영 보고서(2018 Business & Substantiality Report)」, p33~38

통계청, 「2017년 사회조사결과」

피앤지 공식 홈페이지; 피앤지(2018), 「2018년도 피앤지 기업시민보고서(Citizenship report)」, p66~84

「페미니즘이 변질됐다? 미러링 유효기간 끝나」, 『시사저널』(2018.07.19.)

'페미니즘 경제학 "여성에 투자하라" 성장 위한 가장 확실한 방법', 『한경비즈니스』(2018.08.01.)

'Fortune The 100 Best Workplaces for Diversity', Fortune(2018) (fortune.com/best-workplaces-for-diversity)

‘Guidelines for psychological practice with transgender and gender nonconforming people’ American Psychological Association(2015), 『American Psychologist』, 70, 9, p832~864

LeanIn.Org and Mckinsey(2018), 「Women in the Workplace study」

‘Most Powerful Women’ (fortune.com/most-powerful-women/2019)

Occupational segregation in the United States, 『Equitable Growth』, 2017 (https://equitablegrowth.org/wp-content/uploads/2017/09/092717-occupational-seg.pdf)

‘The Economist’s glass-ceiling index’, 『Economist』(2019.03.08.)

‘The power of parity: Advancing women’s equality in Asia Pacific‘, 『McKinsey Global Institute』, 2018

‘Why diversity and inclusion matter: Financial performance’, 『Catalyst』(2018.08.01.)

‘Why we have too few women leaders’(www.ted.com/talks/sheryl_sandberg_why_we_have_too_few_women_leaders)

‘Women in the Workplace study’, LeanIn.Org and Mckinsey(2018)

윤정구

윤정구 교수는 이화여자대학교 인사조직전략 교수로 미국 University of Iowa에서 박사 학위를 받았다. 20년간 미국 코넬대학교 조직행동론학과의 겸임교수를 역임했다. (사)대한리더십학회와 (사)한국조직경영개발학회 회장을 역임했다. 대표적 한국어 저서로는 『100년 기업의 변화경영』, 『진성리더십』, 『황금수도꼭지: 목적경영의 비밀』, 『진정성이란 무엇인가』, 『기업시민의 길』이 있으며 영어 저술로는 『Social Commitments in a Depersonalized World』, 『Order on the Edge of Chaos』가 있다. 여성 리더십 파이프라인, 변화경영, 진성리더십, 문화 및 조직설계에 관한 연구에 종사하고 있다.

김문주

이화여자대학교 경영학과를 졸업하고 영국 University of Sussex에서 경영학 석사를, 이화여자대학교 경영학과에서 「한국기업의 팀 다양성과 공유감의 영향력」 논문으로 박사학위를 받았다. 현재 이화여자대학교 경영대학 경영학과 겸임교수로 재직하고 있다. 2018년부터 이화여자대학교와 매일경제신문사가 주관하는 '이화-매경 양성협업 우수기업 선정' 연구에 참여하여 우리나라 50여 개 대기업을 대상으로 매년 11월 「양성협업지수」를 발표하고 있다. 주요 연구 관심 분야는 팀다양성과 팀역동성, 다양성의 수렴메커니즘, 진성리더십과 공유리더십, 공유정신모형, 긍정정서 등이다.

전미진

이화여자대학교 법학과를 졸업하고 LG CNS, 삼성 오픈타이드, 법무법인 율촌 등 다양한 전문 서비스 기업에서 전략기획, 마케팅, 컨설팅 등의 실무를 경험했다. 직장 생활과 학업을 병행하며 이화여자대학교 경영학과에서 「임원탈로와 진성리더십의 관계에 대한 연구」를 주제로 박사학위를 받았으며, 현재 이화여자대학교 경영전문대학원 겸임교수로 재직하고 있다. 2018년부터 '이화-매경 양성협업 우수기업 선정' 연구에 참여하여 「양성협업지수」를 발표하고 있고 '이화-오짜노미즈 대학의 아시아 여성리더십 연구'에도 참여하고 있다. 주요 연구 관심 분야는 진성리더십, 임원의 리더십, 핵심인재, 다양성 등이다.

정예지

이화여자대학교 소비자인간발달학과를 졸업한 후, 동 대학교 경영학과에서 석사 및 박사학위를 받았다. 2016년도부터 이화여자대학교 인문과학대학 인문경영 융합전공 특임교수로 재직 중이며, 2018년부터 이화여자대학교와 매일경제신문사가 주관하는 '이화-매경 양성협업 우수기업 선정' 연구에 참여해 우리나라 50여개 대기업을 대상으로 매년 11월 「양성협업지수」를 발표하고 있다. 연구 관심 분야는 동적 역량, 리더십, 긍정성, 조직 아노미와 공정성 등이다.

❙ 이지예

경기대학교 호텔경영학과를 졸업한 후, 이화여자대학교 경영학과에서 석사 및 박사학위를 받았다. 2017년도부터 용인대학교 경영학과 초빙교수로 재직 중이며, 2018년부터 이화여자대학교와 매일경제신문사가 주관하는 '이화-매경 양성협업 우수기업 선정' 연구에 참여하여 우리나라 50여 개 대기업을 대상으로 매년 11월 「양성협업지수」를 발표하고 있다. 연구 관심 분야는 팀 창의성, 공유리더십, 진성리더십, 기업윤리교육, 조직문화 등이다.

❙ 김지은

이화여자대학교 경영학과를 졸업한 후, 신세계사이먼과 TNS Korea 마케팅 전략 부문에서 업무 경력을 쌓았다. 이후, 서울대학교 경영전문대학원에서 석사학위를 받고 롯데미래전략연구소에서 연구원으로 근무하다가 조직문화 연구에 관심이 생겨 이화여자대학교 경영학과에서 인사조직 전공으로 박사과정을 수료했다. 2018년 '이화-오차노미즈 아시아 여성리더십 모델과 인덱스 개발' 연구에 참여하였으며, 2019년부터는 이화여자대학교와 매일경제신문사가 주관하는 '이화-매경 양성협업 우수기업 선정' 연구에 참여하고 있다. 주요 연구 관심 분야는 리더십 파이프라인, 조직문화, 목적경영, 진성리더십, 소명의식, 동기부여, 공정성과 포용성 등이다.

여성은
전략적
파트너인가

초연결 디지털 시대
성다양성의 내러티브

초판 1쇄 발행일 2020년 9월 10일

지은이 | 윤정구, 김문주, 전미진, 정예지, 이지예, 김지은 공저
발행인 | 이선애

디자인 | 채민지
책임편집 | 박지선

발행처 | 도서출판 레드우드
출판신고 | 2014년 07월 10일(제25100-2019-000033호)
주소 | 서울시 구로구 항동로 72, 하버라인 402동 901호
전화 | 070-8804-1030　　팩스 | 0504-493-4078
이메일 | redwoods88@naver.com
블로그 | blog.naver.com/redwoods88

값은 뒤표지에 있습니다.
ISBN 979-11-87705-23-9 (03320)